"十二五"职业教育国家规划教材
经全国职业教育教材审定委员会审定

教育部职业教育与成人教育司推荐教材
国家旅游局人事劳动教育司推荐教材
高等职业教育饭店服务与管理专业教学用书

KANGLE FUWU YU GUANLI

康乐服务与管理

（第2版）

刘 哲 编著

北京·旅游教育出版社

流水推をう行也

出版说明

为配合职业教育体制改革，受国家旅游局人事劳动教育司委托，我社组织业内专家，根据高等职业教育要求和旅游行业的特点，精心编写出版了这套旅游高等职业教育系列教材。这套系列教材自2000年7月出版以来，以其准确的定位和科学的编排受到广大师生的普遍好评，成为业内影响最广、备受欢迎的专业化教材。

此次再版，在充分听取广大读者意见的基础上，根据国家最新的职业教育改革精神，征求了教育部旅游职业教育教学指导委员会有关专家委员的意见，并在杜江等业内专家主持下，确定了修订原则和修订方案，目的是在保持原教材特色的基础上，进一步完善该系列教材，使其更加贴近教学实际。

新版高职教材在保持原教材优势的基础上，以方便教师教学和学生学习为宗旨，增设了引言、学习目标、案例分享、特别提示、拓展知识等模块，目的是在教师和学生之间搭建一个互动的平台，使教师能够更好地和学生沟通。文中示例、公式一律突出显示，目的是让读者花最少的时间掌握最有用的信息。与原版教材相比，本版教材主要具有以下显著特征：

精简优化了内容。在初版中，有些教材花大量篇幅介绍某些工种的岗位职责及主要任务，既占课时，又不便于教师教学。再版时，将这部分内容置于附录中，既便于教师灵活运用，又有利于学生分清主次。同时，针对旅游学科实践性强的特点，修订后的教材特别注意增补了一些案例，目的是强化案例教学的作用。在案例的处理上，有些案例有评析，可以帮助学生进一步掌握每章重点；有些案例没有评析，既给教师布置作业留下了余地，也可供学生自学使用。

更新增补了资料。根据旅游业最新发展情况，此次修订增补了最新行业法规，补充了我国加入世贸组织后的相关内容，更新了旧的材料和数据，使本版教材能充分反映行业的最新发展和业内最新的研究成果。

权威专家严格把关。本版教材的作者均为业内专家，有着丰富的教学经验及旅游企业的管理经验，能将教材中的"学"与"用"这两个方面很好地统一起来。在此基础上，经杜江等业内权威专家把关和专业编辑审读加工，确保了本版教材的权威性和专业性。

贴近教学的全新编排。增课前导读，帮助读者更好地理解各章内容；拟学习目标，帮助学生与教师更好地沟通；补特别提示、拓展知识、案例分享、本章小结、思考与练习，让学生尽快消化所学知识；改目录风格，人性化的设计，面面俱到，全书内容一览无余。

作为全国唯一的旅游教育专业出版社,有着丰富的旅游教育专业教材的编辑出版经验和庞大的专业作者队伍,我们将不负众望,力求把最专业、最权威的教材奉献给广大读者,为发展我国旅游教育事业做出更大贡献。

旅游教育出版社

前言

随着世界经济的不断发展,旅游产业成为一项重要的朝阳产业。康乐业作为旅游产业的一个重要分支,也不断发展壮大,为世界经济的发展做出了越来越显著的贡献。随着我国改革开放的不断深化和社会主义市场经济的逐步确立,我国的国民经济连续多年保持高速发展,旅游和康乐业也随之迅速发展。社会的发展,经济、科学、文化、交通等各方面的进步,也促使和带动了旅游康乐业的迅速发展。康乐经营已被认定为饭店经营开发的新的拓展方向,已被越来越多的经营者所重视并且付诸实践。在欧美和日本等经济发达国家,康乐行业已经发展得比较成熟。同时,康乐场所也逐渐成为文化交流的聚集地,据此,有关专家提出了"康乐文化"的新观点。在有些城市或地区,康乐行业已经成为当地经济发展的支柱产业,这就形成了"康乐经济"。

康乐业的快速发展促进了康乐企业对管理人才的需求,也促进了关于这方面的教材的出版需求。本教材是受国家教育部职业教育与成人教育司和国家旅游局人教司的委托,为了适应这种市场需求而编写的高职教材,并于2014年经全国职业教育教材审定委员会审定,被教育部评审为"十二五"职业教育国家规划教材。

本次再版,编者在广泛征求了读者和专家反馈意见的基础上,进行了较全面的修订。在修订过程中,注意结合高职教学和在职康乐部经理培训的需要,修订了原有不足,更新了陈旧内容,压缩了次要章节,增加了知识链接、友情提示等新的模块,并且对怎样当好康乐部经理、康乐部的服务质量管理和如何处理康乐部的投诉,进行了比较全面和富有独到见解的论述,这部分论述是其他相关书籍很少涉及的内容,从而使该教材更具特色并日臻完善。

本教材所采用的素材都是在康乐经营实践中的经验总结和真实案例。通过运用系统论的方法对这些素材进行归纳和整理,提炼出具有普遍意义的管理规律,又在管理实践中对它们进行应用和检验,证实其确实有效后,才编写到本教材当中。本书是旅游院校康乐管理专业的教材,读者对象为大专(职高)学生或本科生,也适用于在职康乐部经理培训和自学。

全书教学用时建议160课时。课时分配建议如下:第一章8课时;第二章9课时;第三章10课时;第四章11课时;第五章18课时;第六章12课时;第七章10课时;第八章 9 课时;第九章 10 课时;第十章 9 课时;实习 34 课时;考察 16 课时;总复习 2 课时;机动 2 课时。全书重点为:第四章怎样当好康乐部经理、第六章康乐部的服务质量管理、第十章康乐部的投诉处理。各章重点为:第一章第二节 康乐部的职能;第二章第一节 康乐项目设置的原则和依据;第三章第一节 康乐部组织机构的设置;第四章怎样当好康乐部经理,三节的内容均为重点;第五章第一节 康乐部管理的原则和方法、第二节康乐部日常管理制度的制定;第六章第二节 康乐部的优质服务;第七章第一节 康乐设备管理概述;第八章第二节 康乐部的卫生管理;第九章第二节 康乐部的协作与营销;第十章第三节 投诉的处理。

  本教材在编写过程中得到了国家教育部职业教育与成人教育司和国家旅游局人事劳动教育司以及旅游教育出版社的关心和指导,在此一并致谢!

编者

2014 年 7 月

目 录

第一章 概 论 ·· 1
    课前导读 ·· 1
    学习目标 ·· 1
    第一节 康乐业的概况 ·· 1
    第二节 康乐部的职能 ·· 13
    本章小结 ·· 19
    思考与练习 ·· 19

第二章 康乐项目的设置 ·· 21
    课前导读 ·· 21
    学习目标 ·· 21
    第一节 康乐项目设置的原则和依据 ·· 21
    第二节 康体项目的设置 ·· 25
    第三节 娱乐项目的设置 ·· 34
    第四节 保健项目的设置 ·· 39
    本章小结 ·· 42
    思考与练习 ·· 43

第三章 康乐部的组织机构与人力资源管理 ·································· 44
    课前导读 ·· 44
    学习目标 ·· 44
    第一节 康乐部组织机构的设置 ·· 44
    第二节 康乐部员工的招聘 ·· 52
    第三节 康乐服务员的培训与督导 ·· 57
    本章小结 ·· 65

思考与练习 ··· 65

第四章 怎样当好康乐部经理 ································· 66
课前导读 ··· 66
学习目标 ··· 66
第一节 康乐部经理的设置 ····································· 66
第二节 康乐部经理的工作内容 ······························ 72
第三节 康乐部经理应当避免的管理错误 ················ 81
本章小结 ··· 90
思考与练习 ··· 90

第五章 康乐部的日常管理制度 ································ 93
课前导读 ··· 93
学习目标 ··· 93
第一节 康乐部管理的原则和方法 ··························· 94
第二节 康乐部日常管理制度的制定 ······················ 101
第三节 康体项目的服务制度 ································ 108
第四节 娱乐、保健、休闲游乐项目的服务制度 ····· 141
本章小结 ·· 167
思考与练习 ··· 168

第六章 康乐部的服务质量管理 ······························ 169
课前导读 ·· 169
学习目标 ·· 169
第一节 康乐部服务质量管理的内涵 ····················· 169
第二节 康乐部的优质服务 ··································· 172
本章小结 ·· 186
思考与练习 ··· 186

第七章 康乐部的设备管理和营业收入管理 ············ 188
课前导读 ·· 188
学习目标 ·· 188
第一节 康乐设备管理概述 ··································· 189
第二节 康乐设备管理的程序和方法 ····················· 191

第三节　康乐设备的保养与修理 ……………………………… 193
　　第四节　康乐部的营业收入管理 ……………………………… 199
　　本章小结 ………………………………………………………… 207
　　思考与练习 ……………………………………………………… 207

第八章　康乐部的安全与卫生管理 ……………………………… 209
　　课前导读 ………………………………………………………… 209
　　学习目标 ………………………………………………………… 209
　　第一节　康乐部的安全管理 …………………………………… 209
　　第二节　康乐部的卫生管理 …………………………………… 225
　　本章小结 ………………………………………………………… 234
　　思考与练习 ……………………………………………………… 234

第九章　康乐部的营销 …………………………………………… 235
　　课前导读 ………………………………………………………… 235
　　学习目标 ………………………………………………………… 235
　　第一节　康乐部的经营特点 …………………………………… 235
　　第二节　康乐部的协作与营销 ………………………………… 241
　　第三节　康乐部竞赛活动的运作 ……………………………… 248
　　第四节　会员制俱乐部的经营 ………………………………… 250
　　本章小结 ………………………………………………………… 254
　　思考与练习 ……………………………………………………… 254

第十章　康乐部的投诉处理 ……………………………………… 256
　　课前导读 ………………………………………………………… 256
　　学习目标 ………………………………………………………… 256
　　第一节　投诉的原因 …………………………………………… 257
　　第二节　投诉的分析和认识 …………………………………… 262
　　第三节　投诉的处理 …………………………………………… 264
　　本章小结 ………………………………………………………… 276
　　思考与练习 ……………………………………………………… 276

参考文献 …………………………………………………………… 277

第一章 概 论

课前导读

本章主要对康乐部的运行与管理作概括论述,其中包括对康乐活动的历史、现状和发展前景作扼要介绍,并且对康乐部的地位、作用和任务展开论述。

学习目标

- 了解康乐活动的历史
- 从七个方面认识康乐行业的现状;从四个方面认识康乐行业的发展前景
- 认识康乐部的地位
- 明确康乐部的五项主要作用和七项任务
- 初步掌握康乐管理的基本原则和基本方法

第一节 康乐业的概况

康乐行业的产生和发展,是随着社会经济的发展而产生和发展的,在欧美、日本等经济发达国家,康乐业的发展已经比较成熟。在一些发展中国家,康乐业的发展正在加快速度。

随着我国加入WTO,我国的经济与世界经济接轨,并得到持续、快速的发展,现在我国的GDP(国内生产总值)已经位居世界前列,人民生活水平正在大幅度提高,并由此带动了康乐需求。康乐需求的迅速扩大有力地推动了康乐业的发展,现在康乐业无论在投资规模上还是在经营项目的数量上及种类上都有了长足的进步。同时,康乐业的发展也反映在饭店康乐部的建立和完善上,因此,康乐部是随着饭店康乐经营需要而出现的部门。同许多新兴事物一样,康乐部的发展速度也非常快,不但在大部分饭店内它成为重要的业务经营部门,而且在饭店外也出现了许多独立经营的康乐企业,甚至有的企业已经发展成为综合经营的大型康乐企业集团。

虽然我国康乐业的总体发展水平与国际先进水平尚有一定的差距,但这种差距正在迅速缩小,而且有些项目的发展已经走在了世界前沿。可以肯定地说,我国康乐业正在突飞猛进地发展,必将迎来一个崭新的时代。

一、康乐活动的历史

康乐活动具有悠久的历史,人类对康乐活动的需求,可以追溯到久远的过去。自从人类产生以来,就有了康乐需求和康乐活动,只不过在不同时期人们的康乐需求和康乐活动的表现形式不同而已。可以说,康乐活动是伴随着人类生产和生活的发展而产生和发展的。这一点可以从许多历史遗迹和古籍中得到印证。例如,广西花山地区和云南苍源地区的岩画中就有许多舞蹈形象,据专家考证,这些岩画已有至少三千年的历史。这种康乐文化还正在被继承和发展,当代文艺工作者曾依据花山岩画的图像创作了舞蹈《花山战鼓》;汉代的陶俑和画像砖以及唐代的壁画中也有许多关于康乐活动的画面;汉代的司马迁在《史记》中就有关于早期足球的明确记载,当时的名称叫"蹴鞠",它不像现代足球那样是纯体育运动项目,而是具有典型的康乐活动特征;另外,著名的古典小说《水浒传》中也有许多关于康乐活动的精彩描写,例如关于蹴鞠和相扑的描写;现今仍然在我国一些地区流行的民间娱乐形式——傩戏(详见知识链接),它起源于远古时代,在商代时期(距今约3500年)就已经形成了固定的表演模式。不仅康体项目和娱乐项目历史悠久,保健项目也有悠久的历史。中国云南的佤族有一种传统的保健康乐项目——摸你黑泥浴,据考证这项活动起源于远古时期(详见知识链接)。

同样,国外的康乐活动出现得也很早,保龄球和地掷球(这两种球类游戏的英文名称是同一个单词,即 Bowling)的历史可以追溯到距今7000多年前的古埃及。考古学家在埃及发掘一座修建于公元前5000多年的古墓时,出土了一批用大理石制作的原始保龄球;在柬埔寨的吴哥古迹群中有很多雕塑,这些始建于公元1113年的浮雕体现了古代柬埔寨人对神的敬仰和对世俗生活的热爱,其中也有康乐活动的画面。大量例证证明康乐活动的历史是多么悠久。

在过去,人们仅仅把康乐活动作为茶余饭后的一般消遣,没有进行过比较科学和系统的探讨。近年来,人们逐渐认识到康乐活动对提高生活质量和对经济发展的重要性,开始把康乐活动作为一种专门的学问进行比较系统的研究和开发。

我国康乐业成为较大规模的独立行业是随着20世纪80年代改革开放的脚步

而形成的,尽管出现的时间比较短,但发展速度却相当快。这表现在:康乐设施与场所的数量大幅度增加;康乐项目的经营规模不断扩大;康乐活动的形式日益丰富;康乐活动的参与人数越来越多。

康乐活动所包含的内容很多。但不久前,人们还把"康乐"的含义局限在字面上的理解,认为康乐活动的内容只包括康体活动和娱乐活动。现在看来,这种认识是不够全面的,因为康乐活动的内容除了康体类活动、娱乐类活动之外,还应包括保健类活动和休闲游乐类活动。

康乐活动的特点是多方面的,它具有参与性(例如歌厅)、趣味性(例如电子游戏机)、灵活性(例如棋牌室)、适应性(适应各类人,例如摩天轮)、新颖性(例如虚拟现实电子游戏机、喷泉氧吧)、运动性(例如各类运动项目)、观赏性(例如夜总会)、刺激性(例如蹦极、过山车)等。

综上所述,我们可以将康乐活动的基本含义确定为:能使人提高兴致,增进身心健康的快乐消遣活动。

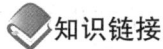知识链接

傩(念 nuó)戏

傩戏是我国远古时期的一种康乐活动。傩戏又称傩堂戏、端公戏,是一种戴着面具表演的民间娱乐形式。不同地区对傩戏的称呼有所不同,甘肃地区称为"河湟鼓舞",贵州地区称为"地戏",西藏地区称为"锵扑",有的地区称为"大傩"。现在广泛流行于安徽、江西、湖北、湖南、四川、贵州、陕西、甘肃、河北等省。目前甘肃省永清县仍在流行的河湟鼓舞,就是傩戏的一个分支;还有贵州地区仍保留的地戏也是傩戏的一个分支;另外,西藏的很多地区也很流行傩戏。

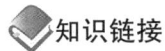知识链接

摸你黑

"摸你黑"是起源于远古时候的康乐活动。佤族先民用一种叫"娘布落"的神药与泥浆混合在一起涂抹在人们的脸上,特别是小孩,用于驱病辟邪,求得健康平安。后来逐步成为佤族的一个传统节日,每年的五一,每年的司岗里狂欢节,神秘的阿佤山都成了欢乐的海洋。

(资料来源:百度百科。)

二、当代康乐业的现状

（一）新颖的康乐项目层出不穷

随着社会的进步和经济的发展，人们对康乐活动的需求不断增加，国内外的实践经验也告诉我们，康乐经营的生命力在于不断创新。这两方面的因素都促使康乐行业不断推出新项目，以适应市场的需求和促进康乐业的发展。例如，高尔夫球本是一个传统的康体项目，但由于其自身条件和客观条件的限制而不易普及推广。在这种情况下，西方发达国家先后开发出城市高尔夫球（也称微型高尔夫球或者迷你高尔夫球）和模拟高尔夫球；近几年来，高尔夫运动又有了新的发展，大约在2005年，地处非洲沙漠地带的纳米比亚，又有人因地制宜开发了沙漠场地高尔夫；在荷兰，有人将牧场改建成球场，开发出了农夫高尔夫。这种高尔夫的球杆也很奇特，是将传统的球杆杆头换成荷兰特有的工艺品——木鞋，它的球也比传统高尔夫球大，并且将普通的18个球洞改变成10个球洞。又如桑拿浴是个传统的保健项目，近年来，一些经营者又陆续开发了光波浴、瀑布浴、泥浴、沙浴、药水浴、酵素浴、牛奶浴、米酒浴、茶水浴、花水浴、桑叶浴、薄荷浴等，几乎要形成洗浴文化了。再如冰壶球是个趣味性很强的康体项目，但它需要较大的冰面场地，于是有人借鉴冰壶球开发出了沙壶球。过去，一些综合性的康乐场所都建在普通建筑内，现在这种局限早已被突破，2000年，中国利用一艘报废的航空母舰改建成了海上乐园；2008年，法国开发了一列高速康乐火车，该车一改普通火车单调的乘车模式，而是在里面设置了电子游戏厅和酒吧等康乐设施，将整列火车改造成一个康乐中心。此外，康乐业又推出了火箭蹦极、室内攀岩、滑草等新兴的康乐项目。

新项目的不断涌现，给康乐业带来了活力，也促进了康乐业的发展。因此，不断推出新项目是康乐部或康乐企业保持长久经营的重要手段。

 友情提示

沙壶球，不宜写作"沙狐球"，因为它是由冰壶球发展演变而来的。冰壶球已被列为冬奥会比赛项目，这是一种冰上投掷性的竞赛运动项目，它的主要运动器具是一个石制的像家庭烧开水的水壶那样的球体，因该球体需在冰上运动，故名冰壶球。沙壶球是以小圆球状的沙粒均匀铺在平坦的台面上以模仿冰面，其球体形状类似冰壶球但体积小许多，最初曾用大型硬币作为球体，现在冰壶球的形状和体积类似冰球的圆饼状。沙壶球的运动规则也与冰壶球接近。就像高尔夫和微型高尔夫一样，有人形象地说，沙壶球是微型冰壶球。所以，有人误写成"沙狐球"是不对的，网上有人甚至煞有介事地把沙狐球描绘成沙漠中的小狐狸，则更显得牵强附会。

(二) 康乐活动的文化色彩日益浓重

康乐消费是一种高雅的精神消费,它主要为人们提供缓解压力、消除疲劳、舒畅心情、恢复精力、提高兴致、陶冶情操等方面的精神享受。因此,康乐经营和消费不仅要以一定的物质条件为基础,而且需要一定的文化氛围。只有这样,人们才能从康乐活动中获得更多的益处。例如,高尔夫球历来被认为是一种文明、高雅的康体项目,人们置身于由蓝天、绿草、树丛、水塘、沙地构成的球场之中,呼吸着清新的空气,做出优美、潇洒的击球动作,在这种舒适、和谐的环境中,人们的情趣和言行会得到陶冶,变得高雅和文明。

与大多数事物的发展规律一样,康乐活动的发展也是由低层次向高层次发展的,且越来越具有文化色彩。如风靡于世界且经久不衰的迪斯尼乐园就具有很浓重的童话电影色彩;美国著名旅游城市拉斯韦加斯的米高梅大酒店有个令人印象深刻的娱乐表演——海盗大战,它歌颂的是勇敢和无畏的精神。

中国是个有深厚文化底蕴的古老国家,可供开发的文化遗产十分丰富。据不完全统计,到2014年中国已被开发的文化康乐项目就有影视文化、民俗文化、温泉文化、孝文化、竹文化、周易文化、海洋文化、孙子文化、民族历史文化,等等。中国著名旅游城市西安有个唐乐宫大酒店,那里的仿唐乐舞夜总会曾经让许多旅游者从中领略到中国唐代宫廷乐舞和饮食文化的魅力;无锡影视基地是个以展示中国电影文化和弘扬民族文化传统为特色的文化娱乐场所。凡此种种,都向人们展示了康乐活动越来越浓厚的文化色彩。同时,还需要指出的是,具有浓厚文化色彩的康乐活动的开发往往是与主题公园的开发和旅游开发结合进行的。

(三) 突出主题的经营理念受到重视

在康乐活动快速发展的今天,经营者们更加注意研究如何拓展经营空间。经营者们在很大程度上已经达成共识:除了开发新颖的设备、扩大经营规模外,在经营理念上更加注意突出主题。这种理念在美国尤为盛行,例如在以电影为主题的游乐园中,"迪斯尼"和"环球"是两个较大的乐园,它们拥有经验丰富的管理人员,它们能把影片"丹波"(Dumbo)和"狭路"(Jaw)成功地转换成主题公园的游乐设施。这种协同作用的市场潜力,首先由"华纳"和"派拉蒙"公司提出,"六面旗"和"国王"也参与了合作。在"六面旗"的乐园中,以电影为主题的游乐设施有"蝙蝠侠"和"超人";"派拉蒙"乐园中则有"神枪"和"星际畅游"等游乐设施。在美国,还有利用其他主题创意的游乐设施,如"布什花园""谢达博览""不来梅""莫瑞""肯耐坞""银圆城"以及"诺茨"等乐园。它们的主题内容并不复杂,通常以卡通艺术为特点。

亚洲主题公园的建设也不甘示弱,已经建成和即将竣工的大型主题公园就有很多。例如"日本环球片场"(2001年3月完工)、"东京迪斯尼海洋乐园"(2001年9月完工)、"香港迪斯尼乐园"(2005年9月完工)。这都意味着主题公园的经营理念在不断成熟。

另外,从各国对主题公园的投资情况分析,也可以看出经营者对主题经营的重视程度。2000年国际旅游协会的"年度投资调查"表明,该年度全球游乐业计划投资项目的资金总额为5亿美元。过去10年的发展趋势说明,游乐业年实际投资额通常大于计划额。从调查中还可以看出,主题游乐园的投资(计划和实际)高于其他类康乐项目。

中国的主题公园发展也很快,到2002年,中国已建成各种类型的主题公园3000多家。如继前面提到的无锡影视基地,2007年在广东佛山又建成了南海影视城。此外还有深圳中华民族园、北京世界公园、常州恐龙园、深圳大鹏湾的建在航空母舰上的大型军事主题公园(前苏联报废的航空母舰"明斯克"号),以及天津的航母公园(以"基辅"号航母为主体),都是典型的主题公园。

我国的主题公园运营情况也很好,1995年,有"东方迪斯尼"之称的苏州乐园开始接待游客,仅仅两年时间就接待了游客500万人次,其经营优势初露端倪。苏州乐园的市场定位很明确,就是以家庭游乐为主要客源市场。在这里,从小小世界到太空历险,从苏格兰庄园到欧洲城镇,从百狮园到时空飞船,各种年龄层次的游客都能找到适合自己的游乐天地。苏州乐园在经营中又把主题经营的理念向更深层次发掘,举办了一系列主题活动,其内容有俄罗斯水上芭蕾表演、露天广场音乐会、五月歌会、假日探宝大行动、夏威夷风情节、啤酒节、桂花节、圣诞狂欢节,等等。有很多夜总会也具有鲜明的主题特色,例如北京的"大铁塔夜总会"是以模仿法国"红磨房夜总会"为特色,"庆燕乐舞夜总会"是以表演中国历代歌舞为特色,还有前面提到的西安"仿唐乐舞夜总会",这里就不作进一步介绍了。

从上面的实例可以看出,无论在国际还是在国内,主题经营的理念都受到康乐经营者的重视,并被付诸实践。

(四)参与康乐活动的人数越来越多

随着社会经济的持续发展和文化水平的不断提高,人们的康乐需求也不断扩大,特别是我国政府提倡"全民健身"活动以来,人们参与这类活动的热情更是高涨。因此,越来越多的人希望在闲暇时参与一些有益于身心健康的康乐活动。追求身心健康成为人类共同的愿望。全世界不同人种、不同国家的人都十分愿意参与康乐活动。据不完全统计,著名的美国迪斯尼乐园1995年的游客数量达到5300万人次,这个数字仅为该公司在美国的七家乐园的游客数量,如果再加上其他国家的连锁公司,则该公司的接待人数至少超过1亿人次。位于日本东京都足立区的水上乐园"东京航海乐园",在营业高峰期间一天的消费人数曾经达到18万人次;中国的"苏州乐园"在1995年开业初期每天接待顾客1万人次;北京康乐宫(1990年建成,现已改建为其他项目)是个规模不算大的室内游乐场所,建筑面积只有22 000平方米,在营业高峰期间(1995年)也曾出现过每天接待顾客上万人次的情况。

康乐需求的扩大带动了康乐服务人员的增加,而康乐服务人员的增加又证明了参与康乐活动的人数越来越多。同时,需求的扩大也促进了相关专业的培训和学习。在中国台湾,台大、交大、中央等20多所高等院校都开设了高尔夫选修课,如今选修高尔夫课的学生越来越多,并且高尔夫课已经成为体育学习中最受欢迎的科目;大陆在这方面的发展也很快,北京在20世纪80年代就已经开设了专门的高尔夫球学校和台球学校,一些高等旅游院校也开设了康乐服务与管理的培训班,并且正在积极筹备开设康乐服务与管理的专业课。

(五)康乐项目的经营规模不断扩大和经营主体的数量大幅度增加

康乐业的发展离不开国民经济发展的大前提。我国国民经济近几十年来的发展速度一直高于世界同期发展速度,并已成为举足轻重的世界经济大国。经济的高速发展必然带动康乐业的快速发展,其表现是康乐项目的经营规模不断扩大,经营主体的数量大幅度增加。

无论从国际还是从国内看,康乐经营的规模都在不断扩大。20年前,国际上最大的室内水上乐园的面积只有几千平方米,现在已发展到几万平方米甚至几十万平方米。前些年在日本宫崎修建了一个名叫"海洋巨蛋"的室内外水上乐园,整个园区面积约有29.96平方公里,该水上乐园已被吉尼斯评为世界最大的室内游乐场所。其海滩横跨四个街区,它的大厅相当于10个奥运会游泳池的面积,大厅上部由四片活动的屋顶组成,能够按照要求打开或合上,每片屋顶有四个网球场大小。水上乐园的餐厅也很大,能够在短时间内提供几万份套餐。国内的室内水上乐园虽然没有"海洋巨蛋"那样大,但与国际水平的差距也越来越小了,例如2011年开始营业的"北京欢乐水魔方水上乐园",其面积有500亩(约合33万平方米)。

不仅室内水上乐园是这样,其他项目也是如此。1980年前后,保龄球在我国还是个新兴的康乐项目,人们对它还有些陌生。那时候全国的保龄球馆合计才有100多条球道,现在北京某一家保龄球馆就有100条球道。据中国保龄球协会统计,到2001年底,全国已有2.2万多条球道投入营业。这些事实都足以说明康乐经营的规模在不断扩大。

人们对康乐活动的需求不断扩大,促进了康乐经营的发展,使康乐经营的主体不断增加。目前,康乐经营的主体已经从高星级饭店向度假村、培训中心扩展(培训中心是有中国特点的经营主体,原本在名义上是各国家机关或各大国有企业所设的培训基地,实为内部度假村,现正在转向独立核算和经营)。以室内水上乐园为例,在20世纪90年代初期,国内只有北京康乐宫一家,到2007年,许多城市都开设了这类项目,例如哈尔滨的"梦幻乐园"、沈阳的"夏宫"、吉林的"格林梦乐园"、石家庄的"天天水上乐园"、济南的"齐天水上乐园"、南京的"太阳宫水上乐园",等等,同时还出现了许多综合性的康乐企业。上述现象表明,我国康乐业出现了百舸争流的局面。

(六)康乐服务的收费水平趋于合理

康乐服务收费水平是否合理,能够从一个侧面反映出康乐市场的发展是否成熟。

在过去,由于供需不平衡,康乐经营的收费不太合理,有些项目的收费价格很高,有的甚至高得离谱。随着康乐业的发展以及人们经营观念的转变,康乐业的收费水平也越来越趋于合理,大多数康乐企业都能顺应市场规律,从实际情况出发,制定出符合实际的收费标准,并且适当采取降低收费的经营策略,为广大中、低收入者提供了享受现代生活、感受现代康乐项目所带来的乐趣的机会和条件。这样,一些原先属于"贵族"项目的康乐活动开始大规模地走向寻常百姓。例如台球,改革开放以前中国的平民百姓只能从外国电影上看到,在其传入中国的初期,也只是在高档饭店才有。当时,有很多经营者看到了发展契机,大规模地拓展台球经营,使台球活动很快普及,其经营场所也从高档饭店走向大众消费场所,甚至走向街头路边,有一段时间,很多城市包括一些中小城镇的街头都能看到台球营业摊点。其收费也从每小时50元降到5元甚至更低;再如保龄球,2000年的消费价格是每局30元左右,如按时间包道消费,则每条球道每小时300元。现在打保龄球价格已降到每局10元左右,有的球馆在特定的时间段甚至降到每局3元,这个价位完全可以被工薪阶层所接受。

价格的合理变化是市场调节机制所起的作用,也刺激了人们的消费欲望,使参与康乐活动的人数迅速增多,也使供需矛盾趋于平衡,这说明我国的康乐市场正在健康的轨道上向前发展。

(七)康乐项目的经营周期缩短

康乐经营很容易受到各方面的影响,其中包括社会环境、经济发展、政策法规、市场竞争、消费需求,等等,这些条件都会对康乐经营产生比较大的影响,特别是市场竞争和消费需求的变化所产生的影响更大。这些条件的变化促使康乐经营的周期明显缩短。例如前面提到的沈阳夏宫,它于1992年建成并投入运营。夏宫无论在建筑形式和建筑规模上,在当时当地都堪称优越,还被评为沈阳地区的标志性建筑。在正常经营期间,回报颇丰。但到经营的第十五年,夏宫就因巨额亏损不得不停业,并于2009年被一举拆除。再如北京康乐宫,在1991年营业初期,顾客人满为患,为了限制客流量,经营者设置了最低消费门槛,把低消费的顾客挡在门外。

在经营的辉煌时期(1995年),其年营业额达到了7000多万元,高于1987年全国游乐园营业额的总和,这对一个不算大的室内康乐企业来说应该是很好的业绩了。但是到了经营的第七年,其营业额开始下滑;到第十年,已经开始亏损经营了;到第十二年就已经无法维持经营而倒闭了。导致北京康乐宫倒闭的原因有很多,其中有决策管理层的失误等多种因素,更主要的因素是市场竞争和消费需求的变化使其经营周期缩短所致。

相对于饭店来说,这样的经营周期确实是太短了,但目前国内康乐经营的周期就是这样。当然,这样短的经营周期不是不能延长的,这就涉及另一个话题——项目的更新。

三、我国康乐业的发展前景

(一)康乐经营在经济活动中所占的比重将会增加

从世界角度看,康乐行业进入经济活动始于西方经济发达国家,后来又逐渐发展并占据了较重要的经济地位。例如,在美国的拉斯韦加斯,整个城市的经济活动都是围绕康乐业发展的。我国康乐业的发展,是随着改革开放的大潮、随着国民经济的发展而发展的,在国民经济中也占据一定的地位。我国是一个发展中的经济大国,我国的经济发展速度一直高居世界首位。我国的GDP在国际经济中所占的地位越来越高,据媒体报导,到2014年,我国的GDP总体水平将居世界最前列。这对我国康乐业的发展会带来一些很大影响,为康乐业的发展注入了正能量,它促进了康乐业的发展,使其成为一项新兴的朝阳产业,并使其在国民经济中占有越来越重要的地位。据中国旅游报报道,1987年,我国游乐园(场)的年营业收入约为6000万元人民币,到1996年,年营业收入已达3亿元,10年中翻了5倍。另外,从我国游戏机生产的发展中也可以对康乐业的发展略见一斑:1987年,国产游戏机年产值约为4000万元人民币,1996年上升到7亿元,到2000年年产值已超过13亿元,13年中翻了30倍。统计数字表明,改革开放30年来,我国康乐行业从无到有、从小到大,得到了迅猛的发展,取得了辉煌的成绩,其在国民经济中所处的地位越来越重要。

(二)康乐消费在人们生活消费中所占的比例将会大幅增长

在我国,随着物质生活水平的提高,人们的消费观念和消费结构也在发生着变化。我国经济近些年来一直保持较快的发展速度,国民收入的增长也很快,以北京为例,在"九五"期间,职工工资保持每年9.1%的递增速度,到2000年底,年均工资达到1.57万元。现在全国绝大部分人口已解决了温饱问题,并且有相当一部分人达到了较富裕和富裕的生活标准。这就意味着人们将会有越来越多的资金用于普通消费以外的消费。人们已不再满足于一般的温饱型生活,而产生了较高层次的需求。康乐消费就是这种需求的一部分。康乐消费是一种休闲性的消费,它要求消费者有余钱和闲暇。西方经济发达国家康乐业的发展除了与其国民收入较高有关外,还与其实行较多的休假制度有关。现在我国早已实行了每周5天工作制,再加上其他公共节假日和各企事业单位自行规定的休假,使人们有了较充裕的休息时间,为满足人们不断扩大的康乐需求提供了时间条件。经济的发展和人们收入的增加既刺激了人们的康乐需求,又为满足这种需求提供了资金条件和时间条件。

可以肯定地说,随着生活水平的不断提高,康乐消费在人们生活消费中所占的比例正在继续增长。

(三)康乐服务和管理水平将会明显提高

随着改革开放的不断深入,我国的经济持续发展,科学技术突飞猛进,人民物质文化生活不断提高,康乐企业将在数量上不断增多,在经营规模上不断扩大。

随着康乐事业的发展,康乐服务和康乐管理也由不规范向比较规范改进。在康乐业形成的初始阶段,服务和管理水平都比较低。这是由于:第一,经营管理人员缺乏较系统的康乐经营和管理知识。在改革开放以前,康乐经营管理几乎是一片空白,新出现的康乐企业所聘用的管理人员都是由其他行业改行而来的,谁也没有管理经验,大家都在"摸着石头过河";第二,经营人员缺乏康乐管理和服务的专业知识和经验。大多数康乐项目的操作和服务都具有较强的专业性,如果缺乏这方面的知识和经验,就很难使康乐经营走上正轨。当时,康乐服务人员都缺乏必要的专业培训,没有相关的培训教材和培训教师;第三,缺少相关的政策和法规。那时候,有关的管理部门还来不及制定相关的政策、法规,出现了立法滞后的现象。

现在,我国的康乐事业已经有了长足的发展,康乐管理也开始由原始型管理转向经验型管理继而向科学型管理的方向进步。其主要表现为:第一,经常举办康乐服务和管理的培训班;职高、中专和高等院校开始设置康乐服务和康乐管理专业;第二,关于康乐服务和管理的专业论著和教材不断出版,带动康乐管理趋于规范化和系统化;第三,关于康乐经营的政策法规正在不断完善,为经营者合法经营规定了方向。

回顾我国康乐业所走过的道路,可以看出其发展趋势,从而得出结论:我国康乐业的服务和管理水平必将不断提高,并将很快达到世界先进水平。

(四)康乐设备的科技含量将会不断增加

随着科学技术的进步和市场需求的增加,康乐设备的科技含量会越来越高,其性能也越来越先进。科技含量的增加必然会使原有的康乐项目日臻完善,例如前面提到的模拟高尔夫球场,其早期的场景是用幻灯机投射出来的,而现在则是由高清晰度投影电视机投射出来的;卡拉OK设备从录音机到录像机,又从LD影碟机到DVD影碟机,再从单碟机到可同时存放上百张影碟的多碟机,现在又出现了通过局域网控制的卡拉OK服务系统,它可以把成千上万首歌曲存在存储器里,再通过服务器自动为顾客播放,在较大歌厅使用这套系统,能使劳动效率提高十倍以上;电子游戏机已经凝聚了较多的科技含量,现在又诞生了更新一代的电子游戏机即虚拟现实游戏机,这是融合了电脑模拟、自动化控制、人机交流等多门先进技术而研制的电子游戏机,这种游戏机在中国科技馆的展厅中已占有一席之地,从中可见其科技含量之高。另外,很多较简单的康乐设备在发展中虽然没有明显的外形变化,但其制造材料却在不断地提高科技含量,例如制造网球拍和壁球拍的材料已经由木材到金属再到高分子材料,现在已使用了碳纤维(这种纤维最早是航天飞机上用的高科技材料)。

可以预见,随着科学技术的进步和康乐事业的发展,康乐设备的科技含量将会更高。

四、康乐项目的分类

随着康乐活动的发展,康乐部门经营的项目越来越多,有关康乐活动的新产品、新设施、新设备也在不断开发和推广应用,康乐活动所涉及的内容也越来越广。为了系统地了解和全面地掌握康乐活动的规律,使康乐管理和服务更有条理性,也为了便于掌握康乐活动各项目的设施、设备的使用与维护,有必要对现有的康乐项目进行科学的划分归类。按照现在通行的划分方法,现代康乐项目从功能特点上一般可分为四大类,即康体类、娱乐类、保健类和休闲游乐类。其中康体类活动又包括球类运动、水中运动和健身运动等;娱乐类又包括游戏机项目、自娱自乐项目、欣赏表演项目等;保健类活动又包括洗浴项目、按摩项目、美容项目等;休闲游乐类活动又包括垂钓项目、采摘项目、水上项目、地面项目、高空项目等。下面我们就按照上述划分方法对现代康乐项目进行简单介绍。

(一)康体项目

康体项目是通过借助一定的设施设备和环境,通过顾客主动参与活动,达到锻炼身体、增强体质的目的,并且具有较强趣味性的运动项目。康体项目不是广义的体育运动项目,而是一些具有较强娱乐性、趣味性的运动项目。

康体项目的特点是:设施完善,场馆豪华,设备科学;运动量适中,以普通顾客身体承受力为限,以增强体质为主要目的;运动的娱乐性、趣味性较强,以提高参与者的兴致。目前常见的康体项目有保龄球、台球、网球、壁球、高尔夫球、健身房、游泳池以及攀岩,还包括滑雪、骑马等项目。

(二)娱乐项目

娱乐项目是指借助一定的设施设备和服务,使人们在精神上得到放松、产生愉悦和精神满足的活动项目。

娱乐项目与康体项目既有区别又有联系。其区别在于:康体项目多为体育运动项目移植转化而来,娱乐项目是以娱乐功能为主的游戏或欣赏活动。其联系在于:这两类项目都具有很强的娱乐性和趣味性。有个别项目本身就同时具有双重特点,例如属于娱乐项目的体感游戏机中的拳击台和越野自行车。

娱乐项目的特点是:该类项目需要顾客的主动参与;其主要功能是使参与者得到精神和情趣上的满足。娱乐项目通常包括卡拉OK歌厅、电子游戏机厅、舞厅、夜总会、动感电影厅、棋牌室,等等。

(三)保健项目

保健项目是指通过提供相应的设施、设备或服务作用于人体,使顾客达到放松肌肉、促进循环、消除疲劳、恢复体力、养护皮肤、改善容颜等目的的活动项目。

保健项目的特点是:参与者能在轻松、自在的环境和气氛中达到健体强身的目的,无须参与激烈的运动,也不会产生特别兴奋或紧张的情绪。保健类项目包括桑拿浴、保健按摩、足浴保健和美容、美发等传统项目,还有氧吧、体检中心等新兴项目。

(四)休闲游乐项目

休闲游乐项目是指借助轻松的活动场所或借助室外大型游乐设备并参与活动,从而达到提高兴致、放松身心、消除疲劳、忘却烦恼的目的的康乐项目。

这类项目包括休闲项目和室外游乐项目。其中休闲项目是指以场地和设施为顾客提供快乐休闲服务的康乐项目,如垂钓园、采摘园等。室外游乐项目是指顾客借助室外大型游乐设备,体验和感受各种日常生活中很少经历的刺激和愉悦快感,从而使参与者放松身心、消除疲劳、忘却烦恼的康乐项目。室外游乐项目包括蹦极、过山车、摩天轮、碰碰船、卡丁车、自由落体、飞荡转椅、摇荡滚摆、旋转木马、观光缆车等,还应包括海上游乐设施。

休闲游乐项目的主要特点是:场地大多是在室外(北方的冬天通常是在暖棚内),设施占地面积很大且风景优美、空气清新。休闲游乐项目与室内康乐项目的主要区别:休闲游乐项目的场地大多在室外,其规模通常比室内康乐项目大很多。

这里需要说明的是,休闲游乐项目通常由游乐园或者其他企业独立经营。一般的饭店限于场地或投资规模等原因尚无条件经营休闲游乐项目,所以此处不再详述。

第二节 康乐部的职能

一、康乐部的地位

随着康乐业的发展,社会上出现了许许多多规模不等、设施和项目不完全相同的有别于饭店康乐部的康乐企业,例如哈尔滨的梦幻乐园、石家庄的天天水上乐园、北京欢乐魔方水上乐园。此外还有许多室外游乐场,如北京石景山游乐场、香港海洋公园,等等。这些康乐场所在国内属于较大规模的了,但是与一些发达国家的康乐场所比起来,则是小巫见大巫了。另外,遍布于中国各个城镇的卡拉OK歌厅、舞厅、桑拿浴室、健身房、游泳馆、夜总会等,都是独立于饭店的康乐场所。康乐业的迅猛发展进一步刺激了顾客的消费欲望,也改变了饭店经营者的经营理念,很多饭店出现专门发展经营康乐项目的康乐部。因此,饭店康乐部是社会各种康乐项目在饭店业务中的一种表现形式。

康乐部门出现的早期在饭店只是个无足轻重的附属部门,有的饭店将它归属于前厅部,有的饭店将它归属于客房部,有的饭店将它归属于餐饮部。随着饭店顾客对康乐需求的扩大,饭店康乐设施和项目的不断增加和完善,康乐部的盈利也越来越多,康乐部在饭店经营中的地位和作用也越来越重要。于是,饭店的康乐部逐步从其所隶属的部门独立出来,成为一个专业化的经营部门,成为与客房、餐饮等部门平行的重要部门(国外普通的中小型饭店一般不设康乐部,但度假型和公寓型饭店则同时经营康乐项目)。现在,绝大多数三星级以上的大型饭店都设有康乐部。

康乐部在一些饭店经营中已成为不可缺少的重要业务部门。

二、康乐部的主要作用

(一)满足顾客的正当需求

随着社会的不断进步,人们对康乐的需求越来越多。很多人甚至把康乐活动作为生活中必不可少的内容,那些经常在饭店住宿的顾客,大多非常重视康乐活动。在很多旅游者的旅游日程中,不论寒冬酷暑,总是把在饭店进行康乐活动列入其日程。另外,调查显示,在饭店周围地区有很多青年人喜欢到饭店康乐场所去消费,这是一种新时尚。至于那些独立经营的康乐企业,去消费的人则更多,如北京康乐宫和沈阳夏宫都曾有过一天上万人客流量的纪录,这些情况都反映出顾客对康乐活动的需求很强烈,康乐部应当满足顾客的这些需求,同时,这些需求应当符合国家法规和公民道德规范的要求。

(二)增加饭店的客源

现在饭店设置康乐部已不单单是为了评定星级,而是出于经营需要和增加营业收入的目的。不少旅游者在选择下榻的饭店时,往往很注意饭店是否具有较完善的康乐设施,也有的顾客是由于对某饭店的康乐活动有较浓厚的兴趣而选择该饭店。饭店康乐设施的完善与否、康乐器材现代化程度的高低,能够在很大程度上影响饭店客房出租率。有较完善的康乐设施的饭店客源就比较稳定;否则客源往往不够稳定,特别是到了营业淡季,出租率的下降会很明显。例如北京密云水库附近的某度假村,按其客房的硬件条件看,只够三星级标准,因此,按三星级饭店的要求,只设置了少量的康乐设施。在经营的初期,客房出租率较低。经调查发现,其客房出租率不高的主要原因就是顾客对其康乐设施不满意。后来该饭店的决策者投入了大量资金增设了较大规模的游泳池、有10条球道的保龄球馆、能放置较多游戏机的游戏机房等,使饭店的康乐设施的设置标准达到了五星级饭店对康乐设施的要求。从此以后,饭店的客房出租率一直保持在较高水平,而康乐设施的投资成本也很快就被收回并大幅度赢利。

(三)扩大饭店的服务范围

现代消费观念认为,高档饭店应该是一个包罗万象、应有尽有的小社会,在那里可以享受到各种乐趣。顾客除了住宿和商务活动之外,还需要其他多种服务。满足顾客的这些需求,就会提高其满意度。在满足顾客一般消费需求的基础上还应满足他们在康体、娱乐和自我实现、提高生活质量等方面的精神需求。康乐项目就是为满足这些需求、扩大服务范围而设置的服务项目。传统的饭店服务项目比较单一,除了住宿之外没有其他项目。随着社会和经济的发展,人们的需求在不断扩大,对饭店服务范围有了新的需求。饭店的经营者也不断改进服务,以满足顾客的需求,这种情况首先在经济发达国家出现。例如美国的拉斯韦加斯,那里1905年建镇,在19世纪初,小镇只是一个马车驿站,其服务项目只是简单的住宿和饮食。1931年,举世瞩目的胡佛水库开始修建,小镇上云集了大批工人,工人和驿站的旅客都有较强烈的康乐需求,于是驿站的经营者们开始扩大服务范围,增加了康乐服务。此后这里发展越来越快,如今,拉斯韦加斯成了以康乐项目闻名于世的著名旅游城市。

中国的饭店在以前服务项目也比较单一,主要是住宿和餐饮,改革开放以后,逐渐增加了康乐项目,现在三星级以上的饭店大都设置了与客房部、餐饮部平行的康乐部。例如,北京的长城饭店、友谊宾馆、云湖度假村,上海的静安希尔顿饭店、花园饭店,广州的白天鹅宾馆,中山的富华大酒店等都是这样设置的。可以说,康乐部已成为继客房部、餐饮部之后极为重要的饭店营业部门。

(四)增加饭店的营业收入

随着康乐业的迅速发展,康乐部在饭店中的规模不断扩大,在多数大型饭店中,康乐部已经与客房部、餐饮部并列为饭店创收的主要部门。康乐部以其完善的设备、适宜的环境、良好的服务吸引了大批的旅游者和附近的社会公众。有很多入住饭店的顾客首先考虑的是饭店的康乐设施和环境,也有一些是因为对某一康乐项目特别感兴趣而入住。如入住澳大利亚墨尔本市皇冠饭店的绝大部分顾客就是因为对那里的博彩娱乐项目特别感兴趣。

先进、完善的康乐设施会吸引大批的相关活动者,如前一阶段国内出现的台球热、保龄球热、健身热、网球热,等等。正是由于康乐享受越来越受到消费者的青睐,才使饭店的经济效益得到很大的提高。很多大型饭店,康乐部的营业收入在整个饭店总营业额中占有很大的比重,特别是一些度假型饭店,康乐部的营业收入能达到饭店总营业收入的 1/3 甚至更高。饭店的管理者越来越重视康乐部的发展潜力,可以断言,康乐部在很多饭店会与客房部、餐饮部形成三足鼎立之势。

(五)提高饭店的等级

饭店等级对饭店经营中的市场定位有很重要的影响,饭店等级是招徕客源的重要条件,是制定价格的重要依据。我国的饭店等级评定标准是 1993 年 9 月由国家技术监督局颁布的,并于同年 10 月实施。这个标准与国际惯例比较接近,也是采用星级作为饭店的等级标志。2003 年,新版的《旅游饭店星级的划分与评定》颁布,增设了"白金五星级"。在饭店星级的评定标准中,除其他条件外,对设施设备有严格规定,并且对康乐设施的设置有明确规定。也就是说,如果没有符合条件的康乐设施,是不能成为高星级饭店的。

三、康乐部的主要任务

简单地说,康乐部的任务就是满足顾客在康乐方面的需求。追求健康、快乐、长寿、智慧是人们的美好愿望。数千年来,人们一直在努力探求防御疾病、抵抗衰老、延长寿命的奥秘。今天,人们更加认识到健康的可贵,因而更加重视提高生活质量。今天的人们对健康的理解已不像过去那种单纯地限定为"无病、无伤、无残",而是赋予了健康新的更高层次的含义,即人体健康的五种标志:体质健康、情感健康、精神健康、智力健康、社交健康。康乐部的任务就是为满足顾客达到新的健康需求而制定的,具体应表现在以下七个方面:

(一)满足顾客体育锻炼的需求

随着社会的进步,人们对体育锻炼的要求也在不断提高。人们除了参加传统的体育锻炼活动外,还在不断寻求并积极参加更有情趣的能够融体育锻炼与娱乐于一体的活动。这就是人们钟情于康乐活动的原因。因此,满足人们在体育锻炼方面的需求就成了康乐部的任务之一。顾客对体育锻炼的需求是多方面的,形式也是多种多样的,且有一般运动与重点运动之分:一般运动指散步、做操、跑步等;

重点运动指各种专项运动,如举重、游泳、打网球等。

根据上述要求,康乐部应开设相应的项目,如健身房、游泳池、网球场、高尔夫球场、台球厅、保龄球馆等,以满足不同顾客的不同需求。

(二) 满足顾客形体美的需求

由于时代不同,人们对形体美的追求标准是不一样的。过去,人们曾追求过以胖为美,看看达·芬奇画的《蒙娜丽莎》或中国唐代的仕女图,便可了解这一点。后来又经历过追求骨感、以瘦为美的阶段。而现在,人们对形体美的追求更符合科学规律——追求以健为美。一个人的身体是否强健,最直接和明显的标志就是其身体各部分肢体比例是否匀称、各部分肌肉是否发达、心血管系统功能是否完善和身体的协调性是否良好四个方面。而健美锻炼就是一种以开展协调训练和力量训练为主要手段的身体活动。随着经济的发展、社会的进步以及人们生活水平的不断提高,人对形体美的追求也越来越高。满足顾客在这方面的需求也是康乐部的任务之一。塑造健美的形体可以在健身房及其他运动项目中或在健美培训班中进行。

(三) 满足顾客保健的需求

追求健康和美貌是人类的共性,无论是什么时代,无论是什么民族,无论是什么地区,人们都有这两项追求。今天,人们的这两项追求更加强烈。人们追求健康的途径除了加强锻炼、增加营养、使用药物等之外,还往往愿意采用物理保健的方法。这种保健方法已经成了康乐部门必备的服务项目,例如桑拿浴,包括芬兰浴、土耳其浴、光波浴;按摩,包括体按摩、头按摩、足按摩,搓澡也属于按摩的一种方式;刮痧和拔罐;洗浴,包括淋浴、泡浴、泥浴、药浴、香水浴等;此外还有吸氧,等等。为了满足顾客形象美的需求,康乐部还应提供美发和美容服务。

(四) 满足顾客娱乐的需求

人们对娱乐的需求自古以来就有。住在旅游饭店的顾客来自四面八方,他们的娱乐需求也因人而异,并且社会公众也有较强的娱乐需求。因此,康乐部的任务之一就是为顾客提供丰富多彩的娱乐服务,以满足他们这方面的需求。娱乐项目可分成三类:第一类是带有民族色彩的项目,如围棋、麻将等;第二类是从国外引进的项目,如扑克、电子游戏机、西式夜总会;第三类是引进西方的形式而赋予中国内容的项目,如卡拉OK歌厅和中式夜总会等项目。这些项目都具有很强的生命力,并已被越来越多的人所接受。例如围棋和麻将原先是中国人发明的,现在日本人、韩国人也非常喜欢这两个娱乐项目,日本人还首先研制出了自动洗牌麻将机。有许多欧洲人、美洲人也正在参与这两项活动。再如,扑克和电子游戏机,本是起源于欧美的娱乐活动,现在已风靡世界各地;卡拉OK起源于日本,现在,无论在中国的哪个城市,都能找到卡拉OK歌厅。这些活动之所以受到人们的喜爱,主要原因就是这些娱乐活动满足了人们的需求。因此,康乐部的任务还应包括为顾客提供娱乐服务,满足他们的娱乐需求。

(五) 满足顾客安全的需求

安全需求是人类基本需求之一。做好设施设备的安全保养工作,满足顾客安全的需求,为他们提供一个既安全又舒适的康乐休闲环境,是康乐部的基本任务之一。

像所有的活动一样,康乐活动也存在不安全因素。这个问题可以从两个方面去认识:一方面,任何一项活动都可能存在着不安全因素,如打保龄球可能出现滑倒、摔伤或扭伤的危险,游泳时可能出现溺水的危险。为了避免这些不安全因素的影响,就需要康乐部设法提高设备的安全系数并加强安全管理,如要求服务员时刻注意顾客的活动情况,及时提醒顾客注意按照安全规范参与康乐活动;另一方面,随着设备使用次数的增加、使用时间的延长、累计客流量的增加,设备的损耗和老化就会加快,不安全因素也会增加。如果不注意设备的检查和保养,就有可能给顾客带来某种伤害。如水滑梯的接口如不及时检修,就可能发生划伤使用者皮肤的事故;游泳池附近的地面如果滋生青苔,就可能使顾客滑倒摔伤。在保养保龄球道时如果不及时擦干净也容易发生事故。大型室外游乐设备更应做好安全检查和保养维修工作,否则,一旦发生事故,则往往是恶性事故。凡此种种,不一而足。

康乐部的一项重要任务,就是要把这些不安全因素减到最低程度,要尽最大努力为顾客提供安全舒适的康乐消费环境,满足他们的安全需求。

(六) 满足顾客卫生的需求

康乐场所应是个高雅、洁净的地方,但因其客流量大,设备使用频繁,所以它的卫生工作量很大。康乐部营业场地的环境卫生工作要经常做,设备的清洁卫生也要经常搞,设备的手柄部分由于每天被许多人触摸,清洁和消毒工作更为重要。此外,还要注意严格控制噪声,积极采取措施以降低噪声强度;保持空气清洁,经常通风和消毒,使空气中细菌含量不超过卫生防疫部门规定的标准;空气的温度、湿度要控制适当;采光照明要符合规定。美容美发室是卫生要求极严格的部门,这里所用的设备、器具等都直接与顾客皮肤接触,因此必须实施较严格的卫生标准,不仅要保证外部整洁干净,而且要用酒精等药物消毒,有些用具还需要用紫外线灯箱来消毒。洗涤用品、化妆品和美发用品等也要符合卫生标准。游泳池水、桑拿浴室的按摩池水需要循环过滤并且应该每天定时消毒。不同的消毒方式需要用不同的化验方式进行监测,其测量值应保证符合卫生防疫部门规定的标准。总之,每时每刻保持康乐场所的环境卫生和设备卫生,为顾客提供优雅、洁净的康乐环境,满足他们卫生的需求,是康乐部的基本任务之一。

(七)满足顾客对康乐技能技巧的需求

康乐部的康乐项目一般都要求使用它的顾客具有一定的技能技巧,有些项目的设备又具有较高的科技含量,使用时必须按照有关的使用规定去操作,否则就可能损坏设备或发生其他事故。

对于初次来康乐部消费的顾客,有些看似简单的项目,实际操作起来却需要较全面的技能、技巧。为了避免发生事故,提高运动效果,康乐部服务员应向顾客提供耐心、正确的指导性服务。如健身房的运动器械各不相同,设备的复杂程度也不一样,尤其是那些较为先进的进口设备,如由计算机控制的健身自行车、跑步机等,而顾客的层次原本会有一定差异,对运动项目的熟悉程度也因人而异。因此,康乐部服务员要不失时机地在技能和技巧方面提示和帮助顾客。另外,一些运动项目的技术性很强,也需要服务员向不熟悉该项运动的顾客提供技术上或规则上的服务,如网球、壁球、台球、沙壶球等。有些项目还可以通过开办培训班的形式向顾客提供技术上的服务,以满足他们在运动技能技巧方面的需求。

案例分析

康乐部应该成为增加饭店营业收入的重要部门

社会物质文明和精神文明的发展促进了人们康乐需求的扩大,为了适应这种需求,很多饭店增加了康乐设施并建立了康乐部。同时,出于效益的吸引,康乐业也吸引了大批的投资者,于是,社会上迅速出现了许多独立经营的康乐企业,如卡拉OK歌厅、保龄球馆、桑拿浴室、电子游戏厅等。这些企业的出现,使康乐市场得到重新划分,也使饭店康乐部的经营受到冲击。在这种情况下,如何准确把握康乐业的市场脉搏,在竞争中生存和发展,已经成为饭店康乐部经营中的一个重要课题。

北京密云水库周边地区的云湖度假村就面临这样的问题。该度假村的前身是中央政府某部的培训中心,离城市繁华区较远,其康乐部的经营项目较少,以接待内部会议顾客为主。实行政企分开以后,该中心把企业名称改为云湖度假村,并将市场定位于接待旅游度假的游客。刚开始独立经营时,由于康乐项目较少,满足不了游客的康乐需求,导致客房的入住率较低。后来度假村投入了较多的资金增建了规模较大的游泳池,又增加了保龄球馆和电子游戏厅等项目,加上原有的网球场、卡拉OK厅、健身房等项目,使其康乐部无论在经营项目数量上还是在经营规模上都在当地首屈一指。度假村的领导加强了对康乐部员工的培训和管理,同时还加大了宣传力度,提高了度假村的知名度。采取这几项措施之后,客源便有了稳定的增加,而且几乎没有淡、旺季之分,度假村的经济效益比以前有了大幅度提高,康乐部的营业收入也比扩建之前提高了4倍。

与云湖度假村仅500米之隔的另一家度假村,其地理位置、规模和级别都与云湖度假村不相上下。只是当初建设时没有设置康乐设施的规划,后来又因种种原因而无法增设康乐设施,致使客房入住率处在比较低的水平,特别是在营业淡季时,其客房入住率只有旺季的20%,其经济效益也比前一家低很多。

从以上两家度假村的决策和经营情况的比较中不难看出哪一家更有竞争优势。请大家思考一下其中的原因。

本章小结

本章对康乐部的运行与管理所作的论述比较概括,其中对康乐业的历史、现状和发展前景所作的介绍可作为一般性的知识掌握;对康乐部的职能展开了论述,以提高学生对康乐部重要性的认识。

本章的内容偏重于理论,对学生提高理论水平很有必要。

友情提示

康乐部的地位、作用、任务等内容有利于培养学生的长远眼光,适用于康乐经营的决策阶段,也可在康乐部经理培训教学中采用。

思考与练习

一、名词解释
1. 康体项目 2. 娱乐项目 3. 保健项目 4. 休闲游乐项目

二、简答题
1. 本书对"康乐"的定义是什么?
2. 目前康乐业的发展现状是怎样的?
3. 我国康乐业的发展前景将会在哪几方面表现出来?

三、论述题
1. 你怎样理解康乐活动具有悠久的历史?
2. 你怎样理解我国康乐业的发展现状?

四、调研题

1. 通过调查研究,谈谈本地区康乐业的发展现状是怎样的。

2. 除了本书提到的例证之外,请您再列举出一两个您所知道的主题公园的例证,并加以简要介绍。

第二章 康乐项目的设置

课前导读

随着康乐需求的不断扩大,康乐业的商机也不断涌现。很多宾馆饭店都增加了康乐项目,增设了康乐部。这就提出了设置什么康乐项目和怎样设置康乐项目的问题。

设置康乐项目的决策是由饭店高层管理人员来完成的。康乐项目设置的具体操作则是中层管理人员的工作。因此,项目设置的操作知识是中层管理人员必须掌握的。

学习目标

● 要求学生掌握康乐项目设置的基本原则
● 要求学生掌握康乐项目设置的主要依据
● 帮助学生了解和熟悉各个康乐项目设置的具体要求

第一节 康乐项目设置的原则和依据

一、康乐项目设置的基本原则

(一) 经济效益原则

在市场经济环境下,人们的绝大部分经营活动都是为了取得经济利益。饭店康乐设施的设置,是为了以自己的特色服务来吸引顾客,满足顾客在康乐方面的需求,其根本目的是为了提高自身的经济效益。

要注意的是,康乐项目的经济效益体现在两方面——直接经济效益和间接经济效益。目前,大部分康乐设施是单独收费的,如保龄球、台球、美容美发等项目。这些项目的经济效益是直接经济效益,比较容易统计。然而,有许多旅游者也希望得到康乐享受,但他们希望在住店之后不再另行付费。因此,很多饭店的康乐项目采用少收费或不收费的经营方式。其实,这是把康乐项目所收费用打在客房费用当中,通过隐性收费的方式使顾客感到实惠,从而提高客房出租率,达到提高饭店经济效益的目的。对康乐项目来说,这是一种间接的经济效益。

(二)社会效益原则

在强调社会主义精神文明建设的今天,饭店康乐设施的设置不但要注重经济效益,而且应该注重社会效益。

饭店应积极响应政府有关部门提出的加强全民健身运动、提倡健康的娱乐活动的号召,为满足社会对康乐活动的需求,为树立良好的社会风气而做出贡献。现在,有很多饭店宾馆的康乐部都对外开放,如北京凯莱饭店、北京友谊宾馆、北京九华山庄度假村。这些饭店的康乐设施在为住店顾客提供服务的同时,又为非住店顾客提供服务,取得了很好的经济效益和社会效益,既得到了较好的门票收入,又提高了饭店的知名度,并稳定了饭店的客源,为丰富人民精神生活、倡导健康的休闲活动做出了贡献。

需要注意的是,西方国家与我国对康乐活动的倡导有所区别,这些区别在于:关于什么是正当的康乐活动的标准有所不同,并且对一些休闲活动的限制尺度不同,如对于博彩项目和色情项目的界定及其管理政策有很明显的区别。

(三)满足顾客正当需求的原则

随着现代文明的日益进步,游客对食、住、行的要求不断提高。到了今天,随着旅游饭店设施和服务水平的不断改善,人们对旅游的期望值也在不断提高,即不仅要求有较高的食、住、行标准,而且要求在住店期间能有康乐方面的享受。人们对康乐享受的意识在不断增强,他们把旅游度假不单看成是游玩,而是把它当作丰富精神生活、锻炼身体、增加知识的途径。可以看出,人们越来越重视康乐活动和康乐活动对身心健康的作用。因此,饭店康乐设施的设置应当满足顾客的这一正当要求。

那么,顾客的哪些康乐活动需求是正当要求呢?顾客的需求应当符合国家法律规定并且符合社会道德规范。概括起来有这样几个方面:一是要有趣味性;二是要有健身性;三是要有高雅性;四是要有新奇性;五是要有刺激性。其中,刺激性要注意把握。例如,竞争是一种刺激,惊险(康乐项目应该有惊无险)也是一种刺激,新奇的项目也具有刺激性;赌博和色情也会产生刺激,但这是不健康的刺激,因此,不得为顾客提供。

我国是有着几千年文明史的社会主义国家,我国的基本国策要求我们在建设物质文明的同时必须建设社会主义精神文明。在康乐项目的经营中,凡是不符合社会主义精神文明的项目和内容,都不应当提供,否则就会违背原则,甚至触犯法律。要特别注意抵制诸如色情、赌博、吸毒等不健康的康乐活动。在经营中,要注意把丰富多彩的康乐形式与健康文明的内容结合起来。

(四)因地、因店、因时制宜的原则

旅游饭店的建设总是根据自身地理位置、环境条件、顾客数量和顾客层次等不同特点而作出决策的。饭店的设施配置应尽量达到顾客的期望值,以满足不同顾客的不同需求。因此,饭店康乐设施的设置以及各个康乐项目的配备,都应因地、因店、因时不同而有所不同。受场地限制的饭店不可能设置占地面积很大的乡村高尔夫球场;如果希望打高尔夫球的顾客多,可考虑建模拟高尔夫球场或城市高尔夫球场;如果饭店的规模较小,就不必建夜总会这样的项目;寒冷地区的饭店一般不宜建室外游泳池,如此,等等。

二、康乐项目设置的主要依据

(一)市场需求

康乐项目的设置首先是为了满足市场的需求。在开发具体项目时,还应该分析各个项目的市场需求量,以确认服务项目利用率的高低,使开发出来的项目能够获得较高的经济效益。

需求与满足需求之间的关系不是一成不变的,消费者的需求只会在某种条件下得到完全满足,从发展的角度来看,总会有一些未被满足的需求。一方面,市场需求会随着人口数量、经济收入、文化水平、风俗习惯、商品供应、服务水平、竞争程度、价格波动、资源开发等因素的变化而变化;另一方面,作为消费者个体,其需求也会随着市场的发展、环境的变化、时间的变迁而发生变化。过去我国的经济体制是计划经济体制,宾馆饭店无须按着市场的需求去参与竞争,也无须主动增加服务项目去争取客源。现在,我国的经济体制已经转化为市场经济,各企业都必须按照市场规律参与竞争。市场的需求也发生了很大的变化,顾客在饭店除了要求住得好、吃得好之外,还要求参与康乐活动。为了满足顾客的需求,饭店、宾馆增加了相关的项目,例如酒吧、台球、保龄球、游戏机、健身房、卡拉OK歌厅、夜总会,等等。

(二)饭店等级

我国国家技术监督局新颁布的《旅游饭店星级的划分与评定》中,明确要求三星级饭店必须有舞厅、按摩室、美发厅、多功能厅;四星级饭店还要再增加游泳池;五星级饭店还要再增加网球场等项目。

从以上要求可以看出,饭店康乐设施的设置还应该符合国家技术监督局的规定。

康乐活动是具有现代意识的旅游新观念,这一观念现在已越来越受到重视。在西方国家的"休假型饭店"和"公寓型饭店"的标准中,都明文规定要有健身、娱乐设施,如果达不到标准,饭店就会被"降星"。我国在饭店星级评定中,已经与世界接轨。

(三)资金能力

康乐项目的设置应该依据投资者投入的资金量力而行。建设一个综合娱乐项目所需要的资金可能与建一座相当规模的饭店差不多,但建一个饭店附设的适度规模的康乐部门则用不了那么多资金。因此投资者、设计者要做到心中有数,这是康乐项目设置的依据之一。

(四)客源消费层次

饭店康乐设施的设置要在调查研究的基础上根据客源层次及其相应需求来决定。也就是说,市场定位要准。要注意工薪阶层与商务阶层、商务顾客与纯度假旅游顾客需求的不同,要根据不同顾客的不同需求设置相应的康乐设施。

(五)客房接待能力

一般情况下,从饭店客房接待能力可以推算出饭店康乐部需要的接待能力,从而决定康乐设施的设置规模。这是对只接待住店旅客的饭店而言。但有的饭店的康乐部在接待本店旅客的同时还接待店外散客,这时就要考虑市场半径之内的客流量,并依此决定饭店康乐部的规模。

(六)环境因素

外部社会环境对康乐项目的经营能够产生非常大的影响,因此,在设置康乐项目时,应该把社会环境作为依据之一。与康乐项目经营联系较为密切的社会环境有地区经济环境、人文环境、社会政治环境等方面。

1. 地区经济环境

地区经济环境是指地区经济发展所形成的环境,地区经济环境决定了当地人们康乐消费的能力。

康乐消费是指人们在满足衣、食、住、行等基本生活需求之外的,用以提高身体素质、保持身心健康的消费。只有当人们的收入水平达到一定程度后才具有康乐消费的能力。如果某地区经济发展速度快、规模大,那就意味着该地区的经济活动会日益活跃,经贸商务活动会越来越频繁,外来经商、洽谈、投资的人会越来越多;同时,由于该地区的经济发达,人们的经济收入也会比较高,这必然会导致当地居民对康乐需求的增加,预示着康乐经营在该地区具有广阔的前景。因此,设置康乐项目应该与本地区的经济发展水平相适应,与人们的支付能力相适应。

2. 人文环境

人文环境是由人为因素的影响而形成的环境,是指社会各种文化现象的集合,包括文化传统、教育水平、社会习俗、宗教信仰、价值观念、审美情趣,等等。

不同地区、不同民族的习俗、爱好、情趣会有很多差异,即使同一地区的人们,由于文化、年龄、习惯、性别等方面的不同,他们的康乐需求也会不同。喜欢哪一类型的康乐项目,与人们的习惯、爱好有关系,例如有的人喜欢室内项目,有的人喜欢室外项目;与人们的价值观念有关系,例如有的人对酒吧情有独钟,认为那里是交友、放松的好去处,也有的人认为那里是低格调的场所;与人们的审美情趣有关系,例如有的人喜欢典雅、轻松的交谊舞,有的人喜欢粗犷、疯狂的迪斯科舞;与人们的社会习俗和文化传统有关,例如云南纳西族地区的人们特别喜欢演奏古乐,而广西地区的人们更喜欢唱歌。因此,康乐项目应该与本地区的人文环境相适应。

3. 社会政治环境

社会政治环境就是指一个国家或地区在一定时期内的各种政治现象所形成的背景的总和。

社会政治环境的影响应该从两方面来认识:一方面,康乐经营需要政治局面稳定、社会治安状况良好,这是康乐业经营发展的前提条件。康乐消费是基本生活以外的消费,它对治安环境条件的变化特别敏感,如2003年以来伊拉克一直处于战争和动乱状态,又如2014年5月泰国发生了军事政变,实行军事管制和宵禁,那里的人们整天为安全和温饱问题发愁,哪里还有心思去公共康乐场所消费;另一方面,康乐业是一种特别容易受政策影响的行业,康乐经营需要良好的政策环境,宽松的政策无疑会促进康乐业的发展。因此,在设置康乐项目时,应该认真学习和研究有关的政策法规,还应当向当地的文化、体育、公安、消防、工商、税务等部门充分咨询,在国家政策法规允许的范围内设置康乐项目。

第二节　康体项目的设置

康体项目的经营,首先必须有相应的设施设备和环境条件,这就是项目设置的具体内容。本节就一些目前常见的康体项目设置的具体要求加以介绍。

一、游泳池及戏水乐园的设置

(一)游泳池的规格

根据结构和规格以及使用范围的不同,游泳池可以分为比赛池、训练池、教学池和普通池四种类型。一般饭店康乐部都设置普通型泳池,这类泳池要求不太严格,但能满足一般住店旅客的要求,其规格标准如下:

1. 池长50米,宽25米;
2. 水深:浅端1.3米,深端1.7米;

3. 排水沟：在距池边25厘米处设有排水沟，沟上铺设箅子，池水水位应漫过箅子，以利于池水循环过滤；

4. 泳道：每条泳道宽为2.5米；

5. 池底直线标志：每条泳道中心池底设有清晰的黑色直线标志，它对游泳者能起到指示作用；

6. 池底横线标志：在5米、25米、45米处池底各设一条25厘米宽的红色横线，以便游泳者识别游程；

7. 池端目标标志线：在各泳道中间端点，从池的上缘一直到池底，设一条宽20~30厘米的垂直线，以便游泳者识别端点；

8. 水线：在每条泳道的水面上，用彩色水线联结出发台和端点，在距池端5米处，用红色或区别于水线的其他颜色作为转身标志；

9. 出发台：设在每条泳道的出发端的方形小平台，前沿高出水面50~70厘米，台面面积不小于250平方厘米，向前倾斜不超过10°。

一般饭店往往由于场地或资金等原因，不能建标准普通池而建练习池，其面积为12.5×25平方米，水深是纵向两端1.1米、中间1.6米，其他要求可参照普通池，但由于水池小而不设出发台。还有的饭店，特别是地处城市繁华区域的饭店，因地皮价格昂贵，便因地制宜，把游泳池建得比较小，并且不一定是长方形。

（二）戏水池、鼓浪池、溅落池的设置

1. 戏水池

一般指供儿童及其家长嬉戏的浅水池，水深在20~60厘米，池中可设置水蘑菇、喷泉、儿童水滑梯、气泡涌泉等休闲娱乐设备。戏水池的面积可视预计的客流量而定。

2. 鼓浪池

鼓浪池是人工模拟海浪的游泳池，对顾客很有吸引力。鼓浪池的深度由鼓浪口向岸边从1.8米渐渐趋浅，最浅处是只有10厘米深的浅滩。鼓浪池的面积不宜太小，应在400平方米以上；大者可达上千平方米甚至上万平方米。

3. 溅落池

溅落池是在水滑梯出口所设的较浅水池，其作用是使坐水滑梯者落入其中时不致摔伤溺水。在溅落池溅落点附近的深度应在120厘米左右，靠近岸边应该渐浅至90厘米，太浅或太深都不利于顾客的安全。溅落池的长度从水滑梯出口到岸边不应小于5米，其宽度应是水滑梯宽度的2.5倍以上。

（三）强制喷淋通道和浸脚池的设置

卫生防疫部门明文规定：凡是向社会开放的游泳池都应设置强制喷淋通道和

浸脚池。这两项设施都必须设在更衣室和游泳池之间。强制喷淋可由多个喷头组成一道水帘,用以冲掉顾客身上的浮尘和皮屑;浸脚池是个面积只有几平方米的浅池,池深10厘米,池内水中投放消毒药,如次氯酸钠或优氯净,浸脚池用来对顾客的脚部消毒,以抑制脚癣等传染疾病。

二、保龄球馆的设置

(一)设置规格

1. 保龄球馆的面积

一般保龄球馆的使用面积可根据球道和机器的规格计算得出。国际标准保龄球道的长度是18.3米;球道后区又有置瓶区和升瓶机及回球机,这部分的长度应按2.2米英尺计算;机器后面还应留出1.5米宽的维修通道;在球道的始端应留出5.8米长的发球区和3.66米长的球员休息区(在休息区外还应留出不少于3.66米的通道),这样全部加起来总长度约为31.5米。也就是说,球馆使用面积的纵向尺寸不应小于31.5米。球馆的横向尺寸是根据每条球道的宽度加上回球通道的宽度再乘以球道的数量而得出的。一般每两条球道共用一条回球通道,它们的宽度为3.47米。在球道两侧,还应各留出1.5米宽的维修通道。若以24条球道为例,则球馆的宽度约为44.7米。

2. 球馆天花板的高度

按标准要求为3.05~4.27米。

前面所述的尺寸为净使用尺寸,如果馆内有柱子,则应减去柱子宽度乘以球场长度所占的面积。因此,在建筑结构上还应注意尽量减少大厅的柱子。

(二)附属设施的设置

保龄球馆的附属设施应该在设计时就考虑到。这些设施为观众席及观众休息区、服务台及公用鞋存放柜、公用球存放架、私用物品存放柜、吧台及饮料库房、保龄用品商店及修球打孔的场地、保龄机械维修用品仓库、员工更衣间、客用卫生间及清洁用品存放处、球道打磨机及落油机的存放处等,这些都需要在建筑布局上予以统筹安排。

三、台球厅的设置

(一)台球厅的场地标准

台球运动是室内运动,球室的面积可根据所用的球台规格来确定。以斯诺克球台为例,球台长度为3.66米,宽度为1.83米,在球台四周应留出一根球杆长度的空间,该长度可以从球台边框的内边算起,一般以1.65米计算。按上述规格计算:

球厅长度 = 3.5 + 1.65 × 2 = 7(米)
球厅宽度 = 1.75 + 1.65 × 2 = 5(米)
最小球厅使用面积 = 7 × 5 = 35(平方米)

考虑到人员的走动、休息座椅或沙发的摆放,还有杆和记分台的摆放,贵宾厅的面积可在球厅最小面积的四周再增加1.5米宽的附加场地,因此标准球室的面积为:

(7 + 1.5 × 2) × (5 + 1.5 × 2) = 80(平方米)

上面计算出的球厅面积是只放置一张球台的球室。如果在一个大厅内放置多张球台,可不必按每张球台需要80平方米计算了,因为较紧凑的方法是相邻球台相距1.5米(以球台外边框算起)就能基本达到要求。

(二) 台球设备的配置

1. 球台

从结构特点上分,球台可以分为两种,即有袋式球台和无袋式球台。目前国内使用较多的有袋式球台是斯诺克球台,还有美式落袋球台。无袋球台有开伦球台。

2. 球

最早使用的台球是用象牙制成的,后来又出现了纸浆球、聚酯球、水晶球。相比较而言,象牙球物理性能不稳定,容易受潮变形,且造价太高,现在几乎无人使用了;纸浆球性能最稳定,它是用纸浆经高压压制而成的,但这种球市场上很难买到;水晶球的质量也很好,其性能接近纸浆球,是目前的比赛用球;现在普通球厅多用高能聚酯球,其质量也不错,价格较低,受到球厅经营者的欢迎。

3. 球杆

它是击球的工具,也有人称为枪棒。球杆选用优质硬木制成。球杆的长度一般在140~150厘米,重量一般在450~600克。球员可根据自己的身高和力量选用合适的球杆。

4. 存杆架

存杆架是存放球杆用的架子或柜子。

5. 架杆

架杆是击打较远距离的球时用作球杆的支架,架杆有短架杆、长架杆、高脚架杆和探头架杆之分。

6. 记分牌和记分表

是比赛用的记分工具。记分牌一般是上下两档可以横向移动的数字标尺,用于记录每轮击球时的比分变化。记分表是用于记录每局比分的表格。

7. 巧克粉和扑手粉

巧克粉是擦杆头的涩粉，用以增加杆头与球之间的摩擦系数；扑手粉是用来擦在球员左手（对右手持杆者而言）拇指和食指背面的滑粉，用以减小球杆与作为支架的手之间的摩擦系数。

8. 其他设施

在球台四周还应摆放适量的高脚靠背椅，供球员或旁观者使用；也可摆放沙发和茶几。规模大一些的台球厅还应单独设置饮料吧台和库房以及洗手间等。比赛用的场地还应设置阶梯式的观众席。

四、网球、壁球项目的设置

（一）网球场的设置

1. 规格

网球场可分为室内和室外两种。单打网球场的场地标准是：长为23.77米，宽为8.23米。双打网球场地的长度与单打场地一样，也是23.77米，但宽度为10.97米。为了打球的方便和运动员候场，在球场两端各应留出5米的空地，在两侧各应留出3米的空地。因此，一块单打、双打通用的网球场地所占的面积应该是：

$(23.77+5\times2)\times(10.97+3\times2)\approx573(平方米)$

在网球场的横向中心线上方，用球网将全场横隔为二等分区，悬挂球网的绳直径不超过0.8厘米，球网两端悬挂在直径不超过15厘米的圆形网柱或边长不超过15厘米的正方形网柱顶上。网柱高不得超过网绳顶部2.5厘米。网柱中心距边线外沿0.914米。网柱高度应使网绳或钢丝绳的顶部距地面1.07米。在场地的中心点，应设置一条拉带，以其将球网中心高度控制在0.914米。

室外网球场的地面又分为草地、沙地、涂塑合成硬地等数种。场地的四周可用钢丝网做成围栏，围栏高度应高于2.5米，最好能达到4米高，以免球员击球失误将球击出场外。有条件时，围栏上还应当附上挡风帆布。室内网球场的场地除了与室外球场面积相同外，还要求球场的天棚净高度不低于12米。室内球场的地面多为涂塑地面。

2. 附属设施

在网球场场地两侧应设置适量的座椅和茶几。室外球场应设置排水暗沟，以便迅速排走雨水和冲刷球场的废水。球场外还应设置更衣间、淋浴间、洗手间。有条件的还应设置会客厅、网球用品服务部、按摩室等。

（二）壁球场的设置

壁球场的占地面积比较小，差不多相当于网球场面积的1/10。壁球场的具体尺寸规格如表2-1所示：

表2-1 壁球场的规格

单位：米

场地平面长度	对角线长度	由地面到前墙出界线下缘的高度	由地面到前墙底界线上缘的高度	场地所有标志线宽度
9.75	11.665	4.57	0.48	0.05
场地平面宽度	由地面到前墙发球线下缘的高度	由地面到后墙出界线下缘的高度	方形发球格两条平行线内侧距离	场地最小净高度
6.40	1.78	2.15	1.60	5.64

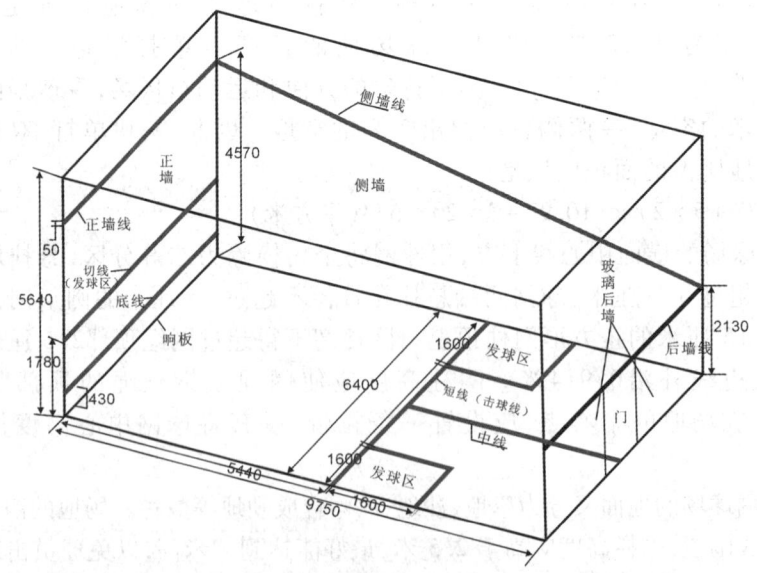

图2-1 壁球馆透视图

壁球场的地面和墙壁都要求平整、有弹性，并且有一定的硬度，可用较硬的木板铺设。壁球场是一个封闭的房间，打球时，只允许运动员在场内。因此，裁判席和观众席只能设在球场外。早期的壁球场是在后墙壁上装上玻璃窗，以供裁判员、记分员以及观众观看。现在的壁球场其后墙壁全部为透明的玻璃，这样既美观又便于观看。观众席由阶梯看台构成，设置在后玻璃墙外的不远处。最新的壁球场的四壁全是平整的玻璃幕墙，这样既便于运动员打球，又便于裁判和观众观看。

五、高尔夫球场的设置

这里介绍的关于高尔夫球场的设置是专指乡村高尔夫,其他几种高尔夫运动将在后面的关于康乐活动的消费知识和保健知识的章节中加以介绍。

(一)高尔夫球场的整体设施

现代的高尔夫球场能够提供比较系统的多方面的服务,包括以下各部分设施:

1. 主运动区

是球场的主体,一般为18个球洞的球场。

2. 练习区

是专供练习用的高尔夫球正规球道和相应的击球区,另外还附有一片果岭区。

3. 办公区

是球场后勤及服务人员办公的地方。

4. 会所区

是高尔夫球俱乐部所在地,包括男、女更衣室,男、女淋浴室,餐厅,酒吧,休息室,专业用品商店等。有的球场还建有供球员住宿的度假饭店。

(二)高尔夫球场主体部分的设施

1. 球场

高尔夫球场大部分是随着起伏不平的丘陵地形而设计的。标准球场的长度为5943.6~6400.8米,呈不规则形,周围有界线。球场面积没有严格的要求,一般60公顷左右。球场内大部分地区种植专用草皮,小部分地区设置水塘、沙地、树丛等。正规球场通常设置18个球洞,也有9个洞的小型球场,大一些的有27洞、36洞或更多球洞的。球洞的多寡只表明球场的大小,与比赛的规则无直接关系。

2. 球道

球道是指发球区与球洞之间的狭长地带。同一个球场,每条球道的长度不一样,一般在200~500米。一个18洞球场的球道总长度为2000~2500米。球场内既有平坦地形,也有凸凹不平的地形,还有沙地、水塘、树丛等障碍。

3. 发球区

发球区是球赛开始和各条道初次击球的地方,是一块长方形的平坦场地。发球区内设有发球台,发球台为一草皮较密的矩形小平台,面积约有0.5平方米。发球台略高于发球区地面,上面可放置球座,以便发球。球座是一个倒立的圆锥形小台,使球能稳置其上。

球座有数种规格供球员选用。

4. 果岭

果岭是英语 green(绿色的草地)的译音,这是指每条球道的终点区域。果岭上种植了矮而密的草皮,草皮必须精心养护和修剪,让人看上去就像一大块绿色的绒毯,这样才便于用推击杆击球。果岭的中间设置球洞,球洞为一嵌入地面的直径 10.8 厘米、深 10.2 厘米的圆罐,罐的上端低于地面 2.54 厘米(1 英寸)。这就是一条球道的终点。

5. 标志旗

这是系于细长旗杆上的小旗,用以插入每一洞穴,指明洞穴号码。当近距离向洞穴击球时,标志旗可临时拔去。

(三) 高尔夫球杆和球

1. 高尔夫球杆分类和规格

这里是按高尔夫球杆的功能进行分类,分为挥击杆和推击杆,其中的挥击杆习惯上称为木杆和铁杆。

(1) 木杆

木杆亦称发球杆,主要用于发球。木杆的特点是杆身长,杆头相对而言较轻,这样则便于挥击。现代的发球杆(Driver)尽管一直被称为木杆,实际上它们中的 70% 已由金属制造。在高尔夫球界中特别注重传统的"保守派"球手有些仍使用柿木木杆。发球杆的长度一般在 110 厘米左右,最长的可达 129 厘米。木杆分成四种,即 1 号木杆(Drive)、3 号木杆(Spoon)、4 号木杆(Buffy)、5 号木杆(Cleek)。号码越小杆身长度越长,重量越轻;反之,号码越大杆身长度越短,重量也越重。

(2) 铁杆

铁杆一般由不锈钢制作杆身,也有用其他铁合金锻造或铸造而成。优秀的高尔夫球手往往喜欢用手工打造的球杆。大多数不锈钢杆身的铁杆有不尽相同的杆身弹性。铁杆的特点是易于掌握击球的方向性,高尔夫运动规则的主旨是用球杆击球进入目标洞穴。为了达到这一目的,需要尽量保持击球的方向性,因此,在适当的距离时需要使用铁杆。铁杆的击球部位用软铁制造,它的底部比木杆的底部要小,也不像木杆的底部那样厚,长度比木杆要短。通常铁杆的长度为 95 厘米。铁杆共有九种,包括从 3 号铁杆到 9 号铁杆七种,再加上一根劈起杆(Piching Wedge)和一根沙坑杆(Sand Wedge)。

(3) 推击杆

推击杆是用来在果岭上朝洞穴推击球的专用球杆。一般来说,推击杆杆身较短,杆面倾角最大不超过 5 度。此外,推击杆的形状与材质五花八门,究竟哪一种好,这要看球手使用起来是否顺手,更重要的是看效果,即推击球时的成功率。在1938年以前,高尔夫球赛对比赛用杆的数量没有限制,当时有些球手甚至背上20支或者更多球杆在球场上奔走。现在国际高尔夫界规定,进场比赛时所带的球杆数量上限为14根,就是一套球杆的数量,即前述的四木九铁一推。

参与高尔夫运动,第一利器是球杆。但是这不等于说,哪个牌子有名,哪种球杆最贵,或者说哪种球杆是大牌明星使用过的,哪种就一定好,要根据实际情况进行选择。

2. 高尔夫球

这种球是在一块压缩的小橡皮上,用橡皮筋环绕成圆球,外面再包上有微凹花纹的坚硬合成材料的外壳。球的直径为4.16厘米,重量为45.93克。

此外,打高尔夫时还需要配备专用的高尔夫球鞋和高尔夫手套以及球杆袋等用品,限于篇幅,这里不作详细介绍。

六、飞镖馆的设置

(一) 飞镖的场地

由于飞镖运动对场地的要求不高,所以这个项目的设置也比较容易。飞镖场地的长度是由其投掷距离推算出来的。它的投掷距离是2.37米,再加上运动员投掷时站位所需要的长度,约有1.2米,这样加起来总共有3.57米的长度就够用了。飞镖场地的宽度是以镖靶为中心再留出一定的安全距离来计算的,一般约有2米。因此一块飞镖场地只要有长3.57米、宽2米的面积就够了。

目前,专门的飞镖馆还不多见,飞镖项目多与酒吧、游戏厅等项目结合经营。

(二) 镖靶的挂置

1. 镖靶应该垂直于地面固定悬挂在墙上,镖靶中心距地面的高度为1.73米。靶面上深色的20分区应该位于中上方。

2. 投掷距离为2.37米,测量方法是由镖靶平面延长线与地面交接处沿地面测量;从双倍红心的中心点到投掷线正中心点的对角线长度为2.93米。

3. 在安装镖靶前,应该在墙上先装一块衬板,然后再把镖靶固定在衬板上。也可将镖靶装在一个木盒里固定在墙上。为避免把飞镖扎在墙上,可用织物或者麻绳围在镖盘四周,这样既起到了装饰的作用,又能保护墙壁。也有以废旧的轮胎或者救生圈嵌在镖盘外的做法,效果也很好。

4. 镖靶尽量不要挂在门后和通道附近,以防止飞镖脱靶发生意外。

5. 镖靶要求有很好的照明,并尽可能使扎在镖靶上的飞镖没有阴影。

6. 在镖靶的左侧应该挂一块记分板。

第三节 娱乐项目的设置

与康体项目相比较,娱乐项目体力消耗相对较少。只有少数项目的运动量较大,如在分类管理上属于电子游戏设备的抢大锤项目和足球射门项目,体力消耗都比较大,又如有一种模拟自行车越野赛的游戏机,几个游戏者谁要想获胜就得付出很大努力,其运动量也很大。当然,康乐部的项目分类和设置不是依运动量的大小而进行的。

一、电子游艺厅的设置

电子游戏机的趣味性、娱乐性极强,对各年龄段的顾客都具有吸引力。电子游戏机的设置也较其他项目来得容易,它可以因地制宜,没有很严格的场地要求,无论场地大小均能做电子游艺厅使用。不过,有条件的饭店在开设游艺厅时还应考虑规模经营效应,因此游艺厅的面积在 200 平方米左右较为合适。电子游艺厅因需要较多的电源插座,要有足够的电源容量,并且电源线的布线要认真设计和施工,要特别注意用电安全,一定要安装漏电保护器。厅内的照明一般不要求很高的亮度,特别是框体式游戏机区域,因有很多电视屏幕,更不要求高亮度,并且最好是散射光或者折射光。但在体感式游戏区和"帕金宫"(一种弹子机的日语译音)游戏区则需要较强的灯光亮度。电子游戏区因机器有一定的发热量并且摆放比较集中,所以要注意通风散热和适当增加制冷空调的功率。

游艺厅可分为三个区域:纯电子的框体式游戏机区、体感式游戏机区和有奖游戏机区。在大一些的游艺厅,框体式游戏机可设置 30~40 台;体感式游戏机占地面积较大且价格较高,现在已经成为游戏机经营的主流机种,因此应该设置 20 台左右;有奖游戏机(非赌博机)因占地面积较大,有的机器往往可供几个人甚至更多人同时玩,可设置 10 台左右,这类机器的收益大多比较好,但要注意必须在管理政策允许的情况下才能经营。

二、卡拉 OK 歌厅的设置

这里讨论的关于卡拉 OK 歌厅的设置,是指专门的单一功能的歌厅。另外几种卡拉 OK 厅如综合式歌厅、自助式卡拉 OK 厅、量贩式歌厅、电影 OK 厅等项目的设置,这里从略。

较规范的卡拉 OK 歌厅一般都有一个较大的主厅,再加上若干中小型副厅——业内人士习惯称为包间或包厢。主厅是歌厅的公共活动区,其使用面积一般在 80 平方米以上,大的主厅面积可在几百平方米。副厅的面积从十几平方米到几十平方米均可。歌厅内部除了符合建筑美学方面的要求外,还要符合建筑声学的要求。每个副厅的装修要注意体现不同的风格,依据治安管理方面的有关规定,副厅的门上应设有便于检查管理的透明玻璃窗。

大型的卡拉OK主厅应设置一个较矮的演唱舞台,考虑到周末或节假日可能要请乐队现场伴奏,舞台上应留出安置乐队的面积。舞台上演唱人员前面应安放可移动的彩色显示器,以便演唱人员观看。面对舞台的方向设置观众席,观众席可以是开放式的,也可以是半封闭的。观众席一般由沙发和茶几组成,沙发不可摆放得太紧凑,需留出通道,以利于服务员端送酒水和传递点歌单。在舞台两侧,应面对观众席设置大屏幕彩色显示器或投影显示器,以供观众席上的顾客观看。如果歌厅较大,则供观众观看的显示器的数量还应适当增加。

关于卡拉OK包厢的建筑,隔音是个十分重要的问题,即厅房之间要特别强调隔音性能,以免相互干扰。这一点非常重要,如没能引起足够的重视,必然会影响经营。同时,其内部装修还要求有较强的吸音性能。此外,室内要有良好的通风设施和消防设施,应该对设计和施工提出严格的要求,包厢的门、窗要进行隔音处理,墙壁应该选用厚重的材料,有条件的可以建成比较厚重的双层墙。绝不可以用单层薄板打造墙壁,那样隔音性能会很差。天花板的处理也应慎重,一般歌厅均有吊顶天花板,如果天花板不隔音,声音就会通过天花板传到其他房间。社会上有一些歌厅包厢的隔音效果之所以不好,就是因为它们利用原来层高较高的房间改建时,为了省工省料,往往只将砖墙造到吊顶天花板的高度,再用一般的木质或石膏板吊顶将上部封住,这样处理,声音必然会穿过吊顶传到其他房间,而主厅的声音也会传到包厢内。空调管道传声也是一个常被忽视的问题,很多歌厅使用中央空调系统,由于管道将冷气或暖气送往主厅和各个包厢,但这些管道也是传声的良好通路,如不进行消声处理,一间房间里的声音可以清晰地传到其他房间,所以一定要在空调管道内设置消声体以吸收声音。

上述几个问题如不在装饰装修以前完成,一旦房间投入使用就会出现很多麻烦。

卡拉OK歌厅的视听设备是很重要的设备,它应包括较小型的、声功率不十分大但声频处理设备齐全的声频系统和视频显示系统,以尽量美化演唱者的声音。在可能的条件下,应选择高质量的器材。关于视听设备的选用问题,这里暂不作进一步论述。但是目前建筑装修市场上的一般设计和施工人员大多不太懂建筑声学,再加上投资者为省钱而用廉价的设计和施工材料,因此,很多歌厅在这方面都存在着严重的问题。

关于卡拉OK的点歌系统,有两种模式。一种是传统模式,它是由顾客填写点歌单,然后由服务员人工传递给音响操作员(DJ),再由音响操作员用 DVD 机播放。这种模式需要较多的工作人员,一个有 30~40 个包厅的歌厅,大约需要 10 名熟练的音响操作员,同时还要增加相应的传递歌单的服务员。这种点歌模式在大型歌厅已不被采用。另一种是电脑点歌模式,专业上称为 VOD 视频点播系统,习惯上称为电脑点播系统。该系统采用局域网的连线方式,将歌厅的许多厅房的电脑点歌器由网络服务器集中控制,因而适用于大型多个包房的歌厅。从理论上说,该系统的运行可以做到无人值守,但为保险起见,需要有 1~2 人管理主机和应急处理临时故障,因而能够节省很多人力。在大型歌厅,大约可以减少 90% 的音响操作和传递歌单的服务员。

电脑点歌系统的基本原理是:将所有卡拉 OK 光驱的音频及视频信号经过电脑处理,转换成 MPEG-Ⅰ(VCD)或 MPEG-Ⅱ(DVD)的文件,并将这些文件存储在歌曲磁盘库中,顾客在包厅点播歌曲后,点播信号传入包厅内的嵌入式电脑,电脑通过服务器调出相关信号,并且解码成数字音频和视频信号,再将这些信号送入音频功率放大器和视频显示器播放。

电脑点歌系统的功能要求参见表 2-2。

表 2-2 电脑点歌系统设计要求

	功能列表	标准版	功能描述
播放方式	节目类型	●	支持 VCD、DVD 节目,多音轨,左右声道
	分屏点播	●	分屏功能:显示器点歌,电视播歌
	透屏点播	●	单屏功能:电视显示点歌界面并播歌
选歌功能	歌星选歌	●	分为男歌星、女歌星、乐队、全部歌星
	多字首拼音选歌	●	输入歌名拼音首字母
	曲种选歌	●	分为粤语歌、迪斯科、摇滚乐、民族歌曲、生日歌曲、儿童歌曲、戏曲、怀旧歌曲、革命歌曲
	字数选歌	●	
	语言选歌	●	分普通话(国语)、粤语、闽南语、英语、日语、韩语
	点歌排行	●	排行榜
	编码点歌	●	对照歌曲编码表
	选歌歌星图片提示	●	在点歌时自动弹出原唱歌星特写图像

续表

功能列表		标准版	功能描述
已点歌曲操作	已选歌曲列表	●	查看已经点播的歌曲
	前移一首	●	
	后移一首	●	
	移至最前(插歌)	●	优先点歌
	移至最后	●	
	删除歌曲	●	
播放控制	重唱	●	
	静音	●	
	暂停播放	●	
	原唱/伴唱	●	
	音量增减	●	
	背景音乐	●	背景音乐可自选及设定音量大小
广告轮播	视频轮播	●	可以指定轮播的节目
	广告展示	●	没有待播歌曲时显示器可插播指定广告片
	开机自动演示	●	机顶盒开机后,自动播放点歌系统功能演示
曲库管理	歌单打印	●	打印所有歌曲的歌单
	新歌打印	●	按照指定的日期,打印新加入的歌曲单
	光碟加歌	●	用户可以直接从VCD、DVD碟片中增加节目,增加最新节目
	生日点歌	●	为包房指定生日歌曲及输入助词
吧台管理	吧台管理		
	呼叫服务	●	
	酒水点播	*	可提供客房电子菜牌查阅功能
	账单查看	○	
	收银管理	○	
	火警报警	●	
	广告插播	●	可以为包房播放指定的广告节目
	信息发布	●	可以向包房发布打烊、通知等信息
	节目预定	○	为包房定时预定节目

续表

功能列表		标准版	功能描述
包厢交互	发送短信息	●	向指定的包厢发送信息
	群发短信息	●	向所有包厢发送信息
	包厢远程控制	●	在吧台直接控制任意包厢机顶盒的播放状态
	预定点歌	●	让指定的包厢在指定时间播放指定的歌曲
高级功能	影视点播		点播电影
	集群功能	●	
	开机画面定制	○	将开机画面改为定制的画面
	手写点歌	●	触摸屏手写点歌

注：①●表示该版本中包含此功能；
　　②○表示该版本中不包含此功能；
　　③*表示该版本可选功能，但要另收费。

三、大型多功能厅的设置

一般情况下，在星级饭店、度假村等地，往往都同时建有多功能厅。在大型室内游乐场所，多功能厅也是一个很重要的项目。这里关于多功能厅的介绍，主要包括功能和设施配置两方面。

（一）多功能厅的功能及其设备

1. 会议大厅功能

需要配备主席台、听众席、语音扩声系统、投影电视、投影仪、灯光照明系统等设备。

2. 文艺演出剧场功能

需要配备较宽大的演出舞台、观众席、音乐扩声系统、较复杂的舞台灯光系统，还应配备演员化妆室、更衣室等。

3. 旱冰场功能

需要配备开阔的场地、平整坚硬的地面、出租旱冰鞋商亭、存衣间、酒水吧台等。

4. 网球场功能

需要配备网球场护栏、球网、专用球场胶毯、专用裁判椅、网球设备存放室等。

5. 游艺活动功能

需要较开阔的场地和适当的基础照明设备。

6. 大宴会厅功能

需要摆放许多餐桌椅，这些餐桌椅要能折叠，以便于搬运和存放。在多功能厅附近还应建有厨房。

7. 夜总会功能

能举办大型夜总会,顾客可一边用餐一边欣赏文艺节目。还需配有舞池和乐池,使顾客有兴致时可即兴起舞。

(二) 多功能厅的配置

1. 规格

多功能厅因其功能多,所需要的设备多且复杂,所以它所占用的场地也比较大。一般情况下,如果以观众席的数量为基数,则多功能厅的建筑面积约等于观众席的数量乘以 3 平方米。举例来说,一个有 1000 个观众席的多功能厅大约需 3000 平方米的建筑面积。大型多功能厅的场地高度应在 12 米以上。

2. 设施的多功能性和设备的多样性

多功能厅的外形可以是圆形,也可以是多边形或其他形状。其内部则呈长方形或正方形。在长方形的一个端面可设置舞台。舞台可以设计成可拼装的活动舞台,也可以设计成较豪华的固定舞台。舞台上可以设置升降平台等设备,还应配备大幕、边幕、沿幕等相应的设备。舞台背后可设置音乐喷泉,喷泉背后是天幕,舞台天幕的后面应设置演员的化妆室和休息室。舞台正前方是较开阔的场地,地面上可以根据需要设置圆洞作为旱冰场围栏或网球支柱的安装孔,平时用专用平盖盖好,需要时可打开盖子,插上球网支柱和围栏支柱;撤去网球场用品后,可以摆上活动餐桌以作为举办宴会和夜总会的场地;在举办正式的文艺演出时,场地中可以摆放临时座椅作为附加观众席。场地四周是可折叠收缩的阶梯式活动座椅,这是阶梯式观众席。在阶梯座椅上面是包厢席,在阶梯座椅背后是维修通道和库房,如果有足够的空间,还要设置吧台、旱冰鞋出租柜台等设施。

第四节 保健项目的设置

一、桑拿浴室及按摩室的设置

桑拿浴室是现代旅游饭店不可缺少的康乐项目,一般情况下,桑拿浴室都附带经营按摩室。此外,随着经营形式的发展,社会上又出现了许多独立于饭店的桑拿浴室,其中有的规模还相当大。而一般饭店附设的桑拿浴室都不大,只能满足住店旅客的需求,这里讨论的主要是这种桑拿浴室。桑拿浴室和按摩室的规模可根据饭店的客房接待能力即床位数量来确定,一般可按客房床位数的 5% ~ 10% 计算桑拿浴室的接待能力。例如,一家有 400 个床位的饭店,其桑拿浴室的接待能力应该为 20 ~ 40 人,其建筑面积约为 200 平方米。浴室内各部分设施所占的面积与桑拿浴室总面积之比见表2-3。

表2-3 桑拿浴室设施所占面积

单位:%

房间设置	男	女
更衣室	8	6
淋浴室	5	4
芬兰浴室	5	4
土耳其浴室	5	4
按摩池	5	4
按摩室	8	4
厕所	2	1
前厅及服务台	8	
公共休息室	15	
吧台	3	
机房	5	
过道	4	

其中前厅应该设置服务台、沙发、茶几等;更衣室应该设置更衣柜、座凳、拖鞋柜;淋浴室应该设置淋浴设备及浴液;芬兰桑拿室应该设置桑拿炉具、桑拿台、沙漏计时器等;土耳其桑拿室应该设置蒸汽发生器、座椅;按摩室应该设置按摩台、茶几等;休息室应该设置躺椅、脚凳、茶几、电视、音响等设备。

二、美容美发室的设置

严格来讲,美发服务应该属于美容服务的一部分,但因美发服务涉及面较宽,所以社会上有些美发厅是单独设置的。由于美容服务和美发服务有很多共性,所以一般饭店都是把这两个项目设置在一起。美容美发室的规模也应该与饭店的接待能力成正比,一般情况下可考虑按客房床位数量的1.5%设置美发椅,按床位数量的0.75%设置美容椅。例如一家有400个床位的饭店美容美发室可设置6把美发椅和3把美容椅。这个比例不是一成不变的,实际设置时应因地制宜。美发室的档次应与所在饭店的档次相适应,除了拥有现代化的装修环境之外,还应有技高超的服务人员和现代化的美容美发设备。在美发区需要配备电动调节的美发椅、组合洗头器具、烫发专用设备、供水和排水系统以及剪刀、梳子、吹风机、电推子、剃刀等器具。美容可分为生活美容和医疗美容两项内容,前者包括化妆、皮肤养护、修指甲、文眉等内容;后者是指通过外科手术的方法重新塑造人的容貌或形体,例如拉双眼皮、隆鼻、做酒窝、吸脂减肥,等等。一般情况下,外科手术的美容项目必须通过医疗资质的审批,因此普通旅游饭店不便提供这样的服务。美容区应该配备现代化的美容设备,如能够调节角度的美容椅、皮肤检测仪、紫外线电疗器、导入导出器、振动按摩器、蒸面器,等等。

 **友情提示**

关于休闲游乐项目的设置

  由于篇幅所限,本版教材关于康乐项目的设置主要针对饭店康乐部和独立的室内康乐企业而编写。休闲游乐项目都属于室外康乐项目,且往往是各自单独经营,因此这里暂不做进一步介绍。

案例分析

新增康乐项目的运作

  康乐部是集运动性、娱乐性、参与性、新颖性、刺激性于一身的具有综合特点的新兴部门。康乐部在经营过程中应该保持和发挥上述特点,并且应该不断推出新项目。这一点在业内有很多成功的案例,东京迪斯尼乐园就是一例,该乐园位于日本千叶县浦安市,距东京约 10 公里,1983 年开业,1987 年增建"雷电世界"项目,1989 年增建"星际之旅"项目,1992 年推出"米奇胜过滑雪"项目。因此,东京迪斯尼乐园重游率高达 85%。再如,中国的苏州乐园也是一例,该乐园于 1995 年开业,从 1997 年开始,每年都举办一系列主题活动,例如水上芭蕾表演、露天广场音乐会、假日探宝行动、夏威夷风情节、啤酒节、桂花节、圣诞狂欢节等活动。因此,该园近 10 年来每年都能保持 250 万人以上的客流量。可以肯定地说,不断推出新项目是康乐部或康乐企业保持长久生存的重要手段。

  北京某度假村的康乐部在开发新项目的思路上就很有新意。该度假村于 1991 年开业,开始时只有较少的康乐项目,后来在原有康乐设施的基础上又陆续增建了游泳池、保龄球馆、游戏机厅等项目。2000 年,度假村的决策者在研究开发新康乐项目时,研究了当时康乐市场的形势,按照设置康乐项目的基本原则和主要依据,大胆地提出了设置"体检中心"的设想。在经过周密的调查和详细的可行性论证后,决策者作出了增建该项目的决策。提出增设体检中心的设想是受到原有项目健身房的"体能测试中心"的启发,但体能测试中心只是健身房的附属项目,占地面积很小,只有二十几平方米,只有计算机脂肪测定仪、心率测试仪、体重测试仪、肺功能分析仪等几台设备。而新增的体检中心的建筑面积达到了 16 000 平方米,比原先的体能测试中心大出 500 多倍,是目前全国最大的现代化专业体检中心。其服务内容也增加了许多,原先只限于检测体内的脂肪及水分、检测肌肉分布、检测心率和血压以及测量肺活量等,现在的体检中心引进了多套国际最先进的大型检查和分析设备,例如全身 CT 检测仪、多普勒彩色超声检测仪、红外线热像仪、生物体微弱磁场分析仪、骨密度测试仪等。仅普通检查就有 120 多项,贵宾体检可达 160 多项,此外还有很多非常规检查项目,几乎囊括了所有现代医学的检查项目。体检中心所使用的检查仪器都是当代最先进的设备,做这些体检工作聘请的都是专业医务人员,当然其收费也是相当昂贵的,仅普通常规体检就需要 3500 多元,贵宾体检则需要 7000 多元。如果再加上所有的非常规检查的话,则一个人一次的体检费用将在 10 000 元以上。

尽管需要这样高昂的检查费用,这个项目还是吸引了大量的顾客,其收益也很可观,体检中心的收入已经超过了原先整个康乐部的收入。并且因为增设了这样一个独具特色的项目,又为度假村吸引来了很多顾客,带动了度假村其他项目的经营,使该度假村的整体面貌焕然一新。经过实践的检验,证明这个项目的决策和运作是成功的。

请大家思考一下:
1. 为什么说不断推出新项目是康乐部或康乐企业保持长久经营的重要手段?
2. 请您通过调查研究,为本地区某饭店的康乐部策划一个新增项目。

本章小结

本章的内容是康乐企业中高层管理人员必须掌握的知识。这里借用一位传奇将军所说的一句名言,"不想当元帅的士兵不是好士兵",那么,是不是可以说,不想当经理的员工也不是好员工。作为未来的新一代旅游企业中高层管理者——旅游专业院校毕业的学生,您应当掌握康乐项目设置的知识。当然,您还应掌握其他管理知识,为今后当康乐部经理积累条件。

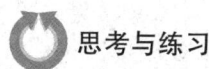 思考与练习

一、名词解释
1. 康体项目 2. 娱乐项目 3. 保健项目 4. 休闲游乐项目

二、填空题
我国国家技术监督局新颁布的《旅游饭店星级的划分与评定》中,就明确要求三星级饭店必须有_____、_____、_____、_____;四星级饭店还要再增加_____;五星级饭店还要再增加_____等项目。

三、简答题
1. 简答康乐项目设置的基本原则。
2. 简答康乐项目设置的主要依据。

四、论述题
1. 为什么说不断推出新项目是康乐部或康乐企业保持长久经营的重要手段?
2. 设置康乐项目所依据的社会环境条件包括哪几方面?
3. 通过具体例子说说康乐项目设置的具体要求。

五、调研题
请您通过调查研究,为本地区某饭店的康乐部策划一个新增项目。

第三章 康乐部的组织机构与人力资源管理

课前导读

本章主要是从技术角度对康乐部组织机构的设置和人力资源管理进行论述，具有较强的实用价值。无论是饭店的康乐部还是独立的康乐企业，要想使其正常运行，就必须做好组织机构的设置及其管理工作。组织机构设置是指康乐部组织管理系统的设立和岗位配置，它包括职务设计和群体设计。职务设计是指组织成员个人职务的构成，这要考虑完成组织目标和组织成员的能力及发展潜力两个方面的因素；群体设计是把组织内部相关的个人组织起来形成群体，以便更好地实现目标。不同饭店康乐部的组织机构的类型和规模不尽相同，但是，各康乐部组织机构的设置原则和设置方法是基本一致的。康乐部的组织作为保障康乐部正常运行的管理体系，对康乐部的经营有很重要的作用。康乐部的管理首先是人力资源管理，通过运用人力资源管理的方法和技术手段，发挥康乐部组织机构中各部分人员的作用，共同努力去实现康乐部的经营目标。

学习目标

- 掌握康乐部组织机构的设置原则和设置方法
- 熟悉制定编制的两种方法
- 了解招聘员工的方法
- 掌握对康乐服务员的培训方法
- 掌握对康乐服务员的督导方法

第一节 康乐部组织机构的设置

康乐部组织机构的作用是通过运用适当的管理方法和技术手段，发挥康乐部组织中各岗位人员的作用,把投入到饭店或康乐企业中的资金、设施、设备以及信息资源转化为可供出售的康乐服务产品。

一、康乐部组织机构设置的原则

各康乐部门的类型、规模和组成不尽相同,这不但由于它们的市场定位、接待规模、经营方式有所不同,而且还由于经营管理者的经营理念和管理模式的不同。但是,康乐部各项目组织机构的设置原则是一致的,主要体现在以下几个方面:

(一)组织形式必须适应经营需要的原则

康乐部的组织形式要为康乐部的经营服务。其机构要适合经营业务,出于需要而设置机构。例如:有的饭店把康乐部设为餐饮部下属的一个分部,这可能是由于其康乐部规模较小,如卡拉OK歌厅是与餐厅结合在一起的,因此归到餐饮部便于管理;有的饭店把康乐部划归客房部,这可能是其康乐项目较少,比如只有健身房;而较大的饭店则设置与其他部室平行的康乐部,这是各家饭店康乐部的主要形式。在这种形式下,各饭店康乐部内部机构设置又有所不同,例如有的康乐部设置桑拿分部,有的则把桑拿浴室的管理与游泳池的管理结合在一起,还有的是把桑拿与美容美发结合在一起。

对于上述几种形式,不能武断地说哪种机构形式好、哪种机构形式不好,只要是根据当时当地的实际情况而确定的,即按需要设置机构就是好的。

(二)机构设置必须科学的原则

康乐部内部的机构设置,必须明确其功能和作用、任务和内容、工作量是否合理以及和其他项目的关系等。特别要注意发挥其正常运行的作用,即经营、管理、控制、督导等作用。设立机构之后接着就应配备相应的管理人员。按照西方的管理模式,一般的职务都是一职一人,原则上不设副职。但国内往往设置副职,有的岗位甚至设多个副职。无论采用何种模式,配备管理人员都必须注意,每个职务都应有明确的职责、权限和实际工作内容。

机构设置的科学性还表现在能够适应有效的指挥跨度。根据饭店管理理论,一般情况下,一个管理人员的管理跨度不应超过八项,以三至六项为宜。

机构设置的科学性表现在另一方面是能否避免机构臃肿、人浮于事,要因事设职,不要因人设职。

(三)等级链和统一管理的原则

等级链是一条权力线的链锁,在每个环节上都应有相应的权力和职责,下级只接受一个上级的领导,不能由多头领导。例如,游泳池服务员只接受游泳池领班的领导,一般情况下,游泳池主管也应该通过领班去领导员工,不宜直接改变领班的安排(特殊情况除外),否则领班就成了摆设,主管变成了领班。统一管理是指康乐部必须是个统一的有机体:统一划分各个分部门的职权范围,统一制定主要的规章制度,统一领导康乐部所属项目的工作。

(四)因才用人的原则

康乐部机构的设置应有利于发挥各级人员的业务才能,发挥他们的主观能动性。在日本被誉为"管理之神"的松下幸之助先生曾经说:"人各有短长,与其为人的短处而操心,不如按其长处而加以任用。"这一点在康乐部尤为重要。康乐部各个项目都具有其各自的特点,需要有相应特长的人才来参与管理和服务。例如,应该选用懂得救生知识、有游泳救生技能的人担任游泳池的主管;应该选用了解保龄球知识、懂得保龄球管理的人担任保龄球馆的主管。

二、康乐部组织机构设置的方法

我国饭店的管理一般采用"业务—职能制"。业务部门是直接面对顾客经营的部门。业务部门包括饭店的前厅部、客房部、餐饮部、商品部、康乐部等;职能部门是执行某种管理职能的部门,包括财务部、人事部、总务部、工程部等。康乐部在饭店属于业务部门。

(一)康乐部组织机构的模式

康乐部作为饭店的一个业务部门,它的机构设置原则与其他业务部门大致相同。但各康乐部的组织模式不尽相同,因为各项目的要求是不同的。下面列举几例以供参考,见图3-1~图3-5。

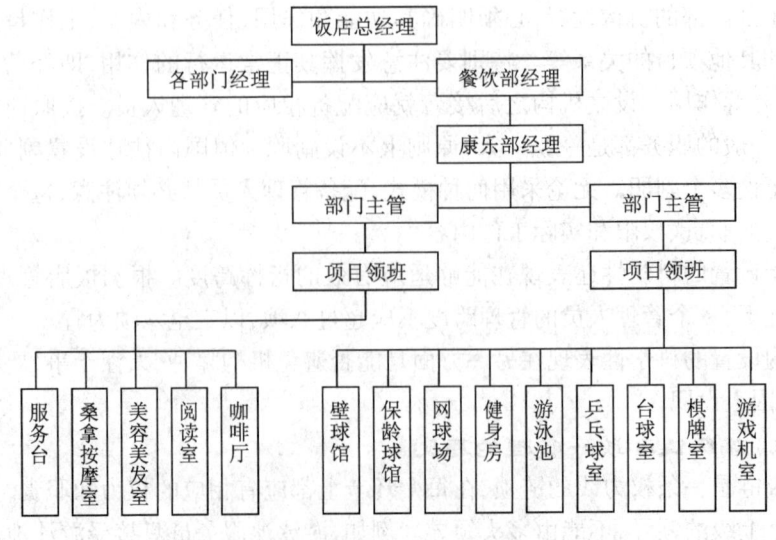

图3-1 康乐部归属餐饮部的组织形式图

第三章 康乐部的组织机构与人力资源管理

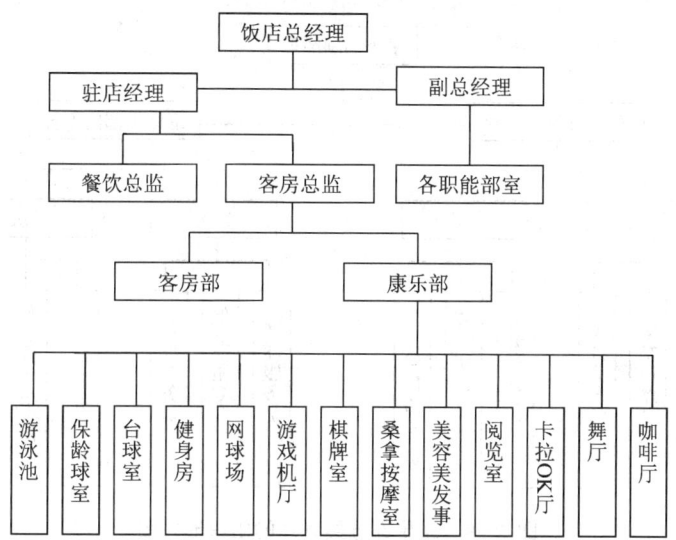

图3-2 康乐部归属客房系统的组织形式图

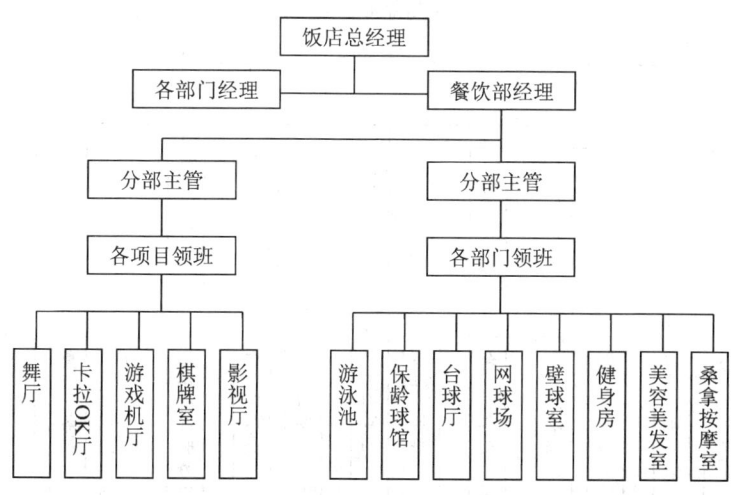

图3-3 康乐部独立成部的组织形式图

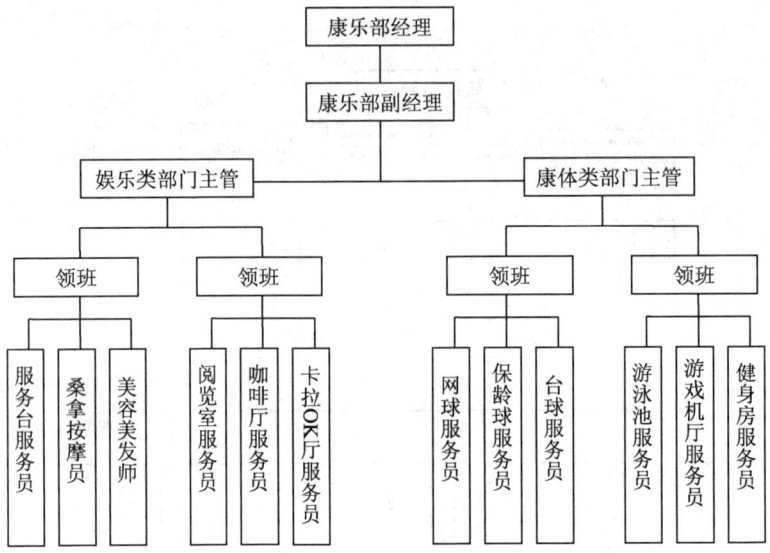

图 3-4 康乐部分类管理的组织形式图

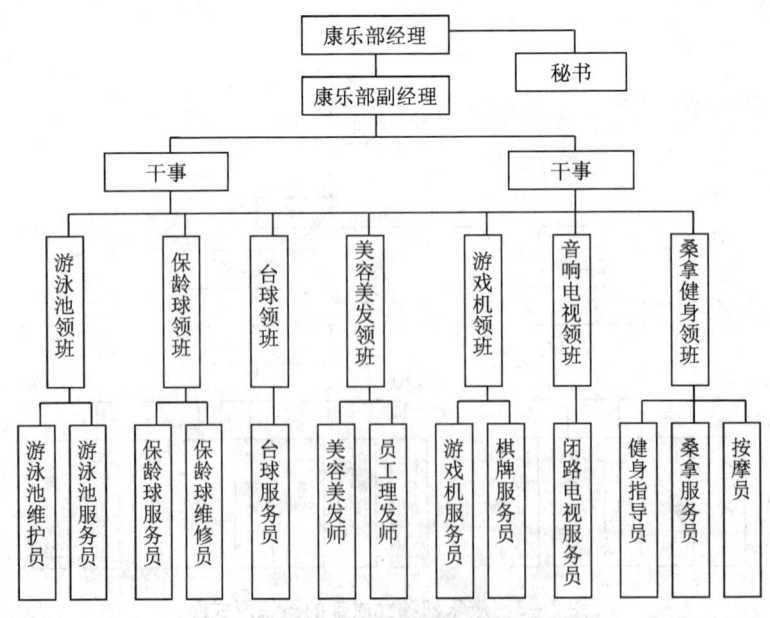

图 3-5 康乐部分项目管理组织形式图

（二）康乐部组织机构的人员编制

1. 影响编制的因素

（1）营业时间的长短

一般情况下，康乐部的营业时间较为灵活：有的项目晚上营业，例如舞厅、歌厅；有的项目从早到晚全天营业，例如健身房、游泳池；有的项目可能是从下午到第二天凌晨营业，如保龄球馆；还有的项目每天24小时营业，例如一些独立的桑拿浴场所。各个康乐部或不同项目每天营业的时间不尽相同，有的项目排一个班次，有的排两个班次，有的需排三个班次，这是影响编制的因素之一。

（2）顾客流量的大小

由客流量的大小能够推算出某个项目某个岗位劳动量的大小，从而进一步推算出该岗服务人员的数量。例如两个同样规模的游泳池，由于客流量的差异，配备的救护员的数量就会不同。由此可以看出，客流量是影响编制的因素之一。

（3）营业季节的淡旺

很多康乐项目具有明显的淡旺季特点，例如室外游泳池和室外游乐场，淡季和旺季的客流量差异特别大。因此不同季节员工的数量也会不同，可以采用弹性编制予以解决。

（4）管理模式的差异

不同的国家、不同的地区、不同的饭店，由于经济体制、所有制形式、消费观念存在差异，特别是人们的管理理念不同，所采用的管理模式不同，其康乐部的组织机构的编制也会不同。

2. 制定编制的依据

（1）政策依据

制定编制属于劳动管理工作。在做这项工作时，首先要贯彻执行国家的劳动法。1995年1月颁发的《中华人民共和国劳动法》规定：劳动者平均每周工作不超过44小时，以每天工作8小时计，每周工作5天半。现在，大多数单位都执行2009年8月修改并施行的《中华人民共和国劳动法》的规定，即每周工作40小时，每天工作8小时，每周工作5天。这是制定编制时的政策依据。

（2）项目依据

不同的项目，需要的服务人员数量是不同的。即便是同一个项目，在不同区域所配备的服务员数量也不一样。例如游戏厅，一个服务员可能照看10~20台框体式电子游戏机，而有些赠送游戏币或其他小礼品的游戏机，每个服务员所能管理的机台数量就较少了，有的游戏机在顾客多的时候每人只能照看一台，如大型赛马机（多人同时玩，需要服务员当裁判并对胜者赠送礼品）。

(3) 服务档次依据

同样的项目，由于市场定位不同、服务档次不同、所提供的服务细节不同，所配备的服务员的数量也会不同。例如桑拿浴室，低档的只要发给每位客人一把更衣柜钥匙就行了，服务员再照看一下设备，以保证其正常运转，不需要太多的面对面服务。而高档的桑拿浴室则要设迎宾员，要设专职的更衣室服务员，帮助顾客更衣，为顾客擦皮鞋等，还要设专职的浴室服务员和休息室服务员。两者所使用的员工数量会有很大的差别。

3. 制定编制的方法

下面介绍两种制定编制的方法，这两种方法都是针对大型康乐企业比较规范地制定编制而言，小型的饭店康乐部则可参照此方法并在此基础上适当增减。同时需要指出，下述方法制定的员工编制未考虑因班次不同需要的员工数量可能会有所区别（依客流量不同可能会并岗或增岗），实际运用时应该注意调整。

(1) 岗位定编法

这种方法是先设计出所需要的服务岗位，再确定每个岗位所用员工的数量，然后根据这两个条件求出某个项目所需要的员工数量。

例如桑拿浴室，可以根据需要设置岗位：开单收款岗、换鞋引导岗、更衣室服务岗、浴室服务岗、搓澡岗、按摩岗、休息室服务岗等，然后再根据需要确定每个岗位的服务员数量，从而制定出该项目的人员编制。

需要说明的是，通常情况下，康乐场所每周营业 7 天，每天营业时间从 8 小时到 15 小时不等，最长的 24 小时营业。但每个员工是按每周工作 5 天，每天工作 8 小时计算。因此，每个固定岗位每个班次需要的员工数量是：

岗位用工数量 = (8 小时 × 7 天) ÷ (8 小时 × 5 天) = 1.4（人）

根据上述规律，在计算某个岗位实际需要的员工数量时，应该将固定员工数量再乘以 1.4，即为该岗位每个班次所需员工的实际数量。

项目员工数量的计算公式为：

Σ（项目）= (8 小时 × 7 天) ÷ (8 小时 × 5 天) × 岗位数 × 班次 + 1（主管）

= 1.4 × 岗位数 × 班次 + 1

康乐部员工总数的计算公式为：

Σ（部门）= Σ（各项目员工数量之和）+ 部门办公室人数

通常大型康乐部门的管理人员大约为 3 个，即经理、副经理、秘书。

(2) 纯公式定编法

下面是几个模糊公式，可们能够较快地求出某项目的编制数量。用这些公式计算出的结果不一定都是准确的编制数，在实际应用时应根据康乐部的具体情况加以修正。

这些公式如下：

保龄球馆编制　=（球道数×0.6+n）×班次数
台球厅编制　　=（球台数×0.3+n）×班次数
游泳池编制　　=（水面积㎡×0.008+n）×班次数
卡拉OK厅编制 =（营业面积㎡×0.026+n）×班次数
歌厅包厢编制　=（房间数×2）×班次数
桑拿浴室编制　=（更衣柜数×0.28+n）×班次数
按摩室编制　　=按摩床数×1.4×班次数
电子游戏厅编制=（机台数×0.14+n）×班次数
棋牌室编制　　=（牌桌数×0.37+n）×班次数
健身房编制　　=（设备台数×0.14+n）×班次数
网球场编制　　=（场地数×1.4+n）×班次数

康乐部员工总数的计算公式为：

Σ（部门）=Σ（各项目服务员人数之和）+康乐部办公室人数

需要说明的是，上面列出的公式中除按摩室外都加上一个 n，这里的 n 是个修正值，是指服务台岗位的服务员数量，例如保龄球馆，无论规模大小，都必须设服务台，其服务内容是控制球道开关和发放公用球鞋，但这个岗位的编制受球道数量的制约较小，换句话说，无论球馆大小，都与这个岗位服务员的人数变化不大。因此，一般情况下，n 取 1~3。歌厅包厢和按摩室的公式未加 n，这是因为在一般情况下，歌厅包厢与大厅共用一个服务台，按摩室都是与桑拿浴室共用一个服务台，因此这个 n 可以不加。如果它们是独立经营的，公式中也应加上 n。

上述两种计算编制的方法各有利弊，岗位定编法适合已经确定设置的康乐部在制定编制时使用；纯公式定编法使用起来简便快捷，适合某项目立项决策前进行可行性分析，计算劳动力成本时使用。

4. 应用案例

某保龄球馆有球道 26 条，要求用前面介绍的两种方法制定编制。

第一种方法是先定岗位再定编制，其岗位定为：领班岗 1 人，服务台 2 人，维修技术员 2 人，饮料服务台 1 人，球道服务员 7 人（每人负责约 4 条球道），每天两班运行，每周 7 天营业，每人每周工作 5 天，则该球馆每个班次的编制为：

（1+2+2+1+7）×7÷5=18.2≈18（人）

按第二种方法即公式法计算出每个班次的编制（n 取 2）：保龄球馆编制=（球道数×0.6+n）×班次数=26×0.6+2=17.6≈18（人）

可以看出，两种方法确定的编制数量基本一致。

第二节 康乐部员工的招聘

康乐部的组织机构确定之后,接着就需要通过招聘适当的人选来充实机构的岗位空缺。招聘工作就是按照康乐部相应岗位的职务说明书所要求的条件选择合适的应聘者。职务说明书是根据康乐部各个岗位的工作条件、内容、目标、责任、范围等方面的要求而编写的,是制定招聘标准的主要依据。

一、招聘工作的意义

(一)招聘工作是组建新康乐部的重要工作

康乐部的组建和管理从大的方面看有两方面的工作,即康乐部的设施设备管理和服务人员管理。这两方面工作都需要招聘相关的人选去完成。招聘到合适的人选,对于新建部门尤为重要。

(二)招聘工作是增补新员工的有效途径

一般情况下,康乐部的员工流动性比较大,容易产生岗位空缺。员工流动大的原因很多:在经营情况较好时,企业之间人才竞争激烈,竞相提高待遇以期招聘到能力较强的员工,使员工向待遇高的企业流动;在经营情况明显不好时,员工待遇下降,很多员工抱怨,可能会离开待遇低的企业,致使原企业岗位空缺;还有,因意外事故而产生自然减员、老员工退休、企业扩建改造等原因也会产生岗位空缺。弥补这些岗位空缺的主要途径就是招聘新员工,使员工队伍保持相对稳定,使正常的经营不受影响。

(三)招聘工作是促进员工队伍优胜劣汰的重要手段

员工队伍应当保持稳定,但这种稳定是相对的;员工的适当流动也是合理的,适当的人员流动可以使员工队伍保持活跃,促进整体素质的提高,从而提高服务质量,提高经营业绩。

招聘工作就是通过对应聘人员在德、能、勤、技等方面的考核,择优录取,让更符合岗位要求的员工从事相应的工作。这样,有利于优秀员工的流入和不良员工的流出,使员工队伍处于良性流动状态。

二、招聘员工的方法

(一)制定招聘标准

在招聘求职者之前,负责招聘的人必须对所招聘职位的标准和要求做到心中有数。要招聘的人员的类型、面试程序、要问的问题等都要以招聘标准为依据。

许多企业都有较详细的职位说明书,每一份职位说明书都能详尽地阐述担当某一职位的员工应该具备的条件和应尽的职责和义务。只要按照这些条件和职责以及义务的标准去招聘合适的人选就可以了。

公司如果没有这些材料,那么招聘程序就应该从制定职位说明书开始。这里有一个比较简单易行的方法提供给大家,这就是发动现有员工共同制定职位说明书。

第一步:编制一份问卷调查表,调查表的内容是要求描述他们实际所从事工作的活动内容、工作标准、所用材料、个人特点及资格标准。

第二步:召开一次会议,将调查表分发给待评估的岗位的所有员工,让所有员工能够理解需要他们帮助制定职位说明书,而不是在"测试"他们,是需要他们参与。

第三步:收回调查表后,仔细阅读所反馈的信息。然后摘录出员工普遍提及的技巧、活动、工作材料、员工特点和资格。可以先列出重要的技能,在每一项后面注明被提及的次数,其中提及次数最多的可能就是最重要的。

第四步:以员工提供的信息为基础,为所管理的每一个职位制定一份较详细的说明书。其中主要内容应该是任职资格及核心任务,包括年龄、学历、资历、技能、工作内容及工作特点等方面。

职位说明书将成为制定招聘标准的主要依据。

(二)招聘渠道

1. 外部招聘

这是招聘员工的主要途径。康乐企业根据外部招聘计划所确定的对员工数量和素质的要求,采用适当的方式进行招聘。可以通过广告媒体进行宣传,使更多的人了解本企业的招聘信息,以便增加对应聘者的选择余地。同时,这种宣传也能够扩大本企业的知名度。可以向有关劳动人事部门、就业服务机构、大专院校、中专及职业学校招聘。还可以通过本企业员工推荐适当人选。

2. 内部招聘

这是指对某些特殊岗位,在本企业内部本着双向选择的原则,通过对报名应聘的员工进行考评,对其中具备一定思想素质、技术水平、工作经验、管理能力的应聘者,采用调动和提升的方式,安排他们到相应的岗位上工作。内部招聘的员工对本企业经营情况比较熟悉,能够较快地适应岗位要求。通过这样的方法使人尽其才,并且能够调动员工的工作积极性。但是,内部招聘也有弊端:一是招聘时选择面较窄;二是容易导致人际关系复杂、墨守成规等不良情况的出现。因此,在选拔管理人员或补充岗位空缺时应内外招聘兼顾。

3. 网上招聘

网上求职给招聘工作带来了一场革命。企业既可以在自己的网站上,也可以在相关的网站上刊登招聘广告。还可以通过有关网站查询求职者的信息资料。

网上招聘的优势之一是让企业有可能接触到那些条件更为优秀的求职者。企业应当充分利用这种现代化的手段。

(三) 正式编制员工的招聘

正式编制这个概念有些模糊,但这种提法目前仍在沿用,它的意思是指编制在册的员工,这是相对于一些特殊岗位的员工和临时工而言的。特殊岗位的员工编制不太固定,而且他们的劳动报酬也往往是不固定的。而临时工也应当是编制在册的,例如现在有的企业聘用一些退休人员担任保洁工作或传达室的工作,有人把这些员工称为临时工,这是中国的用工现象。在国外主要是全时工(Full - time worker)和短时工(Part - time worker)。

招聘的程序如下:

1. 确定招聘的基本原则

在工作分析的基础上,根据职务要求,确定具体的招聘工种和招聘标准及人数。

2. 确定招聘的途径

即确定是采用内部招聘还是外部招聘或者网上招聘;是员工推荐还是广告宣传;是应届毕业学生还是农民务工人员,等等。

3. 填写职位申请书

这是指由应聘者填写职位申请书。职位申请书比过去的报名表所要填写的内容要具体和详细,职位申请书是了解应聘者情况最常用的方法,可作为决定是否对其面试的依据。

4. 初次面试

经过对职务申请书进行审查并筛选之后,接下来的工作就是对通过筛选的应聘者进行面试。在大企业,由人力资源部负责此项工作,而在小企业里,有时这项工作就由康乐部经理承担。初次面试时康乐部会同人力资源管理部的招聘人员与应聘者面对面地交谈,考察应聘者的仪容、表达能力等条件是否符合康乐部的初步要求,了解其经历、学历以及对工作待遇、工作环境和工作时间的要求。要询问求职者过去的工作经历和经验、对所应聘工作的兴趣,等等。也可以询问一些敏感的问题,但应该使用委婉的方式和口吻,譬如是否受过处罚、是否曾经被解雇等。

5. 核查应聘资料

为了准确了解应聘者的情况,招聘企业应该到应聘者原单位去了解其工作态度、人事关系、业务水平等方面的情况,以作为进一步考察的依据。这项工作是针对重要岗位进行的,对一般岗位的应聘者,现在已较少进行详细的核查工作了。

6. 测试和评估

为了解应聘者的知识水平和能力，招聘企业应该对应聘者进行测试。测试的时间可在初次面试后立即进行，也可另外约定时间进行。测试的内容与方式以职务所要求的条件而定，可以采用笔答的形式，也可以采用实际操作的形式，根据测试情况对应聘者作出评估。

7. 复试

如果初次面试符合要求，应聘者被基本确定之后，招聘企业还可对其再一次面试，进一步了解其个性、抱负、经验、技能、兴趣等，以考查其能否适应工作，有无发展前途。较大的企业在招聘管理人员时很慎重，在人力资源管理部初次面试后还要由高层次的管理人员进行复试。

如果初次面试就能确定人选的话，则可免去再次面试的程序。

8. 身体检查

在上报审批之前必须进行体检，因为政府管理机关对康乐行业从业人员的身体状况有较严格的要求。同时，从对企业和对员工负责的角度出发，也应该安排体检，以便客观地了解应聘者的身体情况。

9. 审查批准

将应聘者的职位申请书、调查材料、面试记录、健康卡片等材料整理汇总，上报康乐企业或饭店高层管理者审批。

10. 录用报到

通过最终审批之后，再由人事部门用适当的形式通知应聘者按指定日期报到并签订"试聘劳动合同"。

上述招聘程序适用于管理较严格的大型企业，有些企业在实际招聘工作中可适当灵活掌握。事实上，经过反复实践，很多公司都已形成一套自己的招聘方式。招聘工作应该随劳务市场、业务类型、技术水平的不同而有所变化。例如，美国六号汽车旅店集团(Motel 6)将招聘的重点放在人才招聘会，同时也很愿意接纳全美有色人种发展促进会所推荐的人选；还有一些公司以报纸广告、设在大学的招聘办公室和员工推荐的材料为主要招聘途径；国内各公司的招聘方法也不尽相同，在实际招聘时应该选择适合本企业的方法和途径。

（四）非正式编制员工的招聘

1. 非正式编制员工的概念

由于康乐行业经营与服务的特殊性，一些企业常聘用部分在岗而不在编制之内的具有特殊技能的员工，这些人员统称非正式编制员工。例如，歌舞厅和夜总会的文艺表演人员，迪斯科舞厅的DJ人员，洗浴中心的按摩师、修脚师以及搓澡、拔罐、刮痧人员，健身房的专业教练，等等。

2. 非正式编制员工的特点

(1) 具有较强的专业技能

这些人所从事的工作都需要经过专门培训才能胜任,有些行当还需要有较强的天赋,一般康乐企业难于自行培训具有特殊技能的人才。

(2) 与企业的劳动关系比较灵活

这些人工作流动性比较强。因为有专长在身,往往哪个企业付的劳动报酬高,就马上到哪里去工作。一些企业也常用高薪去"挖"人,因而这些人往往不愿意签订长期劳动合同。一些康乐项目需要经常更新,否则将会失去回头客,如歌舞厅的乐队。康乐企业对这类项目的工作人员也不愿意与其签订较长时间的劳动合同。这些人中有一部分是从事兼职工作的,他们在其他单位有正式工作,到康乐企业只是来挣些"灰色收入"(这是中国在一段时期的特有现象,即正式工作的国有企业不允许其员工在外面做兼职工作,有些人便私下做些兼职工作,这种兼职工作所得到的收入称为"灰色收入"),因此不便与康乐企业签订长期劳动合同。总之,这些人与企业的劳动关系比较灵活。

(3) 计算劳动报酬的方式与正式员工不同

正式员工的劳动报酬一般按年薪或月薪计算;非正式员工的劳动报酬有按天计算的,有按小时计算的,有按场次计算的,有根据个人创造的收益按比例提成的。其中,后一种计算方式一般没有底薪,也就是说,如果没有创造收益,那么即使出勤了,也没有薪水。

3. 非正式员工的招聘程序

(1) 制订招聘计划

根据某些康乐项目的特殊要求,制订相应的招聘计划;根据职位说明书的要求,制定招聘标准。

(2) 确定招聘渠道

可以在报纸上登广告从社会上招聘;可以直接从专业团体或行业协会招聘;可以通过中介机构或私人推荐招聘;也可以从刚毕业的学生中招聘,还可以与学校联系以学生实习的名义进行合作。

(3) 面试

特殊岗位的员工需要有高超的技能,所以在招聘时往往是先进行面试和技能测试,然后再填报名表。通过面试,了解应聘者的仪容仪表、基本技能、诚信度、思维能力、表达能力等情况。

(4) 技能测试

这是考查应聘者实际技能的重要环节。技能测试可以从两方面进行:一是通过口试或者笔试以测试其理论修养;二是通过具体操作以测试其实际能力。

(5) 填写应聘报名表并审阅应聘资料

在通过面试和技能测试以后,就需要填写报名表了,通过应聘报名表了解应聘者的相关情况,包括姓名、年龄、住址、技能、文化程度、健康状况、工作经历等,初步判断应聘者是否能达到职位说明书的要求。根据面试、技能测试、审阅材料,可对应聘者能否适应工作作出基本判断。

(6) 办理相关证件

办理健康证(到卫生防疫站或者指定的医院进行体检,并且通过卫生防疫站的培训才能取得健康证)、本单位的出入证、就餐证等。根据现行的管理办法,外地应聘者还应该持有身份证、公安部门签发的暂住证、劳动管理部门签发的务工证。如果将来管理制度出现变化,则应该按相应的办法行事。

第三节 康乐服务员的培训与督导

培训和督导是康乐部门的重要工作,是康乐部门加强管理、提高档次、稳定客源、改善经营、增加收入的重要手段。培训工作又是康乐服务员提高能力、发挥作用、争取晋升、体现价值的有效途径;督导工作则是培训的继续和延伸。

一、培训的含义和作用

(一) 培训的含义

培训是通过指导活动使受训员工获得知识、提高技能、端正认识,以适应康乐服务工作需要的过程。

培训是招聘结束以后必须做的重要工作,这项工作应该由专职的培训人员实施,也有的企业由人事部的工作人员兼职。康乐业作为一个新兴行业,其经营、管理和服务都缺乏成熟的经验和模式。目前,这一行业一直面临着缺乏合格的管理和服务人员,以及由此产生的效益较低、人员流动频繁等问题。采用培训的方法,虽不能完全解决这些问题,但能够较好地改善这种现状。培训主要分为非在岗培训和在岗培训两大类。

1. 非在岗培训

包括岗前培训和离岗培训。岗前培训是指对新进入康乐企业尚未分配到具体岗位的员工进行基础性的、全方位的培训;离岗培训是指让已经上岗的员工暂时脱离岗位而进行的培训。

2. 在岗培训

在岗培训是指对已上岗的服务员进行带有适应性和针对性的培训。在岗培训工作一般由督导管理人员组织实施,其目的是为了弥补岗前培训的不足和解决实际工作中出现的问题,同时也向员工灌输具体岗位的工作标准和培训具体服务技能。

(二)培训的作用

培训有益于顾客,也有益于服务员,更有益于企业。培训的作用有以下几方面:

1. 提高服务员的认识水平

其一,通过培训可以提高服务员对服务工作的认识,引导他们正确对待人生,正视各种社会现象,摆正金钱、物质和本职工作的关系,提高遵守职业道德标准的自觉性。服务工作是社会工作的一部分,而且是重要的一部分,在社会中,我们每个人既是服务员又是顾客,既是生产者又是消费者。作为一名服务员,必须具备爱岗敬业的职业道德。其二,通过培训可以提高员工的质量意识,使员工认识到"宾客至上,服务第一"的重要性,在服务态度、礼貌、礼节、操作技能、工作效率、心理素质等方面自觉地加强修养,在工作实践中为顾客提供优质服务。

2. 掌握专业技能

康乐业是个综合性很强的行业,所经营的项目之间存在着明显的差距,因此服务员除了应具备基本的服务技能外,还要掌握本项目的专业服务技能。这些专业技能必须通过比较认真的培训才能掌握。某些特殊岗位,如游泳救护员、按摩室的按摩员、歌舞厅的调音师等,还需由特定培训机构培训并经过严格考核之后,才能获得社会和行业认可的上岗合格证。

3. 提高劳动效率

通过培训可以使服务员提高认识、掌握技能、增强独立工作的能力,有助于本职工作劳动效率的提高。服务员工作能力的加强也可将管理人员从事必躬亲的烦琐工作中解放出来。另外,培训也可为服务员创造晋升机会,激发其不断进取的工作热情,从而提高康乐企业的整体工作效率。

4. 降低经营成本

全面、系统的培训,能够提高服务员的工作水平,降低康乐企业的经营管理成本。

心理学的调查分析表明,员工在工作中有困难而变得心烦意乱时,就会产生精神压力,如果这种压力得不到有效缓解和释放,员工的工作态度就会变差,工作效率就会降低,最终导致人心不稳、人员非正常流动。实践证明,人员非正常流动是造成企业劳动力成本过高的主要原因。成功的培训能减轻服务员的工作压力,减少人员流动,提高生产效率,降低劳动成本。

5. 提高服务质量

消费者判断康乐部门服务质量高低的主要依据是服务员的工作态度、工作能力、知识水平等综合素质,从这个意义上说,服务员的态度和工作表现是康乐企业经营成功与否的关键。而要提高服务员的综合素养,就必须做好培训工作。

二、培训的基本方法

(一)面授培训

面授培训是指培训者和受训者同时在场,面对面地传递信息的培训方式。这是一种传统的培训方式,也是采用最多的培训方式。

面授培训的形式有很多,包括课堂授课、实物示教、个别指导、案例分析、角色演练、集体讨论等,下面分别加以介绍。

1. 课堂授课

课堂授课是指培训人员在课堂上以讲述、解释和传授的方式对较多人进行统一培训。

它能够在短时间内把特定的信息传递给一批人。但由于互动交流不可能太多,员工主要是通过听觉和视觉器官接受培训,许多信息容易被遗忘。

另外,还有一种课堂授课的方式常被利用,这就是讲座。讲座是由专家进行的个人演讲,是一种分享知识和信息时常被采用的方法。与普通课堂授课相比,讲座的优点是能够让很多人同时面对面地接受专家所传递的信息和经验。讲座的缺点是这种形式最缺乏互动性,而且,除非演讲人特别有经验,否则很可能出现乏味和单调的现象。人们在小组讨论、进行角色演练或者实物演示时都比较兴奋,但却有很多人在冗长乏味的讲座中打瞌睡。

2. 实物示教

实物示教是培训人员利用实物向员工演示,以提高员工技能的培训方法。

它常被用于工作程序和设备使用技能方面的培训。在集体培训中,实物示教可以和讲授结合起来使用。

实物示教的优点是,强调实践教学,通过刺激受训人员的视觉、听觉、感觉等器官来加强记忆,使受训人员对所学知识能长时间记忆。实物示教的不足之处是,需要培训人员进行大量的准备工作,有的实物示教课需在特定的场地进行,如培训保龄球设备的维修保养技能时,实物教学课堂就应该选在保龄球场。

3. 个别指导

个别指导是指为某个受训员工提供单独的、一对一的培训。

这种方法在康乐服务员的培训中被经常采用,这是因为康乐项目很多,每个项目的不同岗位对服务员的知识和技能的要求都有很大差别,因此,对这些岗位服务员的培训往往可采用个别指导的方式。个别指导的培训者可以是管理者,也可以是专职培训人员,还可以是有经验的老员工。

4. 案例分析

案例分析指通过陈述或通过其他媒介将案例再现出来，然后让受训者根据案例进行讨论、分析并得出正确结论的培训方法。

这种方法能使理论和实际紧密结合起来，使受训员工得到充分的感性认识和理性认识。学习中所引用的案例应该具有典型性、实用性、趣味性。案例可以是实际工作中发生的事情，也可以是根据培训需要而编写的案例，每个案例可以有一种或者多种解决问题的办法，因此可以使受训者畅所欲言，是一种效果较好的培训方式。案例分析是学习和培训当中经常使用的方法，是较早的交互式培训方法之一。它的设计旨在培养受训者的判断性思维和激发出讨论的热情。有的案例可以引出一个话题或者代替一次讲座。被扩展的案例可安排在培训课程的最后阶段，以便使受训者有机会运用所学的知识或者技能。

案例分析的优点是能培养和提高受训者分析问题、解决问题的能力，其缺点是编写案例比较花费时间。

5. 角色演练

角色演练是指受训人员在一个模仿的或真实的工作环境中按照实际的岗位和标准，扮演各种角色，以此进行培训的方法。

这种方法多用于模拟训练，比较适合程序化、规范化内容的培训活动。例如，在桑拿浴室服务的培训课程中，可由一些受训服务员扮演顾客，另一些受训服务员分别扮演服务台接待员、更衣室服务员及浴室服务员，当"顾客"到达服务台时，模拟接待开单的服务程序：问候顾客—询问顾客的消费意向—向顾客推介本项目的服务内容和特点—确认顾客的消费内容和付款方式—将更衣柜钥匙交给顾客并将顾客到来的情况通知更衣室服务员。下一步再演练更衣室的服务程序和浴室的服务程序。角色演练的培训方法比较有趣，容易被受训员工接受，因而经常被采用。但性格内向的人可能不喜欢表演，如果勉强让他们表演的话，效果会不太理想。

6. 集体讨论

集体讨论是以讨论会的形式，发动员工对某一问题展开讨论，从而明辨是非，找到解决问题的正确途径的培训方法。

集体讨论的优点是培训现场气氛活跃，受训人员可以畅所欲言，可从不同的观点中找到解决问题的最佳方案。

集体讨论适用于普遍性问题，如康乐项目的全员推销、如何对待不守规章的客人、如何减少戏水乐园溺水事故等。

（二）远程培训

远程培训是指培训者和受训者通过某种媒介开展的异地培训活动。

它的特点是培训者和受训者可以不在同一时间、不在同一地点进行培训。因此,培训可以在视听教室,也可以在家里,可以在专门安排的时间,也可以在业余时间,甚至可以在乘公交车上下班的路上进行。远程培训通常利用的设备有多媒体、录音机、录像机、投影机、DVD 机以及计算机等。远程培训通常有以下几种方式:

1. 计算机辅助培训

计算机辅助培训是指利用网络和计算机进行的培训。

其特点是参加者可在家里或者上班的时间利用个人计算机来学习新技能、新知识。有研究表明,计算机辅助学习可以激发个人的积极性和主动精神,使学习速度更快、效果更好、持续的时间更长。目前利用计算机进行培训的最常用的形式是"计算机辅助学习"(CAI, 即 Computer – assisted Instruction)。授课内容被刻录在 CD – ROM 光盘里,其中包括课文、图表、游戏、问题的解决和录像内容。饭店企业可以专门定做课程光盘来满足自己的特殊需求,也可以购买已经刻录好的或者一般性的培训课程光盘,这类课程教授的内容从清洁卫生到服务技巧无所不包。定做课程光盘的费用很高,目前只适用于大企业。一般性课程适用于公共课程,但不一定能满足企业的特殊需求。

2. 电信教学

电信教学是利用电信媒介的设备和技术手段开展培训的方式。

它可以使远方的受训者通过卫星通信与教员交流。单向的电视教学系统可以让受训者听到并看到教员,而高端的双向系统可以让教员看到受训者并听到他们的讲话。可视电信教学因为参加者可以向教员提问并即时得到答复,所以更像是传统的课堂培训。一般来说,可视电信教学需要特殊装备的房间、必要的技术设备、灯光系统和用来传输和播放的声频和视频设备等。购买可以进行双向通信的上行线路和下行线路的设备非常昂贵,而且雇用专业人员操作这些设备的费用也很高。最近,由于压缩数字式传输技术的发展,可视电信教学系统已经发展成为台式结构。员工们可以在工作岗位上直接与其他人联系。电信会议比以前更方便了。个人电脑也可以装配价格低廉的摄像头和麦克风,这样员工们通过计算机系统就可以互相看到对方的形象和听到对方的声音了。

电信教学的优点是一个城市的教员可以同时培训多个不同城市的参与者,可以减少旅行时间和培训费用,因此对于多地点经营的饭店集团或者连锁经营的康乐集团(如迪斯尼乐园)更为适用。

电信教学方式的缺点是启动费用昂贵。

3. 函授教学

函授教学是培训部门将培训资料交给受训服务员,由其利用业余时间进行学习的培训方法。

受训员工经考试合格后可获得结业证书。函授教学的最大特点是由受训人员自由安排学习进度,利用业余时间完成学习,因此不一定需要企业支付培训费用。

函授培训与书本自学的区别在于:前者应按培训部门的规定内容完成学业,经考试合格才能获得结业证书;后者基本由自己选择学习内容和学习时间,并且自己决定是否参加统一考试。

三、督导的内容和方式

(一)督导的含义

督导是指负有一定责任的管理者对其下属员工的工作实施检查、监督、指导为主的一系列管理行为。督导管理是培训工作的延伸和继续。

检查是指为了发现问题而用心查看。直白地说,检查就是找毛病和发现问题,同时,检查还应该是发现优秀员工、鼓励优秀员工的途径和方法。因此,检查是解决问题、提高服务质量的重要管理行为。

监督是指监察并督促,例如督促部属改正在检查中发现的诸如卫生、服务质量、行为规范等方面的问题。

指导是指点引导的意思,即指点解决问题的具体办法。例如,保龄球道保养得不好,但服务员并不知道如何保养,督导者应该指导他们如何保养球道,包括如何使用纸油拖,如何使用打磨机、落油机等。具体指导是改进工作的有效途径。

(二)督导的内容

督导的内容包括仪表仪容、岗上纪律、服务程序、服务规范、服务技能、服务标准等方面。

仪表仪容是指服务员的外表,包括容貌、姿态、服饰、风度等外在形象。

岗上纪律专指服务员当岗期间的纪律。

服务程序包括工作流程和操作规程。工作流程是指某岗位员工的全部工作内容及工作环节的先后次序。操作规程是指各种设备和器具的操作顺序和操作技术,包括设备的使用、维修和保养方法。

服务规范是指为达到服务标准所应该采用的具体服务模式和准确做法。

服务标准是服务的提供方为使顾客获得满意的服务而制定的量化指标,是衡量服务水平的准则和尺度,是检查和评估服务质量的依据。

(三)督导管理的依据和方式

这里阐述的督导管理,与第5章将要阐述的康乐管理的基本方法既有联系又有区别。其联系在于二者是整体与部分的关系,康乐管理的基本方法是对康乐部的整体工作而言,它涵盖了督导管理方法和其他管理方法;其区别在于适用层面不同,康乐管理的基本方法主要适用于管理层,即部门经理层;督导管理方式主要适用于督导层,即主管层。

督导管理的基本方式包括制度管理、标准化管理、现场管理、表单管理、情感管理等。

1. 制度管理

制度管理是通过工作纪律、服务程序、服务规范等强制推行的规章制度,对员工的服务工作进行检查监督的管理方式。制度是康乐企业内部员工行为的准绳,它规定了员工在工作期间应该做什么和怎样做,以及不应该做什么。

康乐企业的基本制度有三个方面,即员工手册、岗位责任制和经济责任制。

员工手册是规定康乐企业全体员工权利和义务以及应遵守的纪律和行为规范的文件。员工手册的内容涉及组织管理、劳动管理、劳保福利、考勤制度、奖惩制度、安全制度等方面。

岗位责任制是康乐企业关于每个具体岗位工作人员的职责、权限、工作定额和工作标准等方面的责任制度。岗位责任制是规定员工工作内容和工作范围的主要文件。

经济责任制是康乐企业对各部门、各岗位员工按照责、权、利相结合的原则,将工作业绩与经济利益挂钩,以合同的形式固定下来的一种责任制度。经济责任制体现了按业绩和贡献分配经济利益的原则,能够较有效地激发员工的工作积极性。

2. 标准化管理

标准化管理是康乐企业对康乐服务工作制定出具体的量化标准,并以这些标准对服务工作进行检查、监督、指导的管理方式。

具体讲,就是要在服务的功能性、经济性、安全性、实效性、舒适性、文明性六个方面制定出定性的和定量的标准。有了统一的标准,才能进行统一的督导管理。

3. 现场管理

现场管理即督导管理人员深入实际工作,亲临现场,观察和发现问题,并尽量当场解决问题的管理方式。

康乐服务的项目多,分布面大,不便于集中管理,为了保证各环节工作的有效衔接和各岗位员工工作质量的稳定,督导管理人员必须深入现场,随时检查,随时示范指导,使督导工作能够落到实处。

4. 表单管理

表单管理即通过各种报表、单据所提供的信息资料进行检查督导的管理方式。

这里说的表单包括上级对下级的指令单、活动通知单等,也包括下级对上级的报告书、建议书、统计表、工作日志等文字材料。管理中常用的信息包括规定、要求、现象、愿望、数据等内容。这些内容可用文字表达,也可以用表格表达,还可以用图形表达。这三种表达方式各有优缺点,实际管理中应根据具体情况决定采用哪种方式。

表单管理的优点是信息传递准确,有案可查,不易遗忘,不易发生扯皮现象。

5. 情感管理

情感管理即通过"情感投资"来改善督导人员与服务员之间的关系,使之感情融洽,以改善和加强督导的管理方式。

与制度管理相比,情感管理属于"软"管理方式,在很多情况下能够以柔克刚。情感管理与制度管理结合使用,能够相得益彰,使督导管理取得较好效果。

康乐行业要求服务员为顾客提供微笑服务,管理作为服务的一个方面,管理人员也应遵循这一原则。管理人员行使管理职权时应尊重员工的感情和人格,热情对待员工,关心员工,给员工以温暖,使员工把为顾客提供优质服务变为自觉的行动。

知识链接

组织:是指具有共同目标的人群组合。

康乐部的组织机构:是指康乐部全体工作人员按照一定管理关系组合起来所形成的系统。

案例分析

招聘工作应该注意政策

在招聘工作中切记不可以使用带有歧视性或者侮辱性倾向的语言,例如,国外有一家康乐公司在一份重要的报纸上刊登的广告这样写道:"诚聘如施瓦辛格那样迷人,如罗勃特·瑞德福德那样英俊的服务员。"这样做,就有歧视倾向了。显然,那家公司的本意是希望用幽默的语言来吸引优秀的求职者,但是,广告中所提及的电影明星均为男性且都是白人,这可能会使该公司因性别歧视和种族歧视受到起诉。公司在他们的招聘广告中可以说他们需要聘用热情、灵活、有激情的员工,以表达他们对高素质求职者的需求。

在任何情况下都要避免在招聘工作中,特别是广告语言中提及法定以外的年龄、性别、种族、身体特征等。这一点在西方国家十分敏感,对我国也有借鉴意义。

1996年,北京某康乐公司在招聘时就发生过这样一件事:一位人事干部在面试一位求职者时,可能是由于对其第一印象不太好,也可能是讨厌那个应聘者说话过于自信,便想设法挤兑他自己退出应聘,于是那位人事干部说:"像你这种形象的应聘者,在我们公司只能去干扫厕所之类的卫生工作。"结果引起了这位应聘者的极大不快,他把这件事投诉到总经理办公室,引起了一场不大不小的麻烦。那位人事干部也受到了批评。

2006年初,北京市海淀区天秀路的一家酒楼欲招聘保安员,他们的招聘广告宣称将对保安员以身高计薪:身高一米六五,月薪700元;身高一米七,月薪800元;身高一米八,月薪1000元;身高一米九以上,月薪1200元。这则广告引起了不小的反响,舆论认为这是明显的身高歧视,有人要通过法律程序打官司状告这家酒楼的老板。这个消息也引起了新闻媒体的关注,还曾被转载到海外的报纸上。

从这个案例中可以看出,招聘员工是一项政策性很强的工作。请大家回顾一下,在您的招聘和管理中,有没有不尊重员工的现象呢?

本章小结

本章对康乐部的人力资源管理所进行的论述有助于提高康乐部的管理水平。其中对"康乐部组织机构的设置"作了较详细的介绍,特别是"组织机构设置的方法"中列举的两种方法,对康乐经营的可行性分析和已经进入开业准备阶段的康乐企业,都能够分别提供帮助。其方法中的第一种是通常采用的方法,第二种即公式法所列举的公式,是作者从多年的管理实践中提炼出来的,简便快捷且具有很强的实用价值。

 思考与练习

一、名词解释
1. 康乐部组织机构 2. 标准化管理 3. 督导

二、简答题
1. 康乐部组织机构的定义和作用分别是什么?
2. 设置康乐部组织机构时应该遵循的原则包括哪几方面?
3. 制定康乐部编制的主要依据是什么?影响康乐部员工编制的因素有哪些?
4. 康乐部非正式编制员工的概念是什么?包括哪些人?
5. 督导管理的内容和基本方法有哪些?

三、论述题
1. 举例说明计算康乐项目服务岗位人数的两种方法。
2. 在你接触到的康乐培训当中,你认为哪些培训方法的效果比较好?为什么?
3. 尽管大家都认为培训很重要,但为什么很多饭店或者康乐企业不为他们的员工提供更多的培训机会呢?

第四章　怎样当好康乐部经理

课前导读

本章着重对选聘和培训康乐部经理相关的一些内容加以论述。

一个团队必须要由核心人物来领导和指挥,这个人物的修养水平、领导能力及其人格魅力对他所领导的团队具有至关重要的作用。

康乐部经理是康乐部的核心人物,康乐部经理业务水平的高低和管理能力的强弱,会对康乐部的经营和管理产生重大的影响。选聘和培养康乐部经理对搞好康乐部的经营具有非常重要的意义。

学习目标

- 了解康乐部经理的作用和地位,认识康乐部经理的权力和责任范围
- 熟悉康乐部经理的工作内容和工作特点
- 掌握康乐部经理的职责和对康乐部经理素养的要求
- 避免康乐部经理可能出现的管理错误

第一节　康乐部经理的设置

康乐部经理是康乐部的主要领导者。康乐部经理业务水平的高低和工作能力的强弱,对康乐部的经营会产生十分重要的影响。因此,本节将主要介绍康乐部经理这个岗位的相关内容。

一、康乐部经理的地位和作用

（一）康乐部经理的地位

饭店管理体系一般可以划分为两个方面、五个层次。两个方面是纵向划分的,

即直接提供服务的业务部门和间接提供服务的职能部门。前者包括客房部、餐饮部、前厅部、商品部、康乐部等部门；后者包括财务部、工程部、保安部、人事部、总务部等部门。五个层次是横向划分的，是指决策层、管理层、督导层、执行层、操作层，与此相对应的岗位是总经理、部门经理、主管、领班、服务员。这里的决策层主要是指经营决策层，尚未涉及最高决策层，最高决策层是指董事会这个层面。康乐部经理的地位处于直接提供服务部门的管理层。

（二）康乐部经理应该发挥的作用

1. 康乐部的日常经营管理作用

康乐部经理应该能够熟练运用管理的五项职能（计划、组织、指挥、协调、控制）对康乐部实施有效的管理，使康乐部的经营和管理工作正常进行。

2. 康乐部内部的决策作用

这是指康乐部经理职权范围内的决策，如领班的任免、岗位的设定、人员的调配、经营方式的选择等。

3. 上传下达作用

康乐部经理应该将经营决策层的经营决策和经营方针传达给下属，将康乐部的经营情况反映给总经理。

4. 参谋作用

康乐部经理应该对本部门的经营情况十分熟悉，能够对康乐部的经营方式作出正确的选择，并能对饭店的经营方针或者对其他部门的经营管理提出建议，起到参谋作用。有些建议要写出书面文字材料，例如关于新增康乐项目的可行性分析等。

二、康乐部经理的权力和责任范围

（一）康乐部经理的权力与权限

1. 经营管理权

康乐部经理具有对康乐部内部各个项目的经营管理权，并通过行使这个权力使康乐部得以正常运行。

2. 人事调配权

仅限于对康乐部内部岗位设置、员工配备的调配权力，但对于领班及主管层的调动，应当报请主管康乐部的副总经理或者总经理批准，并通报人力资源部门备案。

3. 财务初审权

指对康乐部内部的工资报表、采购申报单等财务报表的初级审批权力。

4. 奖励惩罚权

指康乐部经理具有根据总经理批给康乐部的奖金额度，制定向各分部门分配的比例、标准、数量的权力,也包括对违纪员工的处罚权力。

(二)康乐部经理的责任范围

1.对上级负责

康乐部经理应该完成总经理、主管副总经理指派的工作任务,并将完成任务的情况及时向上级汇报。

2.对下级负责

康乐部经理有责任管理下级员工,同时,在一定条件下又代表员工,有责任为他们谋利益。

3.对顾客负责

这是指康乐部经理应当负责提高本部门的服务质量,为顾客提供满意的服务。

4.对行业负责

康乐部经理应该提倡敬业精神,注重提高职业道德水平,提高业务管理能力,成为康乐行业的管理骨干,为本行业的发展做出贡献。

5.对自己负责

康乐部经理应当严格要求自己,提高自身的素养和能力,不断自我完善,为实现自己的目标和理想而努力工作。

三、康乐部经理的工作特点

(一)经营性强

经营性强是康乐部经理的工作特点,康乐部的一切工作都应该围绕经营这个中心进行,康乐部经理应该时刻关注本部门的经营情况。例如,广东中山市富华大饭店所属的富华娱乐城,在20世纪80年代末期的营业额占饭店总营业额的2/5;北京康乐宫在20世纪90年代的营业额也相当于五洲大饭店营业额的2/5(五洲大饭店毗邻康乐宫,是四星级酒店,有1200个床位);北京云湖度假村康乐部的营业额约占总营业额的1/3。

(二)管理性强

康乐部经营的项目多,设置的岗位也多,而且各项目、各岗位的业务区别又很明显,因此管理难度比较大。这就要求康乐部经理加强管理以推动康乐部经营活动的开展。总之,"管理"贯穿于康乐部运行的全方位和全过程。

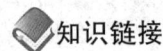
知识链接

经营和管理

这是既有区别又有联系的两个概念。

经营的定义是:经管办理经济事业。

管理的定义是:负责某项工作,并使之顺利进行。

经营和管理的区别是:经营的侧重面是"眼睛向外",针对市场、针对需求;管理的侧重面是"眼睛向内",针对具体业务,针对内部的人、财、物、组织、制度等。

经营和管理的联系是:经营必须通过管理去实现目标,管理是经营的重要手段。经营是主导,管理是措施;经营离不开管理,管理围绕经营;经营和管理是一件事情的两个方面。

(三) 人际关系的协调性强

康乐部经理在工作中接触的人员多而复杂,需要协调的人际关系也很多,在这方面要投入很多的精力。因此,康乐部经理应该具有比较强的协调能力。需要其协调的对象包括四个方面:

(1)对上级,需要与总经理、副总经理、总会计师等领导协调;

(2)对下级,需要与下属主管、领班、普通员工协调;

(3)对平级,需要与客房部、销售部、餐饮部、工程部、总务部、绿化卫生部等部门协调;

(4)对外部,需要与顾客协调,还要与文化局、公安局、体育局、卫生防疫站、电台、电视台、报社等部门协调。

四、康乐部经理的职责和素养

(一) 康乐部经理的职责

1. 全面主持康乐部工作的职责

康乐部经理的一切行为必须向总经理负责。其工作的指导思想必须建立在一切为推行总经理的经营方针和经营思想的基础之上,将饭店或康乐企业的整体经营方针和经营思想落实在康乐部的管理和运行当中,使康乐部的工作与饭店或康乐企业的总方针协调一致,保证各项任务的顺利完成,并在饭店经营中起到良好的促进作用。特别是在康乐企业,其康乐部(有的叫娱乐部或业务部)更应该在整体经营中起到"龙头"作用。

2. 营业管理职责

营业管理是指与营业工作有直接联系的管理工作。康乐部经理应该为完成或超额完成总经理下达的营业指标而努力工作。康乐部经理应该通过对本部门的人、财、物的利用和控制,尽最大努力为顾客提供满意的服务,从而达到提高经济效益的目的。

3. 行政管理职责

这里的行政管理是指康乐部营业管理以外的内部日常管理,例如交通安全、计划生育、伙食补贴、劳保用品、考勤统计、文体活动、时事学习、参观访问等。

康乐部经理应当努力做好康乐部的行政管理工作,建立并不断完善康乐部的规章制度,使康乐部的日常管理建立在科学的管理基础之上。

4. 教育和督导职责

康乐部经理应当经常教育和督导下属人员遵守规章制度,要求和督促员工认真执行服务规范,为顾客提供优质服务。在对员工进行教育和督导过程中,康乐部经理应当以身作则、言传身教,应当在仪容仪表、遵守制度、工作态度、劳动技能等方面严格要求自己,起到表率作用。

5. 制定编制和培训下属的职责

康乐部经理应该制定本部门各营业项目的人员编制,根据经营需要合理调配员工,提高他们的工作效率,从而增加康乐部的经营效益。

康乐部经理还担负着培训下属的职责。培训应包括两方面:一方面是关于遵守规章制度的培训;另一方面是关于提高服务技能技巧方面的培训。只熟悉服务技能技巧的员工不能算是好员工,只会遵守规章制度而不懂服务技能的也不能算是好员工。为了使员工达到并保持上岗服务的标准,康乐部经理应当经常组织和领导培训工作,有时还应当亲自担任培训教师。不但新员工需要培训,而且老员工也需要培训。因此,做好培训工作是康乐部经理的一项重要职责。

6. 做好考核工作的职责

康乐部经理应当做好对各项目主管和领班的考核工作,定期对他们的工作作出全面、准确的考核评估,适时地肯定下属在工作中取得的成绩,指出他们的缺点和不足之处,指导他们做好各自分内的工作。

7. 及时处理本部门发生事故的职责

康乐部设施项目多、客流量大、客源成分复杂,各种矛盾和事故随时都可能发生。可能发生的事故分为两类:一类是顾客投诉;另一类是尚未引起投诉的内部问题,如设备严重故障、内部员工之间较尖锐的矛盾。康乐部经理应当经常深入经营现场,随时收集顾客的意见,并注意了解经营情况,对已经发生的投诉和矛盾,积极采取对策,妥善处理,尽量避免矛盾激化(关于处理投诉的艺术,本书有专门章节论述,详见第十章)。康乐部经理要有警惕性,随时注意巡视和检查,努力把事故消灭在萌芽状态。

8. 处理好公共关系的职责

康乐部经理必须处理好与外部环境的关系。这包括与顾客的关系、与职能部门的关系和与外部的关系。必须认识到,从人格上讲,服务人员与被服务对象——顾客的关系是平等的买卖关系;从职责和义务上讲,服务人员与顾客之间的关系是不平等的"主仆"关系,因此,作为服务人员(包括经理)应该尽量满足顾客的要求,使他们得到满意的服务。此外,康乐部经理还要处理好与政府职能部门工作人员的关系,配合如公安、消防、文化、体育、卫生、工商等部门人员的工作。只有处理好上述关系,才能营造出一个良好的经营氛围。

9. 激励员工职责

康乐部经理应该善于激励员工,调动员工的积极性。应该恰到好处地鼓励先进者、批评后进者,通过各种激励手段奖勤罚懒,使员工发挥出最大的主观能动性。并根据员工的素质、能力、特点、工作表现和实际工作需要,对员工进行合理的调动,提拔表现好又有工作能力的员工,淘汰不称职的员工,最大限度地发挥激励职能。

(二)康乐部经理应具备的素养

1. 文化程度

应具有高等学校大专(高职)以上学历或同等学力,应持有国家旅游主管部门颁发的"星级饭店康乐部经理上岗资格证书",有一门以上外语交流能力。

2. 工作资历

具有5年以上饭店管理和服务经验,其中包括1年以上部门副经理或主管工作经验。

3. 道德修养

具有较为完美的人格:实事求是,正派廉洁,宽容大度,讲究信义,并且具有开拓意识和勇于创新的进取精神。

4. 知识结构

应具备饭店管理基础理论知识,具备康体、娱乐、保健知识和相应的设备使用、保养知识,还应具备康乐部的管理知识和销售知识。

5. 业务能力

具有领导和管理才能,在组织能力、指挥能力和凝聚能力等方面都具有较高的水平,能够控制和利用康乐部的人、财、物等条件为饭店或康乐企业创造良好的经济效益。

6. 协调能力

具有较强的处理人际关系的能力,能够较好地协调部门之间和部门内部的人际关系,能够与他人良好地合作,造就部门的团队精神。还应善于处理好与外部环境的人际关系。

7. 服务技能

康乐部经理应该具有丰富的服务经验和较强的服务技能。并且具有较强的示范能力,能在必要时亲自为顾客提供符合规范的服务。同时,还能将这些经验和能力传授给下属,指导下属不断地提高业务能力,为顾客提供优质的服务。

8. 认识能力

康乐部经理应该具有对康乐经营过程中的表象(经过感知的客观事物在头脑中再现的形象)进行分析、综合、判断、推理等认识能力,能够通过一系列的思维过程,提炼出工作规律,并通过运用这些规律解决实际管理和服务工作中出现的问题,使工作顺利开展。

9. 身体素质

身体健康,心理素质良好,爱好康乐活动。

第二节 康乐部经理的工作内容

一、康乐部经理的日常工作

康乐部的经营项目较多,有些大型饭店的康乐项目达到七八个。如果是专门的康乐企业,其经营的项目就会更多。另外,康乐部的服务人员多、工作头绪多、接触顾客多,因此康乐部经理的工作内容也很多。康乐部经理应该在全面了解本部门工作的基础上,将众多工作分清轻重缓急,安排顺序,做到有条不紊、忙而不乱。康乐部经理应做好以下工作:

(一)计划工作

计划工作包括以下几个方面:

1. 经营计划

制订康乐部及其所属各项目的经营目标的实施计划时,应按年、季度、月订出计划,确定完成计划的责任人、检查人和确定进度要求。

2. 促销计划

销售工作主要是公关销售部的工作,但很多饭店采用全员销售的方法,而康乐部的员工对康乐项目促销有很多优势,因为他们了解康乐项目的娱乐性、参与性、观赏性、运动性等特性,因此可以促进顾客的消费欲望。因此,康乐部经理应制订促销计划。

3. 成本支出计划

这里的成本支出是指日常经营的成本支出费用,不包括设备折旧等项支出。相比商品部或餐饮部而言,康乐项目的日常经营成本相对较少,但在经营中却不能没有成本支出计划,例如经营电子游戏机和保龄球,向取得优良成绩的客人馈赠礼品,就需考虑成本。

4. 物料消耗计划

康乐部在日常经营中,每天都要消耗一些经营用品,例如桑拿浴室的客用毛巾、浴液等,保龄球馆公用球及客用保龄鞋,游泳池地面清洗消毒液等,这些消耗品的补充都需要制订物料消耗计划。

5. 项目更新计划和设备更新计划

项目更新是指整个项目的创新;设备更新是指在保持原有项目的前提下更新部分或全部老旧设备或经营效益不好的设备。不断更新项目和设备才能稳定客源,尤其是向社会开放的综合性康乐企业,这是康乐经营的特点之一。有些设备,例如电子游戏厅应该每年更新一部分游戏机,软质保龄球道适当的时候应当更新球道板,等等。

6. 日常培训计划

大型饭店或康乐企业往往设有专职的培训部,中型饭店一般由人力资源部设专人负责培训工作。但是专职的培训人员不能解决全部培训问题,特别是康乐部的项目多,每个项目又有其特殊性,统一培训不能解决很多问题。因此,有针对性的培训必须由康乐部来做,这就需要有每个项目的培训计划。

7. 考察计划

康乐部的服务项目、服务内容、服务方式和服务标准都发展很快,因此,康乐部的领导及下属主管、领班都应有机会外出考察,以开阔眼界、更新观念、搞好服务、提高效益。因此,应有外出考察计划。

(二)经营工作

康乐部是直接营业部门,康乐部的经营情况,能够对饭店的总营业额产生很大影响。例如,北京云湖度假村康乐部的营业额在度假村总营业额中占很大的比重,据调查,顾客到云湖度假村度假的主要原因就是因为那里的康乐设施齐全。康乐部的经营带动了整个饭店的经营。

(三)管理工作

康乐部经营管理的内容和方法很多,从管理的形式和方法上分,有目标管理、标准化管理、全面质量管理、制度管理、现场管理等;从管理对象的属性上分,可分为设备管理、费用管理、卫生管理等;从管理的层次上分,又可分为项目管理、班组管理、人员管理等。

(四)主持会议

康乐部经理应定期召开下属主管会议或主管、领班联席会议,这是一种例行会议。这种会议视各饭店康乐部情况不同可以灵活安排,可以每天一次,或每两天一次;也可以每周一次,或每两周一次。会议内容如下:

（1）传达部门经理办公会议的有关内容，将经理办公会上总经理布置的工作向有关人员分派，并落实实施措施；

（2）听取下属主管的汇报，检查上一日程工作计划的完成情况，布置下一日程的工作安排；

（3）了解营业情况，根据实际情况制订改进计划，与参加会议的人员研究改进经营管理的方案和措施。

（五）巡视和检查

这是实行走动管理的重要方法之一。著名管理学家汤姆斯·彼德斯提倡走动管理的方法，他认为中层管理人员应该有50%的工作时间用在现场指导。通过巡视、检查可以了解到很多实际情况，以便及时发现和处理问题。在巡视、检查过程中应注意以下几方面的问题：

（1）检查员工的精神状态、服务态度、服务规范和仪容仪表等方面的情况；

（2）了解和掌握设施设备的运行情况，如电子游戏机是否有故障，保龄球的回球机或升瓶机是否运转正常，游泳池的水处理循环系统是否正常，台球厅球台的台呢有否破损，等等；

（3）了解顾客对设施项目的评价，对服务的满意程度，对服务有何特殊要求等；

（4）及时处理顾客的投诉，尽量把问题还在萌芽状态中就处理好；

（5）了解员工工作中的困难，及时解决他们的问题；

（6）检查营业场地的卫生情况，督促员工做好卫生清洁工作。

（六）汇报与沟通

汇报是指向上一级领导报告情况；沟通是指与其他部门相互通报情况，还包括与下属交流思想。

康乐部经理的汇报与沟通工作包括以下几个方面：

（1）出席总经理召开的例行会议和其他业务工作协调会，汇报康乐部各项工作的进展情况及取得的成绩、遇到的问题，提出改进工作的建议，并提出需要总经理出面协调和解决的困难与问题；

（2）出现重大突发事件时要及时向主管副总经理或总经理汇报，并汇报自己处理该事件的思路和方法，以取得理解和支持；

（3）当本部门的经营项目或经营策略发生变化时，应及时与相关的营业部门或职能部室沟通情况；

（4）在工作中，经常与下属员工沟通思想，以增强信任感。

（七）康乐部经理的工作时间安排

一般情况下，康乐部经理工作时间很紧张。因此应该有较强的时间观念，还应善于应用系统工程的方法统筹安排工作。下面介绍一份某康乐部经理某日的工作日程表,以供参考(见表4-1)。该日程表是这位经理某日白天的工作日程,很多康乐部经理还要上夜班,夜班的工作日程会与白天的工作日程不同。

表4-1 某康乐部经理某日的工作日程表

开始时间	结束时间	使用时间	工作内容	参与者	重要等级
8:30	9:10	40分钟	部门经理办公会	经理	1
9:10	10:00	50分钟	巡视检查	经理	2
10:00	10:40	40分钟	处理具体问题	经理、主管	1
10:40	11:20	40分钟	个别谈话	经理、部属	4
11:20	12:00	40分钟	审阅各项目日志本	经理	3
12:00	13:00	60分钟	午餐,读报	经理	4
13:00	13:30	30分钟	向主管副总或总监汇报工作	经理	2
13:30	14:30	60分钟	与顾客沟通	经理、顾客	2
14:30	15:00	30分钟	与各部室沟通	各部室经理	3
15:00	16:00	60分钟	巡视、检查	经理	2
16:00	17:00	60分钟	培训	部属	2
17:00	17:30	30分钟	小结、记工作日志	经理	3

二、正确处理工作中的人际关系

人际关系是指人们在心理上的接近程度,即心理距离和联系,也就是说相互接纳的情况。

建立良好的人际关系能够使工作人员和谐、愉快地相处,从而使经营管理工作顺利开展。这是一项重要的工作,尤其对处于饭店中层领导的康乐部经理而言,这项工作尤为重要。

一个团队内部应该建立良好的人际关系,这样才能形成凝聚力,才能较好地完成经营任务。康乐部能否建立良好的人际关系,关键看康乐部经理是否具有这方面的能力。康乐部经理在工作中接触的人员多而复杂,需要协调的人际关系也很多，在这方面要投入很多的精力。因此，康乐部经理应该具有比较强的处理人际关系的能力。

（一）建立良好人际关系的标志

康乐部是否具有良好的人际关系，表现在诸多方面。只有在这些方面都呈现良好的状态，康乐部才能形成较强的凝聚力，这样，康乐部经理才能相对轻松地做好经营管理工作。这些人际关系在工作中表现在以下几个方面：

1. 和谐的团队精神

康乐部全体员工应该形成一个和谐的团队，同事之间能够和睦相处、坦诚相待。这里讲的和谐精神是指大家有共同语言、共同目标，团结一致做好经营服务工作。这种团结一致并不排斥相互之间的分歧和差异，只是要求分歧和差异是在和谐的大前提下存在的。

2. 公平的报酬

同工同酬、按劳分配是我国社会分配的原则，康乐服务部门应该遵守这个原则。公平的报酬是使员工心情舒畅的基础，这是到什么时候都不会改变的规律。

3. 公平的晋升机会

在同一个团队当中，每个员工应该有公平的晋升机会，晋升机会包含两方面的基本内容：一方面，晋升意味着报酬的增加；另一方面，晋升是人生自我价值体现的途径之一。因此，它同公平的报酬一样，会影响团队成员的情绪。

4. 个人能够被群体所接受

一个群体是由若干个人组成的，个人是群体中的一个成员。只有群体中每个成员都被这个群体所接受，这个群体才能成为具有良好人际关系的群体。

5. 良好的外部关系

建立良好的人际关系，还应表现在对外部的关系上，康乐部经理经常需要与顾客协调；还要与文化局、公安局、体育局、卫生防疫站、电台、电视台、报社等方面协调。

（二）正确处理与总经理层的关系

康乐部经理应该善于与总经理、主管副总经理或总监、总会计师等领导协调关系。请康乐部经理相信，在很多时候，决定你的工作命运的钥匙不是掌握在你自己的手里，而是掌握在你的上司的手里。尤其是在处理与总经理的关系上，应加倍注意。当然，我们绝不是提倡无原则地拉拢和领导的关系或溜须拍马，如果那样的话，则建立的关系是不正常的，并且很可能会引起总经理的警觉和反感。我们提倡的是在相互理解和信任的基础上建立起来的正常的、融洽的、互相支持的良好关系。

1. 尊重总经理的价值

在正常情况下,总经理是企业的总负责人,是企业经营方针的制定者,是企业的灵魂。总经理为所在的企业操的心最多,做出最大的贡献。作为总经理下属的康乐部经理,应该理解总经理、尊重总经理、服从总经理、维护总经理。

2. 执行总经理的指示

康乐部经理在接受总经理指派的任务后,应该按照如下的方式去执行:

(1)接受任务时要有回应。接受总经理的任务时,要有表态,例如能否完成任务、何时能够完成任务、可能遇到的困难等。

(2)执行任务时要自己提出办法。在执行总经理指派的任务时,康乐部经理应该自己提出解决问题的办法,而不应该没有主见,事事请示。

(3)完成任务后要报告。康乐部经理在完成总经理指派的任务后应该立即向总经理报告。一方面报告任务完成的时间、完成的程度,另一方面请示是否有新的任务。

(4)紧急情况要及时请示。康乐部经营的项目多,而且是容易激发顾客兴趣的项目,顾客在兴奋的时候往往会失去控制,经常会出现一些紧急情况。如果这些情况自己不便处理,这时就应该及时向总经理汇报和请示。

(5)不要越级请示或汇报。请示和汇报是康乐部经理经常要做的工作,但应该注意不要越级请示或汇报。如康乐部经理打算去外地考察新的康乐项目,便直接向董事长请示。这样会使董事长不便答复,并且这种越过总经理的做法会使总经理感到被动,同时也是对总经理的不尊重。另外,还要注意,国内有的企业往往设有多个副总经理(国外较少设副职),康乐部则由某位副总经理主管。在这种情况下,康乐部经理的请示和汇报就应该首先面对主管康乐经营的副总经理。

3. 积极建议

康乐部经理应该发挥参谋作用,在康乐经营以及其他方面向总经理提出建议、出谋划策。为了保证所提建议达到预期的效果,一定要注意提建议的策略。

(1)考虑成熟再提。在提建议前,一定要权衡利弊、考虑成熟,否则就有可能弄巧成拙,得不偿失。所要考虑的问题是:该建议的积极效果;该建议可能对本企业或本部门带来的不利影响;该建议的实施会不会伤及其他部门;该建议的实施会不会给顾客带来不便。

(2)注意步骤。最好是先摆出问题以引起注意,然后再提建议。这样会增强提建议的积极效果。

(3) 提同一项建议不要超过三次。如果一个建议提过三次还没有被采纳的话,那就说明该建议至少目前是不宜被采纳,即使再提也可能效果不好。

(4) 提建议要注意方式。可以在部门经理会议上提,可以用书面形式提,也可以在私下聊天的时候提,还可以先与所涉及的其他部门经理沟通后再提,或者采用其他有利的形式。

4. 距离适当

康乐部经理与总经理应该保持适当距离,即保持正常的工作当中的上下级的关系。有的人把很多精力用在拉近与总经理的关系上,这样做势必会影响本职工作,弄不好还可能会给总经理留下"钻营"的负面印象;还有的人自认为是个强者,很少向总经理请示和汇报,这样做有可能使总经理产生"失控"的感觉,须知"弱者之危在于失宠,强者之危在于失控"。上述这两种做法都是不可取的。

(三) 建立良好的康乐部内部关系

1. 尊重员工的人格

康乐部经理应该全面关心本部门员工的工作和生活,尊重他们的人格。要知道,在工作关系上,经理是上级、是领导者,员工是下级、是被领导者;在人格上,经理和员工不存在上下级的区分,是平等的关系。经理尊重员工,才能得到员工在心理上的接纳,这对于康乐部经理实施管理非常有利。

2. 宽厚待人

(1) 大问题严肃,小问题宽松。

康乐部经营管理的项目多,接待的顾客也多,并且员工的岗位比较分散,出现一些问题在所难免,是正常的现象。康乐部经理在处理这些问题时应该分清大小,区别对待,不要在小问题上过多纠缠。

(2) 批评从严,处理从宽。

在处理下属违反规定的问题时,要认真对待,批评时应该严肃甚至严厉,同时要讲清道理;但在处理时应该根据问题的严重程度、所造成的影响、违规员工的认识态度等方面的情况依照规定从轻处理。

3. 公平透明

公平透明的原则不仅要体现在劳动报酬的分配上,还要体现在管理上,特别是在奖励和处罚上,要做到不分亲疏、一视同仁。

4. 关心爱护

康乐部经理具有多重身份,他不仅是领导者、管理者、带头人,还应该是员工的朋友。要关心和爱护员工,为员工解决困难。

5. 因人制宜

每个员工都有各自的特点,贤能的管理者应该善于利用员工的长处。中国古人早就发现并运用这个法则,他们认为"尺有所短,寸有所长",用人之道在于舍其短而用其长。曾被誉为"经营之神"的日本松下公司的创始人松下幸之助先生也认为:"智者有智者的智慧,愚者有愚者的智慧。"康乐部经理应该善于因人制宜,施以个别化的管理,发挥每个员工的积极性和特长。

6. 严格要求

这里借用"慈不掌兵"这句军旅语言来说明康乐部经理在处理内部关系时应具有的能力。这种能力也是处理部门内部和谐关系的重要条件,它要求康乐部经理应该具有严格管理的能力。这与前面说的"宽厚待人"并不矛盾,而是同一问题的两个侧面。这两方面是相辅相成、不可偏废的。如果只会宽厚待人,不能严格管理,就会成为老好人,难以管理好康乐部;如果只会严格管理,不能宽厚待人,就不可能得到下属员工发自内心的拥护和支持,也难以管理好康乐部。

(四) 正确处理与平行部门的关系

1. 协作与制约

一个企业中的各个部门之间首先是协作关系,即相互间的联系与支持;企业中各部门之间的关系还存在相互制约的关系,即相互间的影响与牵制。某个部门经营的好坏与其他部门的支持与否有很大关系。例如商品部与康乐部之间,商品部的泳装柜台如果设在游泳池附近,将会对游泳池的经营起到良好的促进作用;如果康乐部积极推荐泳装、泳具,也会促进商品部提高营业额。再如绿化卫生部与康乐部,如果绿化卫生部在营业高峰期间不能积极打扫卫生,就会使康乐部的营业受到影响;如果康乐部没能较好地保持卫生,将会增加绿化卫生部的工作量。

2. 沟通与谅解

企业中各部门之间应该积极沟通,即相互间的信息交流;还应该相互谅解,即体谅和理解。各部门都有各自的运行规律,各部门经理又有各自的风格与作风。作为康乐部经理,不应该以自己的认识和想法去衡量和要求别的部门经理,有了困难应该积极沟通,出现了问题和麻烦应该多加谅解。这样才能得到其他部门的理解和支持。

(1) 沟通的方式

沟通的方式分为口头语言沟通和文字资料沟通。口头语言沟通可以当面沟通或用电话沟通,当面沟通又可以在正式场合或非正式场合。文字资料沟通是以书面形式进行沟通,可以由经理直接传递信息,也可以通过秘书传递信息。

(2)沟通的规则

为了使信息沟通准确、有效,在沟通时就应该遵守一定的规则,这些规则是在现实社会生活中被大家共同认可的,这应该从四个方面来认识:

①沟通的双方在空间上应有所接近,即缩短沟通的距离。因为近距离的沟通更容易被接受。

②尽量做到平级对平级的沟通。这样做比较符合礼节,就如同外交礼节一样,部门之间也应该讲究礼节。例如康乐部与总务部需要沟通时,最好由康乐部经理出面与总务部经理沟通,否则,沟通的效果就可能不好。

③在面对面沟通时,不要打断别人说话。即同一时间只能一个人说话,以免引起不愉快。

④尽量减少中间环节。因为每增加一个沟通环节,信息的失真就会增加一部分,特别是一些口头信息的传递,更要注意这一点。这里介绍一个真实的故事来说明增加传递环节所造成的信息失真。

解放战争期间,某部队在急行军时,连长在队伍前面发出命令:"向后传,拉大距离!"于是,战士们便一个一个向后传达命令,不一会儿,后面送来一头毛驴。连长忙问怎么回事,后面的战士解释说:"不是您向后传达命令让'拉头大驴'来吗?"像这样的信息失真肯定会误事,产生失真的原因是传递信息的中间环节太多。

3. 互相支持

康乐部与平行的其他部门之间应该互相支持,搞好部门之间的协作。在很多情况下,帮助别人就是帮助自己。例如绿化卫生部(有的企业未设这个部门)在突击某项卫生任务时缺少人手,康乐部在营业清淡时段可以派服务员去帮助做卫生工作。绿化卫生部为康乐部搞卫生时则会特别仔细认真。

(五)妥善协调与公司外部的关系

从理论上说,康乐部直接对外发生的联系不多,一般情况下饭店对外联系的职能部门是公关部和总经理办公室。但是在实际运行中,康乐部对外联系的情况经常发生,特别是在大型饭店或者大型康乐企业,这种情况尤为普遍。因为康乐部所经营的多是综合项目,这些项目又分别归不同的政府部门管理,例如歌厅、舞厅、游戏厅等项目是由文化局和公安局联合管理,游泳池、桑拿浴室等项目是由体育局和卫生防疫站共同管理。这些政府部门的工作人员很多时候直接与康乐部经理联系。此外,很多新颖项目和热点项目也是新闻媒体的关注对象,他们会经常到康乐部寻找报道资料。因此,康乐部经理要经常与文化局、公安局、体育局、卫生防疫站、电视台、报社的工作人员发生联系。康乐部经理应该善于和这些部门的人员沟通,妥善地协调与这些部门的关系。

第三节　康乐部经理应当避免的管理错误

上两节我们讲了关于康乐部经理岗位设置的相关问题以及对康乐部经理的具体要求,这是从康乐部经理应当怎样做这个角度来探讨的。本节我们从另外一个角度,也就是从康乐部经理不应当怎么做来论述其称职与否的问题。本节共归纳出十三条康乐部经理应当避免的错误管理行为,姑且称为康乐部经理的十三大失误。

一、拒绝承担个人责任

若想发挥管理效能,个人就应当勇于承担责任。人们在面对责任时有两种行为模式:一种是重实践型,另一种是重辩解型。重实践型的人的思想方法在哲学上属于唯物主义思想方法,即持有物质第一性、精神第二性的观点,是一种实事求是的观点;重辩解型的思想方法属于唯心主义诡辩论的思想方法。重实践者是敢于承担责任的人,特别是在挫折和失败面前更能显出这些人的英雄本色。重辩解者一遇事情总爱辩解,这种人往往不尊重事实,而是抓住事物外表上、形式上对自己有利的条件来掩盖事实真相,把失败归咎于外在原因,是一种责任转嫁型的人。这种人讲话,常常站在自己是牺牲者的立场上,总是试图把自己装扮成一个无辜者,希望博得同情。例如,当总经理发现游泳池的员工有在岗上睡觉的情况时,有的游泳池主管或康乐部经理可能会这样解释:"这都是因为领班不负责任,员工不自觉造成的……"但是,勇于承担责任者会说:"这是我的责任,我没教育好下属。"又如,某台球厅服务员私自同意自己的亲友免费打台球被发现时,不负责任的经理可能会担心这样的丑事张扬出去会影响自己的声誉,怕别人认为自己管理不善,因而设法把知情者的范围缩到最小。这样虽然当时掩盖了问题,却可能给今后的管理带来隐患。这样的经理当然是不称职的。

优秀的经理应当勇于承担责任。其实,敢于负责,敢于承认自己的失误,不一定会使事情恶化,反而可能会向好的方向转化。失败并不可怕,可怕的是不能正视失败。勇敢的人不害怕失败并且能够从失败中重新崛起。

二、疏于培养部属

判断康乐部经理是否胜任的重要标准之一,是随时间的变化、人事的变迁或者当经理暂时不在时,康乐部能否持续正常运行。如果不能正常运行,那就说明这个经理玩忽职守,不是一个胜任者。例如,当康乐部经理外出考察时,台球厅的领班说:"经理不在,咱们该放松一下了。"这说明经理没有培养好这个领班,也说明这个领班素质太低。当经理不在营业现场时,下属对营业中的事故能否处理好,也能看出经理对部属的培训水平。如果经理不在时部属什么事也不敢做,只能等经理来了才能解决问题,那就说明经理需要重视培训部属并提高自己的培训能力了。康乐部经理要管的不应是一些琐事,而是在更高层次上的全面管理和异常管理。全面管理是指对康乐部的人、财、物、营业等各个方面的管理,但有别于全面质量管理(全员、全方位、全过程的质量管理);异常管理是指出现特殊情况时的管理。例如,某台球厅一边营业一边装修,因灰尘和噪声太大招致顾客报怨,领班便对顾客打折收费,并在收费单上注明原因(一般情况下,领班和主管都无权打折,因此这个打折的收费单应该由经理补签);某戏水乐园的一个儿童顾客不小心摔伤了,当班的领班将工作安排好以后,陪同孩子的家长到医院去治疗(因为一般情况下,领班不得擅离职守),这些做法不符合正常情况下的有关规定,但在特殊情况下,他们的做法受到了经理的赞扬。这种赞扬是鼓励,也是对这两位领班的培养。康乐部经理平时应该注意培养和授权部属自己解决一些问题。

个别康乐部经理疏于培养部属,其原因大致有四:其一,对培养下属的重要性认识不足,没有引起足够的重视;其二,自身管理能力较低,只会像老黄牛一样低头拉车,而不敢或不善于管理别人;其三,虽然敢于管理,也有一定管理能力,但由于文化水平、逻辑思维能力、表达能力的局限,对部属的培训效果信心不足;其四,害怕下属超过自己,从而影响自己的地位和待遇,这是一种狭隘的懦夫行为。疏于培养部属于工作有害,于自己无益,无论其原因是什么,都是不可取的。

三、不能激发下属的士气

康乐部经理的主要管理职能就是通过激发和调动本部门员工的积极性,领导他们去完成工作任务,从而达到经营目标。因此,不能激发士气的经理是不称职的。

激发士气的方法有两类,即鼓舞和褒奖。鼓舞是指用语言、文字等手段激发部属的士气,如较大活动前的动员报告、班组会上的讲话都是为了鼓舞士气。另外,可以利用壁报、报纸等形式鼓舞士气。例如,某康乐部经理写了一篇以其下属某清洁工为素材的散文在报纸上发表,当其他员工把报纸拿给这位清洁工时,她感动得连声说道:"我要为康乐部干到老。"而且她确实这样做了。鼓舞士气的手段不仅限于语言,"身先士卒""以身作则"这些行为语言都属于鼓舞的好方法。

褒奖是指表扬和奖励。褒奖能够使员工认识到自我,认识到自己的重要性,提高自豪感,从而焕发出更高的工作热情。

（一）褒奖下属的方式

1. 直接当面褒奖

直截了当的褒奖能够起到鼓励先进、批评落后的效果。

2. 间接褒奖

这是被褒奖人不在场时的奖励，能对其他人起到鞭策的作用，而当这个信息传到当事人的耳朵时，会使他感到振奋，有时还会起到更大的鼓励作用。

3. 集体褒奖

集体褒奖能够调动各方面的积极性，使团队精神得到巩固和加强。

（二）褒奖时的注意事项

1. 褒奖应依对象而异

对年轻员工应热情鼓励，对年龄较大的员工要注意语言准确，对有的人一个会心的微笑就可能起到鼓励作用，对有的人则需大张旗鼓地表扬。

2. 不要随意褒奖

例如，即使在公司成立纪念日表扬资深员工，也要先看他们的表现和业绩。

3. 褒奖勿过度

不要花言巧语，只做表面文章，因为这种不实事求是的态度会引起员工的反感，降低经理的威信。

4. 不以地位论功劳

创新的酬劳本应体现在薪资中，事实上企业的任何创新若与当事人职务有关，就不需加以褒奖。

5. 不要把褒奖和提职混为一谈

对已确认的功绩不立刻褒奖，而以提升当事人职务作为报偿是不明智的，因为，有功绩的人不一定是有管理能力的（可以通过培养和培训使其具有管理能力再升任领导职务）。

四、忘记自己在团队中的角色

康乐部经理担当的角色是多方面的：执行者、领导者、管理者、培训者、知情者，这是由康乐部经理的工作特点和工作性质所决定的。康乐部经理如果忘了自己的角色，就不可能做好工作。那么，康乐部经理的多重角色所应承担的工作应该是：

第一，康乐部经理是执行者，他应该执行决策管理层的指令。这里的决策管理层是指总经理、主管康乐经营的副总经理及其他处于这个层次上的领导者。作为执行者，康乐部经理应当忠实、谨慎，否则就可能招致上司的反感或不信任，这对于一个部门经理来说，将会形成潜在的危机，如果潜在危机变成了现实，那么这位经理就将无从发挥自己的长处了。须知，在当今，奉献你的长处和优点的钥匙不掌握在你自己手里,而是掌握在你的上司手里。

第二,康乐部经理是本部门的领导者。"领导者的作用就是出主意和选干部。"作为领导者,应该具备站在高处发号施令并带领部属朝着决策者指示的方向前进的能力。如若不然,就会导致威信降低,失去群众信任。

第三,康乐部经理是管理者。作为管理者,应该通过自己的有效管理,使康乐部的经营工作顺利进行,否则就会完不成上级交给的主要任务,这将失去担任康乐部经理的基本条件,就可能会失去继续当康乐部经理的机会。

第四,康乐部经理是培训者。作为培训者,他应该是下属的导师,能在业务工作上对下属予以培训,并且应该在很多方面具有示范能力,否则,他就很难对下属提出准确的要求,也就不会成为一个好的管理者。

第五,康乐部经理是知情者。康乐部经理应该最了解康乐部的情况。这就需要不断地深入实际,仔细观察,才能做到心中有数。康乐部经理不但应该了解经营情况,而且应该了解下属员工的思想情况,这样才能成为下属的朋友,才能赢得大多数员工的真心拥护。但是,在与员工接近时要注意自己的言行,以避免可能对下属产生的不良影响。由于康乐部经理是本部门的主要领导,一般情况下,下属员工都愿意与之建立良好的关系,以利于自己待遇和职位的提升,但这对经理来说不完全是好事,因此,贤明的经理往往不在本部门内建立过于亲密的人际关系。这一点与前面谈到的做员工的朋友并不矛盾,因为前者是针对大多数员工而言,后者是针对个别员工而言。

五、无法与部属一对一地相处

一个成功的管理者能够把握每个员工本质上的差异,知道他们的性格、特长、优点、缺点,能够对他们施以个别管理和人性化(即情感和理性状态)的管理,使他们发挥各自的能力,共同做好康乐部的经营工作。优秀的经理能够随时观察到每个人的变化,随时与部属沟通。只要一看到员工有异常情绪,例如生气、沮丧、紧张等现象,就会与之沟通,并设法帮助他们解决问题,化解不良情绪。如果康乐部经理不能与部属一对一地相处,不能化解不良情绪,那么这种不良情绪就可能四处扩散,像毒气一样,会对周围的人产生不良影响。这对康乐部的经营是十分有害的。

六、忘记利润的重要性

利润是企业经济效益的主要指标,没有利润,企业就没有生命力,就无法生存。从宏观上说:"千道理,万道理,经济搞不上去就没道理。"从微观上说:"千道理,万道理,利润上不去就没道理。"康乐部经营管理的目的就是通过组织业务经营活动来获得良好的经济效益,也就是获得较高的利润。康乐部的特点是经营项目多、服务人员多、接触顾客多、工作头绪多,众多的工作给康乐部经理的压力很大,他每天都要接触项目管理、人员管理、设备管理、费用管理等事务性工作。有的康乐部经理整天忙忙碌碌,却分不清轻重缓急,往往忘了利润的重要性,这是很不应该的。须知忘了利润就是忘了主要工作目标,这样的经理就是不称职的经理。因此,康乐部经理应当时刻记住利润的重要性,努力提高本部门的经济效益。

七、拘泥于枝节而迷失了方向

有的康乐部经理固执地追究某些小事的对与错,花费太多的精力在一些小问题上,这样往往会挤占解决重要问题的时间与精力。有些问题是不宜过多地纠缠的,中国改革开放的先导者邓小平处理这类问题的方法值得我们学习。在改革开放的初期,对怎样进行改革的问题,理论界和各方面有很大争论,邓小平同志当机立断指示:对这个问题暂不争论,先干起来再说,可以让后人来评论。就康乐部来说,很多问题也是如此。例如,把按摩室归在哪个项目管理更好一些?归桑拿?归美容美发?归游泳池?还是单独经营和管理?再如,关于健身培训中心的市场定位问题,是实行会员制,不接待散客?还是主要接待散客?这些问题也可暂不争论,应该先干起来再说。康乐部经理应当花大力气引导部属,思考怎样经营才能使效益最大化这个主要问题。

八、不能确立与部属平等相处的原则

康乐部经理与员工的关系应该是企业对重要客户不做的事,对员工也不应该做。譬如,企业不应该惹顾客心情不好,那么同样也不应该惹部属生气。当然,这应该建立在共同遵守企业规章制度的前提条件之下。美国罗森帕斯旅行管理公司提出过很新的企业管理理念,这种理念与我们当今通行的理念截然不同。我们饭店或康乐企业常常流行"顾客第一""顾客就是上帝"的口号;而罗森帕斯提出的口号是:"顾客第二,员工第一。"它的基本理念是:仅仅强调为顾客服务是不够的,因为没有幸福的员工,就很难有快乐的顾客。暂且不论这种提法是否完全正确,但可以肯定的一点是,经理与员工要平等相处,经理要尊重员工,这样员工才会尊重经理。因此,康乐部经理在日常工作中要多一点微笑管理,对员工多一点尊重,因为尊重是人的五大基本需求之一,你满足了员工的基本需求,员工就会焕发出工作热情。有一则顺口溜很能说明这个道理:"你把下属当人待,下属为你出牛劲;你把下属当牛待,下属把你当猴耍。"

 **友情提示**

关于"顾客就是上帝"这句口号的正确与否,本书将在第六章的"思考与练习"中的论述题第2题中重点讨论。本书的观点附在其"参考提示"中。

九、不能制定工作标准和工作目标

工作标准是衡量工作好坏的准则,是对管理工作和服务工作的强制性规定。

工作目标是指工作要达到的境地和水平。

康乐部经理如果不能制定工作标准和目标,充其量是个盲目的经理。

康乐部经理对各项工作,特别是对具体服务工作,都应该制定出相应的质量标准,而且这种标准应该尽可能是具体的量化指标。这样做一方面能保证服务质量的水平,另一方面便于检查与考核。制定工作标准是康乐部经理必须具备的工作能力之一,但是在现实工作中,有的康乐部经理没能制定工作标准和工作目标。

这可能有三种情况:①因为个别经理能力欠缺,缺乏制定标准的思维能力或文字表达能力,这样的经理基本素养太低。②个别康乐部经理对制定工作标准的重要性认识不足,对制定标准抱无所谓的态度,这种情况多见于一些小型康乐场所。③个别经理因为自己水平低,但又不想让下属看出来。他们的工作标准就是随意性,今天这样说,明天那样说,总让下属摸不着头脑,跟不上他们的思路和标准的变化,以显示其"能力"高出下属一筹。这种做法是管理中最为忌讳的,这样做的经理是最不可取的。

目标管理是当代管理界所提倡的一种科学管理方法。这是指管理者与下属一起研究制订经营管理目标和实现目标的行动方案,并以此来考核管理者的工作业绩。康乐部经理应该制定康乐部的工作目标,否则就会迷失方向,就会缺少工作的动力,就会成为一个盲目的经理。康乐部目标管理的时间划分应分为月度目标、季度目标、年度目标;目标的项目划分应分为经营目标、成本目标、利润目标、管理目标等,甚至还应包括计划生育目标、交通安全管理目标等方面的内容。后两项目标是当代中国企业管理的特殊现象,是过去政企不分管理体制的后遗症,但这些现象目前在一些城市依然存在,我们暂时还不能回避。相信随着时间的推移和管理的专业化,这些社会工作不会再由企业来管。

十、过于相信部属天生的实务能力

每个员工天生的资质是不一样的,智商、情商有高低之分,能力也有强弱之分。

一般情况下,特别聪明的天才和特别愚笨的庸才都不多。人的知识和能力大多是从后天的学习和实践中得到的。因此,不应该过于相信员工天生的实务能力。

新员工做不好工作的原因有三:一是不熟悉工作的具体内容;二是不知道工作的方法和程序;三是碰到了伤害工作热情的人或事。为了提高员工的工作能力,特别是由于上述前两条原因而需要提高能力的员工,最明智的办法就是对他们进行有效的培训。没有不经任何培训就能完全胜任工作的员工,员工常常因素质不同,接受培训的能力有所区别。康乐部经理应当重视培训员工工作,不要过于相信他们天生的工作能力。

十一、视而不见下属的懈怠

有的康乐部经理无视下属的懈怠,放任自流,这是非常有害的。产生这种现象的原因主要在经理自己:其一是这位经理想以这种不加制止的工作方法求得懈怠员工的高兴,这种经理是乞求者;其二是这位经理采取漠视的态度,是希望问题自然消灭,这种经理是个好好先生;其三是没有能力当面指出员工的错误,这种经理是个失职者。放任部属懈怠,让其养成坏习惯容易,但要想员工改掉一个坏习惯却没那么容易了。统计表明,在放任和改变一个坏习惯所耗费的时间和精力上,存在着1:3的模糊规律,即放任部属所消耗的时间和精力为1,而改变这种坏习惯所耗费的时间和精力就可能是3。

那么,在发现部属懈怠时康乐部经理应该怎么办呢?答案是应该立刻制止,但制止时的态度和口气不一定非强硬不可,最好是马上沟通,譬如与其说"你浪费了时间",还不如说"你的报告迟了一天",话要说得具体、准确。一旦努力沟通之后问题仍没有得到解决,那应该视情况做进一步的处理,譬如较严厉的批评、发过失单,甚至调离岗位等。

十二、只赞赏业绩优秀的员工

有的经理只注意鼓励业绩好的员工,这样做会冷落大部分员工,这对做好康乐部的工作是很不利的。因为事实上每个企业都是由大部分表现中等的员工在支撑。这当然不是说不要表扬最杰出的员工,而是说不要忽视大多数员工。因此,康乐部经理可以制定一些标准,任何员工只要达到标准,就给予表扬。日本松下公司的缔造者松下幸之助先生历来主张:"每一个员工都是构成公司的重要成员,只是位置不同。"他认为智者有智者的智慧,愚者有愚者的智慧,关键在于我们领导者如何使用人才。能够调动大多数员工积极性的,才是合格的康乐部经理。

十三、只知道以糖果和鞭子操练员工

这里所说的糖果是指管理当中的奖励手段,鞭子是指管理当中的惩罚手段。

通常,提高效率的手段有三种:

第一种方法是恐吓的方法。一些管理者习惯用处罚、威胁来迫使员工加紧工作,譬如说"你不好好工作,我炒你鱿鱼","让你下岗"。一开始,这样做可能有效,但时间长了,效果会越来越差,还可能引起员工的反感。恐吓方法的第二阶段是实际上的惩罚。管理者之所以如此,是为了强化自己的威严形象。这种方法用多了,员工就会消极逃避或者与管理者捉迷藏,还可能因此产生抵触情绪,这种情绪也可能会发泄到顾客身上或者发泄到经营设备上,从而给经营带来负面影响。

第二种方法是注重报酬的方法。即完全用奖励的方法促使员工努力。但是,一味用发奖金来激励员工努力的方法也不能长期奏效,久而久之也会使激励的作用下降,甚至一些员工还会把分内工作当成讨价争奖金的筹码。

第三种方法是提高信念的方法。这是指用建设企业文化的方法来提高企业的凝聚力,增强员工对企业的信念。这种方法的作用时间较长,例如,在20世纪60年代的一次经济危机中,日本松下电器公司的员工人心惶惶,都担心被解雇或被减薪。但是松下先生很快宣布,对员工不解雇、不减薪。这使员工感动得自动放弃休息,带着公司的产品到街上去直销。松下就是用这种方法增强了员工的信念,坚定他们与企业共存亡的决心。信念疗法要求在推出一个计划时,要考虑两方面的信念完整与否:一是能否提高员工的荣誉感,二是能否提高员工对公司的信任感。康乐部经理在管理当中不应该只采用惩罚和奖励的方法,也应该掌握并运用增强员工信念和凝聚力的管理方法。

康乐部无论在饭店企业还是在康乐企业,都是个重要的部门,它又是改革开放以后出现的新兴部门,因此如何当好康乐部经理,搞好康乐部的经营和管理,是一个有待进一步深入探讨和研究的课题。但是,要想当好康乐部经理,除了需要掌握一定的管理理论知识外,还应该学习前人成功的经验和借鉴他们失败的教训。前面列举的康乐部经理应当避免的十三条管理错误就是一些当过康乐部经理的前辈们的经验总结,这些经验是前人在经历过失败的痛苦和教训后,总结归纳出来的感悟。让我们汲取前人经验并把它们转化为我们走向成功的正能量。

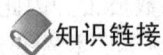知识链接

什么是经验

经验是由丰富的经历、失败的痛苦、教训的感悟、成功的喜悦、胜利的欢愉沉积在一起,凝结于人们的智慧深处,用其他方式无法获得的一份至为宝贵的精神财富。

案例分析 1

有针对性的鼓动是激发员工积极性的有效方法

献血工作本是社会工作,不属于经营部门的业务工作,但在中国 1998 年前后,这项工作往往是由企业来承担的,即由政府机关向各企业下达献血人数指标,再由企业落实到具体人员。有的企业为了完成政府下达的指标,不得不将献血工作的完成情况纳入年终考核内容。

某合资饭店在完成献血指标时遇到了麻烦,由于员工对献血的认识存在误区,所以很多部门的员工在被动员自愿报名献血时,都采取了回避的态度,使那些部门的经理们感到很为难。唯有康乐部把这项工作完成得很好。

康乐部经理首先通过调查研究了解到,一些员工对献血的认识存在这样的误区:有人认为献血会对身体造成损害,还有人对抽血现场有恐惧心理。针对这些情况,这位经理没有用下达行政指令的方法将指标强行分配给各班组,而是利用交接班会议的时间直接向员工做鼓动工作,他在会上向员工讲解了献血的意义和正常献血不会对身体造成损害的科学道理,并当场向员工许诺,自己第一个报名献血。针对那些对抽血现场有恐惧心理的员工,经理答应将在现场陪同献血员工以减轻他们的心理负担。同时,经理又承诺除了企业给予献血者的休假外,还将组织献血员工到外地旅游。在会后,这位经理又利用巡视检查的时间多次与员工沟通,使康乐部的绝大多数员工消除了认识误区,大多数都积极报名献血。到后来,报名的员工太多,很多员工担心经理不批准他们献血,都单独向经理表决心,坚决要求献血。最后,康乐部很顺利地完成了献血任务,并多派出献血员工支援了其他部门。

这位康乐部经理的工作方法值得借鉴:第一,他通过调查研究,了解了员工的真实思想情况;第二,他通过分析原因,找出了适当的工作方法,有针对性地做鼓动工作;第三,他能身先士卒、以身作则,用实际行动消除员工的认识误区;第四,在做鼓动工作的同时,辅以必要的物质形式的奖励,使先进者得到实际的利益。

按照常理,献血工作属于社会工作,相信它会随着社会的进步淡出康乐部经理的管理范围。这里举这个案例是希望大家借鉴这位康乐部经理的工作方法。

案例分析 2

康乐部带卖饮料的建议

某饭店在开业初期,其内部分工没有完全理顺,各个康乐区域的饮料供应统一由餐饮部提供。公司同时又下达了各部门的营业指标,各部门经理都在为超额完成营业指标而千方百计地寻找商机,因为只有超额完成营业指标,才能得到超额奖金,这是奖金的主体。

餐饮部在正常营业期间,能够按照分工和约定,派人到康乐部售卖饮料。但是一旦餐饮部有大型接待任务时,一方面是由于人手紧张,另一方面是接待大型活动的收入高于在康乐部卖饮料,餐饮部便临时中断了在康乐部售卖饮料的服务。康乐部却因此遭到顾客的投诉。

为了解决顾客的投诉,康乐部经理向总经理提出了由康乐部直接卖饮料的建议,他认为这样做既可以减少投诉,又能为康乐部增加营业收入,岂不是一举两得?可这个建议却使餐饮部经理颇为不满,因为这样做会使餐饮部减少收入,这会影响到餐饮部的奖金分配。

康乐部经理经过冷静的思考,又与餐饮部经理进行沟通,将该建议修改为在由康乐部售卖饮料的同时,相应削减餐饮部的营业指标,增加康乐部的营业指标。经过修改的建议得到了餐饮部的支持,也得到决策管理层的批准并且很快付诸实践。

这个案例说明了康乐部经理在第一次提建议时没有考虑全面,也没有在部门之间沟通。在经过全面考虑和良好的沟通之后,才达到了原先提建议的目的。说明了全面考虑和沟通的重要性。

本章小结

本章介绍了康乐部经理这一职务的地位和作用、权力和责任、工作特点和内容以及职责和素养等方面的内容,对学生们今后在工作中的发展具有较大的帮助。但也不是仅靠纸上谈兵就能当好康乐部经理的,即使对上述内容有了比较系统的了解还不够,还应该具备实践经验。"康乐部经理应当避免的管理错误"就是一些当过康乐部经理的先驱者们在过去实践中积累的成功和失败经验的集合,它可以为我们后来者提供借鉴。

 思考与练习

一、名词解释

1. 工作标准　2. 工作目标　3. 人际关系　4. 经验

二、简答题

1. 简述经营和管理的关系。
2. 康乐部经理的工作特点有哪些?
3. 康乐部经理的工作内容有哪些?

三、论述题

1. 您认为具备什么样的素养才适合担任康乐部经理?
2. 请至少列出九条康乐部经理在管理工作中应当避免的失误。
3. 请具体说明康乐部经理在团队中应该担任什么样的角色,并请加以解释。

四、思考题

本思考题主要是针对"康乐部经理进修班"的学员而出的。旅游学院的在校学生因没有实践经历,难以回答这些思考题,可作为参考题。

1. 先请填写"康乐部经理管理能力评估表",以客观地评估您的管理能力。再请根据您的能力和经验逐项给自己打分,每项能力最低 0 分,最高 5 分,总分为 100 分,然后把每项打分加起来,得出总分,再对照"评估结论"根据总分对自己的管理能力做出评估。

本思考题不作为学院评估学员能力的依据,只是为了学员能够准确、清醒地自我评估。请学员填写评估表时一定要实事求是,这样才能有利于自我提高。

表 4-2　康乐部经理管理能力评估表

评估内容	说明	自我评分
经营能力	包括企业经营、销售等方面的能力	
计划能力	包括制订经营计划、促销计划、物耗计划、培训计划等	
组织能力	实施某项计划时的统筹安排能力	
指挥能力	向下属准确地发号施令的能力	
领导能力	带领和引导下属的能力	
协调能力	与内部的各级同事和与顾客及与外部单位的沟通能力	
控制能力	使工作按照预定目标发展的能力	
理论修养	包括基础管理理论和饭店管理理论以及康乐经营管理理论	
认识能力	对事物的分析、概括、判断和推理的能力	
督导能力	对下属的检查、督促和指导的能力	
考评能力	对下属的考核、评估能力	
激励能力	激发和调动下属工作积极性的能力	
示范能力	自己做出标准动作,让下属跟着学习的能力	
培训能力	通过一系列方法和手段使员工在短期内提高服务水平的能力	

续表

评估内容	说明	自我评分
应变能力	对突发事件的应急处理能力	
语言能力	口头语言的表达能力	
文字能力	书面语言的表达能力	
制定制度能力	包括制定编制编写职位说明书,制定服务规范、服务内容、服务标准等	
处理投诉能力	在维护企业、顾客、员工利益的前提下,使投诉得以顺利解决的能力	
处理人际关系能力	与他人良好相处的能力	

2.评估结论:

0~30分:您急需提高管理能力。

31~50分:您已经具备一些管理能力,尚需继续提高。

51~60分:您已经具备了一定的管理能力,能够完成工作任务。

61~80分:您已经具有较强的管理能力,能够胜任工作。

81~95分:您不但具有较强的管理能力,而且具有较丰富的管理经验,是一位优秀的康乐部经理。

96~100分:您是一位十分优秀的康乐部经理,下一任的总经理也许就是您(还要看机遇)。

3.根据您填写的思考题评估表的内容,找出您有待提高管理能力的三个方面,并制订出您打算如何提高所欠缺的能力的详细计划。

第五章 康乐部的日常管理制度

课前导读

在康乐部的日常管理中,一个十分重要的内容就是制度管理。制度是康乐部实施管理的基础,是康乐业现代化管理的重要方法。

为了保证康乐部的业务正常开展,发挥其组织机构的最大效能,就必须构建一个制度平台,以一整套行之有效的规章制度来约束全体员工,为员工的行为提供规范和依据。

本章介绍了康乐部管理的基本原则和基本方法,还介绍了关于制定康乐部日常管理制度的方法,并列举了一些康乐项目的具体日常管理制度。

另外,在每个项目日常管理制度的后面,本章还用"附录"的模块介绍了一些项目的使用知识。这些知识对康乐服务和管理都很重要,学生在初学阶段应该全面了解这些知识,并重点掌握其中一两项使用知识。这将有助于康乐企业的员工提高服务技能和日后的管理能力,为学生以后的工作和晋升打下坚实的基础。

学习目标

- 掌握康乐部管理的基本原则和基本方法
- 掌握制定管理制度的依据
- 掌握制定日常规章制度的方法
- 熟悉对康乐服务员岗位职责与素养的要求
- 掌握康乐服务员的行为规范和工作纪律
- 了解和掌握各康乐项目服务制度的内容
- 了解和熟悉各相关项目的使用知识,并重点掌握一两个项目的使用知识

第一节 康乐部管理的原则和方法

一、康乐部管理的基本原则

康乐部在饭店属于经营部门,其管理属于部门管理的范畴,康乐部经理应该在饭店总经理的领导下,运用现代管理理论、方法和手段,行使计划、组织、指挥、协调、控制等管理职能。在实施康乐管理过程中,管理者首先应该掌握管理的基本原则,其所有的管理行为都应该在这些原则的指导下而进行,具体包括以下四个方面。

(一) 以人为本的原则

坚持以人为本的管理原则,是当今世界上最基本的、也是最为广泛采用的管理原则。康乐部是由人来管理并由人来提供服务的。康乐部的商品价值是借助一定的设施、设备,通过康乐部服务人员的服务而最终实现的。所以,康乐部工作人员的思想素质、工作态度、专业技术、服务技能将直接影响到康乐服务产品的质量,影响到康乐部的经济效益和社会效益。因此,在康乐部的管理过程中,要把以人为本的管理原则作为经营管理的基本指导原则。

坚持以人为本的管理原则,是指在饭店康乐部管理工作中,最大限度地调动员工的积极性。全体管理者和员工各司其职、各尽其力,共同搞好企业的经营工作。

在管理过程中应该采用竞争机制,以激励员工的积极性和创造性。激励员工的积极性,充分发挥员工的聪明才智,首先要了解员工的需求。如有的员工是为了增加经济收入;有的员工是为了展示自己的工作能力;有的员工则是希望通过在康乐部的工作中不断学习新的知识,掌握康乐部经营管理的经验和规律等。康乐部管理者应该了解员工的不同需求,既要统一管理,又能因人而异地实施个别管理,使他们能胜任自己的工作,从而充分发挥其主观能动性。

康乐部坚持以人为本的管理,重点应该做好以下几项工作:

1. 关心员工并尽量满足他们的合理需求

员工的要求是多方面的,要从物质上和精神上满足他们的合理需求。应该提供有效、健康的后勤保障和福利保障,并从精神上关心员工,尊重并重视他们,调动他们支持企业、搞好服务与管理的积极性、主动性和创造性。

2. 实行有吸引力的工资制度和奖励制度

合理的工资和奖励制度是企业留住人才的重要手段(此项工作通常由决策管理层来做)。

3. 推行民主管理,创造和谐氛围

让员工参与管理和拥有一定的责任及权力。处理好与员工的关系,建立各层次良好的人际沟通渠道。

4. 创造有利于员工的工作环境

良好的工作环境能激发员工做好工作的主动性和自觉性,从而使他们能创造性地开展各项工作。

5. 加强企业文化建设

要用崇高的精神力量来团结人、鼓舞人。要让全体员工相信,只有很好地将个人利益有机地融入企业活动之中,他们的个人目标才能得以实现。

(二)计划管理与灵活管理相结合的原则

饭店康乐部计划管理是指康乐部管理者在饭店计划的指导下,确定目标和任务,并根据饭店总经理下达的计划指标和康乐市场发展的现状,通过对计划的制订、实施、控制来指导康乐部的经营活动,以保证取得良好的经济效益和社会效益。科学的计划管理是保证康乐部正常运行的必要条件,也是康乐部管理的重要职能。计划工作的内容包括要做哪些工作、由谁去做及如何做。在制订计划时要定出可行的实现目标,还要拟订和选择最佳实施方案,再将此方案落实到具体部门和具体人,并确定完成计划的时间。

制订计划可以分为长期计划、中期计划和短期计划。决策层管理人员应该善于做长期计划,中层管理人员应该善于做中期计划和短期计划。康乐部可根据饭店的经营目标,结合自身特点,做好若干详细的中期计划和短期计划,如人员安排计划、员工培训计划、成本控制计划、项目更新计划、奖金分配计划、宣传促销计划、外出考察计划、物料采购计划、设备维修计划等。

康乐部在坚持计划管理的同时,还必须掌握一定的灵活性,因为在实施计划的过程中,会遇到原先制订计划时无法预料的情况。这要求经营者能够灵活地及时修改计划。但是,灵活性在饭店康乐部管理中不可行使过多,否则会使计划失去权威性,影响以后对计划的执行。对于反复出现的现象和容易准确预测掌握的情况,要严格执行计划管理。对于容易发生变化的事务要注意及时修改计划。在康乐部的管理中,坚持计划管理和灵活管理相结合的原则才能保证康乐部的正常运行,才能实现计划所制定的目标。

(三)经济核算的原则

饭店康乐部通常是作为一个单独的营业部门,所以应该实行相对独立的经济核算。在实际管理中,要不断拓宽思路以增加收入,并尽量降低成本费用支出,以取得最大利润。加强经济核算,不仅要制定严格的科学的核算制度,同时也要在完成数量指标的同时重视质量指标。

加强经济核算必须做好以下工作:

1. 建立各种工作定额制度

这里是指劳动定额,即每个员工所承担的工作量。应该使员工的工作量接近满负荷工作量。这需要作好原始记录和保存原始凭证。例如,保龄球馆每天要对所接待顾客的消费情况作原始记录,服务台应该将顾客使用的活动项目、付费方式等作准确记录,如果有其他消费时也要作记录,并把这些活动所需要的工作量统计出来,再根据员工所能承受的工作量把这些工作分派给员工。

2. 建立按项目分类核算制度

定期开展经济分析活动。确定专人负责每日各班组、各营业点、各活动项目的登记造表以及累加数量,向康乐部提供当日营业分析报表,以及月度、季度、年度的营业报表。绘制有关经济活动的曲线周期表、图形,提供一定时期内各班组的成绩报表(成本、工资、损耗等)。

3. 健全岗位经济责任制

根据实际情况,把康乐部主要经济指标合理分解,分别落实到有关班组或个人。此项工作应因地制宜,不可机械照搬。

4. 严格执行国家的财经纪律和企业的财务制度

国家财经纪律是企业制定财务制度的原则和依据,企业财务制度是企业财务管理的硬性规定。康乐部作为企业的一个经营部门,必须严格遵守国家财经纪律并接受企业财务制度的约束,使康乐部正常合理地发展,并不断提高经济效益。

(四) 责、权、利相结合的原则

责、权、利相结合是康乐部实施科学管理的基础,在管理的全过程中,康乐部应该把责任、权力和利益有机地结合起来。康乐部的服务产品主要是通过本部门的全体员工协作形成的,分工协作也使员工之间形成了责任、权力和利益的相互关系。这种关系以做好管理和服务为前提,并通过一系列的规章制度来约束。

康乐部是经营部门,必须在经营活动中体现出一定的经济效益和社会效益,这些效益表现在分配上则是利益的体现。利益包括精神利益和物质利益。精神利益是人们在承担责任、行使权力、完成工作任务的同时,获得精神上的满足;物质利益是指人们在为企业付出劳动后从企业获得的工资、奖金、福利等财物收入。因此,管理中只有首先明确责任,再给予相应的权力和利益,并实施有效的精神和物质利益分配,做好责、权、利相结合,才能激励员工出色地完成工作。否则,权责不明,利益分配不公平,容易使使权力的人推卸责任,争夺权力和利益,最终导致管理陷入混乱。

二、康乐部管理的基本方法

在传统的旅游饭店中,康乐项目往往是后来扩大经营所增加的营业项目,康乐

部在饭店是新兴的部门。它的管理方法一般是移植其他部门的管理方法,再结合康乐部的现实而形成的。康乐管理的基本方法如下:

(一)目标管理的方法

目标管理方法是对所管理的内容分类、分级、分时段设定所要达到的目标,再按照既定目标去衡量业绩的管理方法。

其时间段根据需要可设月度、季度、年度等。例如我国政府对经济发展所制订的各个五年计划就是一种目标管理的方法。目标管理的方法能使管理者和员工在工作中有明确的目标和努力方向,当达到或者超过目标时会使人产生明显的成就感。制定目标时要尽量准确,这就需要投入较大的人力进行调研。否则,如果所制定的目标不切实际,那么这种方法就会流于形式。因此,为了运用好目标管理的方法,就要做好以下的工作:

1. 制定科学合理的目标

饭店管理层应该根据实际制定出本饭店发展的长远目标,康乐部的各层次管理者则应该根据饭店的总目标,在不同时期对各项具体工作制定出明确的目标,如营业收入目标、成本控制目标、管理目标、培训目标等;还应该制订出实现目标的工作计划,如营销计划、成本控制计划、设施设备改造计划等。在制订计划时应该考虑实现目标的现有条件及潜力,还要考虑员工的承受能力。为此,康乐部的管理人员应该发掘和利用下属的专业知识和实践经验,与下属就计划目标进行有效地沟通,以制定出切合实际的工作目标。

2. 制订实施方案

这项工作应该通过与本部门各岗位员工进行讨论,并且制订出切实可行的实施方案。当员工理解和掌握实施计划的方法与过程,这种自我实现的成就感将会对实现目标起到巨大的推动作用。

3. 贯彻实施

将制定的目标和实施方案以各种形式灌输、传达给各岗位的员工,向他们说明制定目标的依据和实现目标能带来的益处,使他们能够理解康乐部制定这些目标的原因,掌握计划目标所确定的标准,努力提高实现目标的自觉性。这种自觉性将会促使员工积极地为实现目标而努力。

(二)标准化管理的方法

标准化管理方法是指康乐部为适应科学管理和合理提供服务的需要,在服务产品的质量、规范、程序等方面规定统一标准的管理方法。

康乐部是提供服务的部门,因此,一切服务都应该强调程序化、标准化、制度化。要进行严格的培训和督导,使员工具备承担本岗位工作的专业知识和操作技能,并要求所有员工都要按照标准、按照程序、按照规定去做。这些标准要求员工准确掌握,以便随时对照检查自己的工作职责、工作程序以及完成任务的情况,以便自我评定是否已经达到了服务质量标准。

(三)全面质量管理的方法

全面质量管理的方法是指全员、全方位、全过程的质量管理方法。对康乐部来说,即是每一个岗位的工作从一开始到结束的全过程和每一个人都要参加质量控制管理。全面质量管理的方法对大部分企业都适用,其内容包括很多具体的方法,这里只简要地介绍全面质量管理的四个阶段,即PDCA循环管理方法:

P(Plan,计划)阶段。这是指明确质量管理的任务,建立质量管理的机构,设置质量管理的标准,制定质量问题检查、分析和处理程序的阶段,也是针对发现的问题制订解决方案的阶段。

D(Do,实施)阶段。这是指完成上述计划的各项质量管理任务,或是贯彻质量标准,按质量标准进行操作的阶段。也是落实解决问题的方案的执行阶段。

C(Check,检查)阶段。这是指服务过程中的检查和评定阶段,包括供方评定和需方评定,即康乐部方面的评定和顾客方面的评定。也是对实施的计划进行检查的阶段。

A(Action,处理)阶段。这是指对检查中发现的问题进行分析和处理、改进的阶段。

计划、实施、检查和处理这四个阶段,是一个螺旋式循序渐进的动态过程,每一次循环,都应该进入一个新的质量阶段。(PDCA循环的模式图请参见图5-1~图5-4。)

由于康乐部所经营的项目多,服务形式、类型差异性较大,服务质量方面的问题涉及广泛,如服务态度问题、服务技能问题、环境卫生问题、设施设备问题、活动安全问题等,而人的精力是有限的,一定时期内只能集中精力处理、解决某一件事情,因而质量问题通常采用分类法来处理。分清轻重缓急,可以按问题存在的数量和发生的频率分为a、b、c类:a类问题是要重点加以解决的问题,否则会直接影响康乐部形象,减少客源,如健身房设施、环境较差,美容厅卫生条件差,游戏机房服务差等问题;b类问题不如a类问题严重,但积少成多后会上升成a类问题,如服务人员态度欠佳、歌舞厅顾客所点曲目播放太慢等;c类问题一般不会对顾客造成太大的影响,如服务人员对外宾不能用外语进行正常的服务接待,歌舞厅有时播放的曲目不适合顾客的要求等问题。

进行了以上的分类后,管理工作可按顺序进行。先解决a类问题,这可使康乐部的工作有明显的进步,再解决b类问题,并对c类问题加以适当注意,从而使管理工作从容有序。

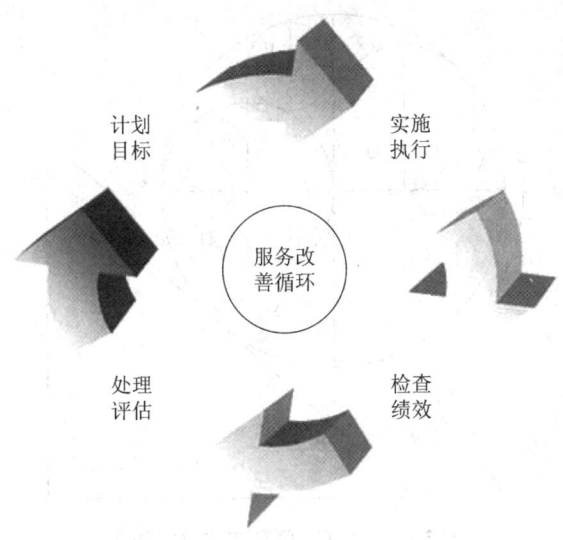

图5-1　PDCA循环工作模式图1

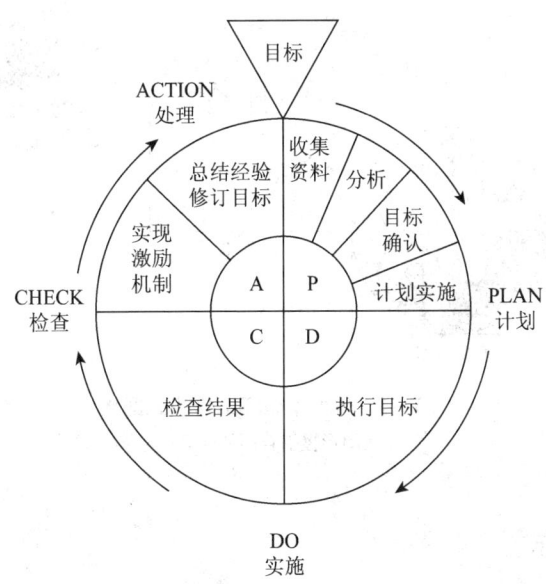

图5-2　PDCA循环工作模式图2

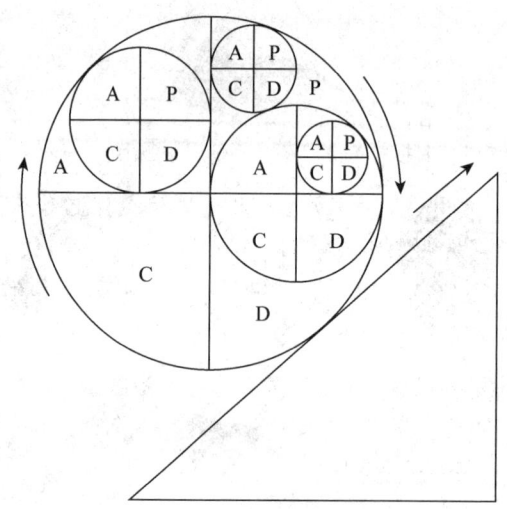

图 5-3　PDCA 循环工作模式图 3

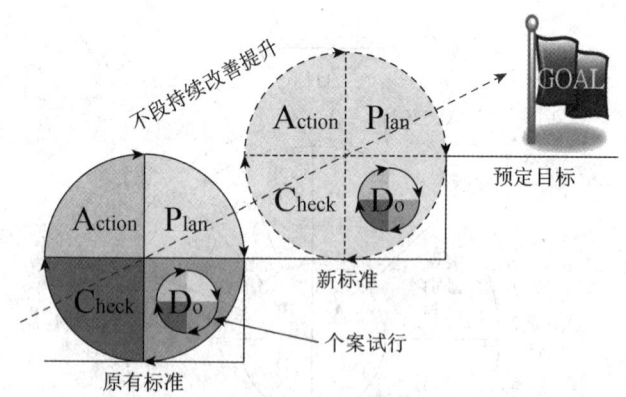

图 5-4　PDCA 循环工作模式图 4

(图形援引自因特网)

 友情提示

PDCA 管理循环

PDCA 管理循环由美国质量管理专家戴明提出,也称戴明环,它是全面质量管理所应遵循的科学程序。

PDCA 循环是一切管理,包括服务质量管理的基本方法和工作程序。在本教材的第六章案例分析1和第八章案例分析1的内容中,将会对PDCA循环工作方法的实际应用,加以具体介绍。本章只介绍其基本原理。

(四)现场指导的管理方法

现场指导的管理方法是依据科学的管理制度,对康乐部各个工作现场进行巡视、检查、指导的管理方法。

现场指导管理要求康乐部管理人员熟悉各康乐项目的基本程序和服务规范,具有一定的思想素质和管理水平,能够敏锐地发现问题,能及时地对现场服务管理情况进行调整,迅速有效地解决现场出现的各种问题。

(五)行政命令与制度管理的方法

行政命令的方法是管理者通过发布带有强性制的指示对下属进行管理的方法。这种方法的优点是具有相对的强制性,适用于布置工作任务和解决工作中发生的问题。缺点是容易使下属盲目地执行指示,缺乏主动性和自觉性。

制度管理的方法是管理者通过制定强制性的条文,在必须共同遵守条文的原则下,对下属进行管理的方法。一般是通过《员工手册》《服务操作规程》《岗位责任说明书》等文件来实施的。制度管理具有强制性、稳定性、可预测性和先导性。每一位员工均可根据规章制度判断自己的行为和行为的后果是什么。制度管理对所有员工一视同仁,不因人而异,工作中亦能按照规范和程序进行服务操作。制度管理的缺点是缺乏灵活性,由于实际服务情况千变万化,新问题层出不穷,因而在实际工作中,要教育员工在以顾客满意为总的前提下,掌握适度的灵活性。

第二节 康乐部日常管理制度的制定

康乐部的日常管理制度是指为实现康乐部的日常管理而制定的强制性规定,这种强制性规定是要求康乐部成员在工作中共同遵守的行为准则。

制度是康乐部员工在工作中的行为指南,是全体员工应该遵守的内部法规。康乐部的规章制度既体现了管理者对本部门员工的整体要求,又体现了康乐部全体员工的共同要求。当每个员工意识到为了企业的发展、繁荣,也为了自身的利益,应当共同承担一定的义务和责任,应当遵守共同的秩序、准则,公平地对待自己和其他同事时,就会产生对制度的需要和执行制度的自觉性。为了使康乐部服务员的工作规范和服务质量保持在较高水平上,使顾客得到身心上的满足,康乐部应该制定相应的规章制度,其中主要部分是服务标准、服务规范和服务程序。这是需要服务员共同遵守和执行的规定,也是日常管理和检查督导的统一标准和依据。

友情提示

关于服务标准、服务规范、服务程序的定义,请见本书第三章第三节所述,这里不再重复。

一、制定规章制度的依据和方法

(一)制定规章制度的依据

1. 顾客需要

我们提供服务的对象是顾客,我们提供服务的目的是满足顾客的消费需要。只有满足了顾客的需要,企业才能获得相应的利润,进而才能生存和发展。所以,在制定有关的服务规定时企业首先要考虑顾客的需要。这一点,在康乐行业中表现得尤为突出。

2. 行业特点

康乐服务与商业、餐旅业的服务有不同之处,它不是直接提供物质销售的服务,而是提供以一定物质条件为基础的精神上的服务。康乐服务目的是使顾客通过康乐活动消除在工作和生活中产生的紧张和疲劳,使身体和情绪得到放松和愉悦。因此,关于康乐服务的规定,应该根据康乐行业的这一特点来制定。

3. 企业要求

康乐服务的规章制度应按照康乐企业的特点和档次的不同而有所不同。不同星级的饭店关于服务程序、服务规范、服务标准有所不同:隶属于饭店的康乐部提供的服务应与饭店的星级标准保持一致;一些独立经营的康乐企业,虽然现在还很难用星级来划分,但它们的设备档次、客源层次、市场定位等都各不相同,因此它的服务档次也不应相同。这也是制定相应的规章制度的依据。

4. 法规和道德规范

康乐服务的程序、规范和标准都应该在不违反国家法规和社会道德规范的前提下制定。例如对异性顾客和有赌博行为顾客的服务,就应该特别注意区分正常服务与违规服务的界限。

(二)制定规章制度的方法

1. 草拟初稿

在制定规章制度时,首先应该由康乐项目的管理人员或熟悉康乐服务且有一定文字表达能力的员工草拟初稿。

2.讨论和修改

初稿完成后,可召集一部分有经验的服务员对初稿进行讨论和修改,再邀请一部分经常光顾本项目的顾客对修改稿提出意见并作再次修改。

3.宣传试行

把经过修改和润色的文字规定向服务员进行宣传并试行。过几个月后,再组织服务员和常客对试行的规定提出进一步修改的意见。这样,经过反复修改并经有关领导部门批准认可的规章制度才能定稿。

二、基本制度

员工岗位职责与对他们的素养要求应是康乐部制度的基本内容。康乐部在饭店各部门中是所辖项目最多的一个部门。由于康乐行业发展迅速,并且众多的康乐项目各具特色,有些项目甚至具有非常独特的个性,因此,每个项目的员工岗位职责和素质要求就不可能完全一样。本书介绍的康乐服务员的岗位职责及素质要求,主要是指各康乐服务岗位相关的共性部分,而不是针对某个具体项目。

(一) 岗位职责

1.服务员要熟悉所在项目的历史背景、发展状况,熟悉该项目的活动规则、动作要领和设备的使用方法。

2.准备齐全营业所需的相关用品,并保证这些用品处于完好状态。

3.主动了解顾客的情况,对于初次来该项目消费的顾客,应主动介绍本项目的内容和特色,帮助顾客尽快熟悉和掌握本项目的相关知识。

4.当顾客在本项目进行康乐活动时,主动为顾客提供服务。如记分服务、排除设备故障、指导动作要领、提示注意事项,等等。

5.注意顾客在消费过程中的愿望和要求,引导消费,随时解答顾客提出的问题,解决他们遇到的困难。

6.准确填写有关的单据和表格。以记账方式付款的项目一定请消费的顾客签名确认。特殊情况下需要服务员代理交款时必须按照有关规定输入收银机。

7.固定岗位(如接待台、水滑梯出发台等)的服务员在当岗时必须坚守岗位,不得擅离职守。有特殊情况需要离开时必须向领班请示,经同意后方可离岗。

8.流动服务岗(如保龄球馆的球道服务岗、桑拿浴室更衣室服务岗等)的服务员必须经常巡视检查,及时为顾客提供服务。

9.观察和了解顾客的情况,根据有关规定谢绝不符合规定的顾客来本项目消费,如谢绝酗酒者和皮肤病患者进入游泳池和桑拿浴室,谢绝衣冠不整者进入交谊舞厅或夜总会。

10.如果发生意外事故,应首先采取相应的紧急措施,然后及时向上一级领导报告,紧急情况可以越级报告,以保证顾客安全。

11. 做好本项目的营业场地和设备的卫生工作,为顾客提供良好的消费环境。

12. 按照规定经常检查、保养和维修本项目的设备和器材,使之处于良好的运行状态。

13. 注意保管好服务所用的器具,发现损坏或丢失应及时采取措施并向领班报告。

14. 运动项目的顾客需要陪练时,经领班同意可以陪练。陪练时要态度认真、动作准确、掌握顾客心理、控制分寸,尽量提高顾客的兴趣。

15. 维护营业场所的公共秩序,当顾客增多时要注意疏导,遇到不遵守公共秩序的顾客,应当婉言劝阻,必要时逐级向上级报告。

16. 当顾客离去时,要及时清理检查设备,发现问题及时向领班报告。

(二) 对服务员素养的要求

素养是素质和修养的合称,是指一个人的先天的特点和后天的修养的集合。

人的素质在心理学方面的含义是指人的神经系统和感觉器官先天的特点。人的修养是指通过后天学习和锻炼所得到的能力。从管理学的角度看,这里讲的对服务员的素养要求就是从这两个方面来谈的,但更多的是对其后天的修养和能力的要求。对服务员的素养要求与服务员的聘用标准既有联系又有区别:素养要求是制定聘用标准的原则;聘用标准包含了素养要求的量化指标。

下面是对康乐服务员的素养要求:

1. 文化水平

具备职业高中以上毕业水平或同等学力。对专业技术较强的岗位,如按摩师、游泳救护员等,此项要求可适当放宽。旅游饭店的康乐服务员要有一定的外语沟通能力。

2. 资历要求

有一年以上饭店实习服务经历,含半年以上康乐项目服务经历(对有培训能力的企业来说,这项要求可放宽)。

3. 专业知识

熟悉饭店服务的基本知识,掌握某项或某几项康乐项目的专业知识,包括消费知识、运动知识、裁判知识、技能知识、设备使用知识,等等。

4. 业务能力

有较强的专业水平。普通岗的服务员应具备完成一般接待服务工作的能力,特殊岗的服务员除具备所在岗位的服务能力外,还应通过考试取得相应的专业合格证书,如劳动管理部门颁发的按摩服务员上岗合格证、体育管理部门颁发的游泳救护员合格证、游泳教练员证、文化管理部门颁发的调音师上岗证等。

5.道德修养

为人正派,诚实可靠,待人热情,乐于助人,能吃苦耐劳,有奉献精神,有努力做好本职工作的主动意愿。

6.人际关系

有较强的处理人际关系的能力:一方面,能够以礼待人,尊重顾客的人格和愿望,热情服务,主动满足顾客的合理需求;另一方面,服务员应该乐于接受领导,并且能友善地对待同事,团结协作,处理好与领导及同事之间的关系。

7.身体状况

身体健康,体力充沛,精力旺盛,能承担一定强度的体力工作,能承担夜班工作,能承担一定噪声环境中的工作。

8.形体形象

无明显生理缺陷,形体胖瘦适中,各部分比例协调、线条优美;五官端正,形象良好,女服务员能给人一种无矫揉造作的"甜美"感,男服务员能给人一种无怪异的大方的"英俊"感。

9.性格气质

各种气质类型的人都适合做服务员,只是不同项目、不同岗位对气质类型的要求各不相同,如胆汁质属于兴奋型,适合做较激烈运动的工作,如游泳池救护员、网球陪打员;多血质属于活泼型,适合担任流动岗位,如保龄球球道服务员、游戏机服务员;抑郁质属弱型,由于其具有观察敏锐、办事认真的特点,适合做设备保养和保管工作;黏液质类型属于安静型,适合做接待类的固定岗位服务员。最好的情况是具有上述几种气质特点都不太典型的综合型气质,因为这样的服务员适应性比较强,容易胜任工作。

 友情提示

气质类型

气质类型是心理学方面的专业术语,心理学将人的气质归纳为四种类型,即胆汁质类型(兴奋型)、多血质类型(活泼型)、抑郁质类型(弱型)、黏液质类型(安静型)。

三、康乐服务员的行为规范和工作纪律

(一)仪容及言行规范

1.发式

头发应保持整洁、按时修剪。男员工发长不许盖过耳部及衣领,胡须每天刮

净;女员工头发应梳理整洁,不得散乱披肩,长发必须扎束或盘发。男女员工都不得梳理怪异发型及染怪异发色,女员工不得理男式发型。

2. 化妆

女员工面部应化淡妆,不要浓妆艳抹,化妆时不要使用怪异颜色。不提倡使用香水,特别是不许使用浓烈香水。手指甲应经常修剪,指甲要短于指尖,不得使用有色指甲油。

3. 饰物

颈部不得戴项链等饰物,不准戴手镯;手表应尽量用衣袖遮住;不准戴耳环及有悬垂物的耳部饰品,可戴直径小于1厘米的耳钉1副;除按摩员外,其他岗位的员工允许戴普通戒指1枚。

4. 着装

必须穿工作服上岗,穿衬衣或穿短袖工作服的员工,应统一将上衣下摆收入裤(裙)装内。工牌应佩戴在左前胸上衣兜口处。不允许光脚穿鞋,穿短裙的女服务员应配穿长筒袜。皮鞋应每天擦亮。

5. 站姿

站立时眼睛自然平视,下巴略收、脖颈挺直,挺胸收腹,双手轻握在下腹处或自然下垂。不得叉腰或抱胸,不得倚靠他物。

6. 行走

走路时上身应平稳、挺胸、收腹、立腰,重心稍前倾。注意步位,两只脚的内侧落地时正确的行走轨迹应是一条直线。步幅适当,一般是前脚的脚跟与后脚的脚尖相距为一脚长(但因性别不同和身高不同会有一定差异)。走路时忌"内八字"或"外八字"、弯腰驼背、歪肩晃膀、扭腰摆臀、左顾右盼。

7. 表情

面对顾客时应面带微笑:面部表情放松,嘴角略微上翘,嘴唇微张,露出半排牙齿。

8. 语言

说话时应该音量适度、速度适中、语调柔和、吐字清晰、使用敬语、接听电话要迅速。听到顾客的投诉意见或批评时要冷静,解释时要耐心,有问题应及时上报,不得与顾客争辩。

9. 禁忌

上班前不得吃生葱、生蒜等带刺激性气味的食品。有汗味、臭味时应注意洗澡换衣服;不得在别人面前有挖鼻孔、掏耳朵、打哈欠、剔牙缝等不礼貌行为。

10. 距离
服务时应与顾客保持适当距离,不可过于亲近或过于疏远。

11. 穿越大堂
一般情况下,员工不得穿越大堂。如因工作需要穿越时应注意靠边行走,礼让顾客。不得着拖鞋或穿短裤出入公共区域,不得勾肩搭背、嬉笑打闹。

 友情提示

这里所述规范是根据目前国内的情况制定的。国际上有些同类企业的要求没有如此严格,他们比较注重自由和体现个性化。

(二)工作纪律

1. 严格遵守考勤制度,按时上、下班,不得迟到、早退,不准旷工。上、下班时必须走员工通道,并按规定打考勤卡,不得委托他人代打。
2. 上班时仪容及言行必须符合规范。
3. 当班员工在下一班接班前不得擅自离岗。
4. 临时有急事不能按时上班者,必须在正常上班前向主管或部门经理请假并说明情况,事后应及时呈交有关证明并办理补假手续。
5. 未经领导同意,员工工作时间不得私自会客或处理私人事务。
6. 当班时不得随身携带私用手机,不许打私人电话,如有急事,打电话时须征得领导同意方可,并且不许占用电话时间过长。
7. 当班时不得随便串岗,不得随便使用客用设备,不许大声喧哗、追逐打闹、扎堆闲聊,不准看书报杂志或吃零食。
8. 下班后或休息日,除因工作需要经领导批准外,不得在本企业逗留。
9. 严禁利用工作之便放入私人朋友进企业游玩,严禁倒卖票证、侵吞票款、涂改票据等违纪行为。
10. 精心爱护公共财产,不得粗暴地使用设备,不得将企业财物据为己有,严禁偷窃行为。
11. 不得弄虚作假、欺骗领导,不准造谣传谣,不许做有损企业声誉、有损员工团结之事。
12. 在服务中必须礼貌待客、友善服务,不得在顾客面前议论其他顾客,严禁对顾客粗暴无礼。
13. 遵守法规,遵守纪律和制度,服从调动,服从管理,不许当面顶撞领导。
14. 不许参与赌博、吸毒等违法活动。

第三节 康体项目的服务制度

本节主要介绍具体康体项目的服务程序及相关标准,这是从各项目的个性的角度来介绍的。因为各项目的内容和形式有较大区别,有关的服务程序和服务质量标准是根据它们的特点而制定的,相互之间也有较大区别。

一、游泳场馆服务

(一)普通游泳池服务制度

1. 服务员到岗后先到服务台签到,然后换好工作服,查看交接班记录,落实上班次交办的工作。

2. 检查游泳池水质、水温,根据检查的情况合理地投放水质消毒剂;打捞水中杂物;用水下吸尘器吸除水底沉积物;整理池边座椅或躺椅,清理池边卫生;清理机房、泵房,保证地面无积水和杂物,机身无尘土,设备、工具摆放整齐。

3. 顾客到来时应主动迎接,请顾客填写登记表,并请顾客用客房钥匙换取更衣柜钥匙(非饭店游泳池无须此程序),为顾客指示更衣柜位置,主动为顾客提供浴巾和拖鞋。

4. 提醒带小孩的顾客注意照看自己的小孩,不要让儿童到深水区游泳,以免发生安全事故。

5. 顾客游泳时,服务员和救护员应时刻注意水中的情况,如果发现异常,应及时救护,以保证顾客游泳安全。

6. 根据顾客需要,适时推荐饮料和小食品,要问清种类、数量,开好饮料单,将食品或饮料用托盘送到顾客面前。注意提醒顾客在游泳时不宜饮用烈酒。

7. 顾客离开时,应注意及时检查更衣柜,用客房钥匙换回更衣柜钥匙,并在登记表上注明顾客离开的时间。

8. 在服务过程中,注意随时擦干台面、地面的水迹,更衣室内的服务员要注意及时清理香皂头、垃圾、浴巾,保持卫生状况良好。

9. 营业结束时,收齐更衣室物品,检查游泳池,确认没有顾客之后关灯锁门,将钥匙及物品交服务台,并按规定做好交接班记录。

以上服务程序适用于一般饭店康乐部的游泳池,但对于向社会开放的大型戏水乐园来说,就显得过于简单了。下面介绍一套关于大型戏水乐园的服务程序(这里是针对分场次开放的戏水乐园制定的)。

(二)戏水乐园迎宾岗服务程序和规范

1. 迎宾员(检票员、收发钥匙服务员统称迎宾员)每场开场前10分钟到岗。

2. 清理本岗卫生,包括迎宾服务台台面、抽屉的卫生,擦拭服务台附近的客用梳妆镜子。

3. 迎宾员将钥匙取出清查核对,将查清的钥匙分成单双号分别摆放,并将数量登记在钥匙交接班日记本的每日发放栏上,写清场次、时间,如发现与上场数量不符,立即向主管、领班汇报。将部分钥匙取出放在钥匙桌上,准备迎接顾客到来。

4. 迎宾员面对顾客站好,双手自然相握在腹前,双脚并拢自然站好,在开场前面带微笑,处于服务状态。

5. 迎宾员要灵活地随着顾客的到来向顾客说明本园的开场时间,请顾客耐心等候。在与顾客交谈中,语气、语调要平稳适中,语速不要过快、过慢,声音不要过高、过低,语言要规范,如对于开场前到来的顾客,可以向顾客解释:"先生(小姐),对不起,请您稍等,现在里面正在打扫卫生,到点我们会准时开场,请原谅。"(在顾客多而准备工作就绪时,可提前5~10分钟开场)

6. 迎宾员在正常营业时,发现有顾客较早退场(如在进场后一小时以内),应主动向顾客打招呼,询问缘由,语言要规范,可以这样说:"先生(小姐),您怎么这么早就出来了,有什么不适吗?您对我们的服务有意见吗?"迎宾员如发现顾客意见较大时,应主动向顾客解释一些情况,然后向领班、主管汇报,并把顾客意见写在记录本上以便主管查阅。

7. 迎宾员在顾客离园时,应主动向顾客收回钥匙,语言要规范,可以说:"先生(小姐),请交回您的钥匙。""谢谢,欢迎您再来。"如在晚上应说:"祝您晚安。"

8. 迎宾员在顾客交回钥匙后,应主动向顾客说明吹风机的使用方法,可以说:"先生(小姐),使用吹风机时,请轻轻按一下那个白色按钮。"

9. 迎宾员要严格控制每场的人数,不得超员,旺季时要向顾客做好解释工作:"现已满员。为了让大家玩好,也为了大家的安全,请您下一场再来戏水。"

10. 迎宾员在每场清场后,不要生硬地催顾客交钥匙,可以委婉地说:"各位先生(小姐),请您抓紧时间淋浴,我们还要为下一场做好准备,谢谢合作。"

11. 在即将开场前1分钟,迎宾员应声音清晰地告诉顾客:"大家好!请各位准备好门票,我们就要开场了,祝大家玩得愉快。"正常检票时,迎宾员应主动说:"上午(下午、晚上)好,先生(小姐),欢迎您光临,请您出示门票。"

12. 迎宾员开始检票,将副券一栏撕下,投入票箱,将正券还给顾客,对带小孩的顾客应提示:"请您带好您的小孩,注意不要到深水区。"

13. 迎宾员应对顾客说:"先生(小姐),这是您的更衣柜钥匙牌,×××号",并用手势指示方向,"请往里走。"在给顾客唱号时应吐字清楚。

14. 迎宾员在正常营业时,应提供问询服务,当有顾客来到台前问询时,应主动解答顾客的问题,语言要规范:"您好,我可以帮助您吗?""请您去公关前台询问。"当顾客问到戏水乐园的一些情况时,应主动将本园的开放时间、内部设施、收费情况、服务情况向顾客作出回答。

15. 当较晚来戏水的顾客要入园时,应主动提醒:"先生(小姐),还有一小时我们就要清场了,您看时间够吗?如果您觉得时间不够,下一场我们将在××点钟开场,欢迎您下一场再来。"(针对分场次开放的戏水乐园而言)

16. 当顾客丢失钥匙时,应主动对顾客说:"先生(小姐),请不要着急,您好好想想钥匙可能丢失在什么地方了,让我们的救护员帮您找一找。"在没找到时应对顾客说:"先生(小姐),实在对不起,按规定您应当赔偿十元钱。"

17. 当顾客走后再次清查钥匙,将钥匙数清,按单、双号登记在值班日记本上,写清时间、场次,如发现数量不符,应向领班、主管汇报。在写完钥匙交接班日记后,请领班或主管签字。

18. 将钥匙摆放整齐并锁好,为下一场营业做好准备。

(三)戏水乐园更衣室服务程序和规范

1. 顾客持更衣柜钥匙进入更衣室时,服务员应引导其到达与钥匙号对应的更衣柜前,并帮助打开柜门(在顾客较少时)。

2. 顾客更衣后,帮助顾客将钥匙别在钥匙牌内,以免钥匙划伤顾客。

3. 帮助顾客将钥匙牌系在手腕上,以免丢失。

4. 在顾客较少时,应该帮助他们锁好更衣柜。

5. 如有儿童单独入场(此情况多为家长携带稍大一些的异性儿童),应细心照顾,帮助打开更衣柜、锁好,将钥匙系紧,并陪同他们进入戏水乐园与家长会合。

6. 注意顾客的身体情况,对年老体弱者应主动提醒注意安全,发现皮肤病患者、酗酒者要加以劝阻,以保证池水的卫生和顾客的安全。

7. 如发现顾客带入酒类或玻璃瓶装的饮料,应及时劝阻。

8. 顾客淋浴时,不要催促。待顾客淋浴完毕,及时检查水龙头是否关紧,以免浪费。发现淋浴设备有损坏的,应立即报告领班或主管通知工程部门修理。

9. 顾客离开更衣室后,应立即查看更衣柜,如有顾客遗落的物品,应立即向领班或主管报告。

10. 发现钥匙有损坏或不好用的,应及时向门口服务员通报、登记,以便尽快修好。

11. 发现有可疑人员时应上报主管、领班或保安部门领导。

12. 服务人员不要将自己的物品摆放在营业区域或顾客视线所能看到的地方。

 友情提示

关于客用更衣柜的管理

更衣柜及其钥匙的管理是件比较重要又比较麻烦的事情,管理不好的话,就很容易发生顾客丢失财物的情况,所以应该引起管理者的重视。

现在有些地方使用的电子密码锁,可以免除钥匙管理的很多程序,并可节省劳动力,但需要投入一定的资金。使用电子密码锁时,顾客需要往电脑投币器内投入相应的硬币(有些不需要,只需按下开关),电脑就会打印出一张防水的纸带,该纸带上面印有某个更衣柜锁的密码,顾客按照密码就可以去开锁了。这种电子锁的密码在每换一位顾客时,就会随机更换一个密码,因而比较安全。

(四)戏水乐园滑梯出发台服务程序

1. 服务员在开场前10分钟到岗;打扫所在岗卫生,包括地面、滑梯出发台以及沙滩椅,每天早晨第一遍打扫时要用1:200的清洗消毒液擦拭消毒。

2. 积极主动引导顾客按顺序排队,控制每次间隔15秒滑下一人。

3. 提醒顾客不要配戴眼镜(游泳镜除外)坐滑梯,除家庭滑梯以外不得两人以上一起下滑。

4. 顾客如有疑难时,应该主动帮助解决。如顾客对规定不理解时,要耐心说明违反规定可能带来的后果。

5. 如有解决不了的问题,应及时上报主管或领班。

6. 场间休息时,将波池球(用来增加情趣的漂浮在水面上的五颜六色的塑料球)捡回池中(如果是不分场次的游泳池,则应该随时将波池球捡回池中)。

7. 离开岗位前,再次打扫滑梯出发台的卫生。

(五)戏水乐园救护岗服务程序

1. 按时到岗,参加班前会或者交接班会。

2. 擦净池壁,用水下吸尘器将池底沉积物吸净。

3. 检查水滑梯有无损坏,并及时除去滑梯中的水垢及污物。

4. 检查水温、室温,保持水温在26℃~28℃,室温在28℃~30℃。

5. 检查备用救生圈是否完好。

6. 检查安全提示设备是否正常。

7. 换好泳装,带上提示哨,穿上有救生员标志的T恤衫准时到达自己的救护岗位。

8. 顾客进入戏水乐园后,救护员应站在各自的岗位上,眼睛注视水中的顾客。

如发现异常情况,应马上采取相应的救护措施,紧急时应立即跃入水中救护。

9. 每场清场后,应巡视检查自己所负责的区域内是否还有未走的顾客,有无顾客遗落的物品,并搞好卫生,为下一场营业做好准备。

（六）游泳池服务质量标准

1. 服务人员应该熟悉游泳池的工作内容和服务程序,能够按照服务程序和服务规范为顾客提供服务。

2. 具有游泳池设施、设备的维护、保养知识和清洁卫生知识,具有水上救护知识和能力。

3. 能区别不同的接待对象,准确运用迎接、问候、告别的礼貌语言。对常客和回头客能使用冠以姓氏或职衔的尊称。服务态度主动热情。

4. 接待顾客预订时应主动热情、用语规范,客人姓名、住房号、使用时间记录准确、复述清楚,并取得顾客认同。

5. 顾客来游泳时,应准确记录顾客姓名、房号、到达时间、更衣柜号码等(非饭店所属的公共游泳池无此环节)。顾客更衣后,主动引导顾客进入游泳池。顾客游泳期间,要照顾好顾客的物品。顾客休息时,应主动询问他们是否需要提供饮料或小吃。顾客离开时,服务员应主动道别并欢迎再次光临。

6. 提供安全服务。在顾客入门时,要提醒顾客注意游泳安全。在服务过程中,如果观察到有饮酒过量者或身体不适者,应主动劝其离开游泳池。专职救生员应认真坚守岗位,注意水中顾客的情况,发现异常情况时,应及时采取有效措施,必要时救生员必须跃入水中紧急救护,在服务过程中,防止发生顾客衣物丢失事件,更不允许发生溺亡事件。

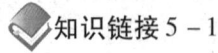知识链接 5-1

游泳池相关知识

游泳池在高档饭店是不可缺少的康体设施。在国家技术监督局新颁布的《旅游饭店星级的划分与评定》中游泳池就被列为星级饭店非常重要的康乐设施。由于游泳运动能给人们带来诸多益处,热衷于这项运动的人越来越多了。饭店游泳池应根据饭店的条件和经营需要而设计建造,可分为室内、室外、室内外综合等多种类型。

（一）游泳池的类型

1. 室内游泳池

这种游泳池在高级饭店宾馆比较普遍,但每个饭店泳池的规模可能有所区别。一般在繁华地区的饭店由于地价昂贵,为了节省占地面积,都建得比较小;在远离繁华城市的度假村,建得大一些。室内游泳池不受季节和天气的影响,任何时间都可以开放,并且其水温、室温都比较容易控制,因而使用率很高。

2. 室外游泳池

室外游泳池的建造大都与周围的环境协调一致。室外游泳池没有室内游泳池那种憋闷感,视野比较开阔,空气比较清新,符合回归大自然的时尚,对锻炼身体的益处更大,因而受到很多人的欢迎。但受季节、天气变化的影响较大,在中国南方可以春、夏、秋三季使用,而在北方一般只能在夏季使用。又因在室外,水质保洁和温度控制也比室内游泳池难度大,所以局限性较大。现在有一些人喜欢冬泳,室外池可以开展冬泳活动。但北方地区冬季池水结冰时可能会损坏池壁,因此使用当中要注意加强保养。近年来国外又兴起了一种温水室外冬泳泳池,这种方法可以借鉴,但要注意因地制宜,不可盲目照搬。

3. 室内外综合型游泳池

这是一种较高级的新型游泳池,它具有室内池和室外池的所有优点。这种游泳池既不受季节和天气的影响,又可以享受大自然的阳光和空气,因为它的天棚是活动的,可以根据天气的变化和顾客的要求,通过控制系统开启和关闭。它的缺点是天棚的结构复杂,工程造价较高,保养和维修费用也较普通游泳池要高。上海花园饭店的游泳池就属于这种类型。

4. 戏水乐园

这是近年来迅速发展起来的康乐场所,它具有游泳池的属性,但比普通游泳池更富有娱乐性,因而受到广大消费者的青睐。如天津东湖温泉水上欢乐谷、苏州乐园等都建有这种戏水乐园。国外在这方面的发展更快,在荷兰、美国、日本等国家都建有大规模的戏水乐园。在戏水乐园里可以游泳、冲浪、漂流、坐水滑梯、嬉戏海浪等,还有许多与水有关的其他康乐项目。由于戏水乐园规模大,管理难度也大,因此在管理上多与饭店分开,不再是饭店的附属部门,而是独立的经营场所。有的地方则以戏水的游乐项目为主,饭店反而成了康乐场所的附属部门。

(二) 游泳的功能和作用

1. 游泳可以增强心肺功能,使身体强健。
2. 提高体温的调节功能,增强免疫力。
3. 塑造健美的体型。游泳是一种全身的协调运动,可以使身体各部位肌肉得到锻炼,对于塑造形体美很有利。
4. 滋润皮肤并增加皮肤弹性。经常游泳的人由于身体在水中受水流的按摩作用和浸润作用,会使皮肤光润而且富有弹性。

5. 有利于培养勇敢顽强的精神。

(三) 游泳保健知识和游泳常见病的处理

1. 游泳保健知识

无论是顾客还是服务员,在下水游泳前都应该做一些准备活动,如跑步、做操、用冷水淋浴,以增强身体的适应能力。在游泳运动后还应做整理活动和局部按摩,这对于缓解肌肉酸痛很有好处。另外,在游泳中变换姿势运动,也是一种较好地解除疲劳的方法,并对促进新陈代谢、改善血液循环有明显作用。

2. 游泳常见病的处理

(1) 抽筋的处理

抽筋在医学上叫肌肉痉挛。发生抽筋现象时,应立即停止游泳。可以设法自救:如小腿或脚趾抽筋,可用抽筋肢体对侧的手握住抽筋的脚趾,用力向身体方向拉,可使抽筋现象缓解。当自己无法解脱时,应及时呼救。上岸后还应配合局部按摩。

(2) 肌肉酸痛的处理

一般肌肉酸痛过一两天便会自行消失,严重的可局部热敷或温水淋浴。局部按摩和掐按穴位,如掐按跟腱两侧的"昆仑"和"太溪"穴,能较快减轻小腿肌肉酸痛症状。

(3) 擦伤或碰伤的处理

用酒精清洗消毒后擦上碘酒或者贴上创可贴胶布。严重者应经初步消毒处理和包扎后立即送医院医治。

(4) 晕厥的处理

将患者马上扶上岸,擦干身体,穿上衣服,注意保暖。严重者可将病人放平仰卧,头部放低,足部适当抬高,然后请医生急救。

(5) 对溺水者的救护

对于溺水者的救护是游泳池管理者必须能熟练处理的工作。由于篇幅的局限,本书不详细说明具体的救护方法,只对救护程序加以介绍。

救护程序:

① 迅速做好救护前的准备工作,如发出呼救信号。

② 救护员跃入水中接近溺水者,如救护员被溺水者抓住或抱住,则应立即设法解脱。

③ 将溺水者拖带到岸边。

④ 将溺水者拉上岸。

⑤ 及时倒清溺水者腹内积水并注意保暖。

⑥ 现场进行口对口的人工呼吸,并同时对心跳停止者进行体外心脏按压。

⑦尽快将溺水者送入医院,严重者在送往医院的途中不要停止抢救。
⑧溺水者苏醒后,应穿好衣服,就地休息。
⑨溺水者精神恢复后可喝些热饮料。
⑩必要时可送医院作进一步检查和治疗。

二、保龄球馆服务制度

(一)保龄球馆服务程序

1. 上班前:服务员签到,换工作服和保龄鞋。
2. 开班前会:检查着装和仪容,领班分派任务,提出具体要求。
3. 营业开始:服务员站立在自己的岗位上迎候顾客,并向顾客问好。
4. 顾客交款:服务员引导顾客到收银台买单开道,收银人员根据顾客的要求收款、开单、打开球道,并告知顾客到第几球道打球。
5. 提供球鞋:服务台的服务员主动帮助顾客选择合适的公用鞋,并向顾客赠送一次性球袜。
6. 换鞋服务:球道服务员主动询问并引导顾客到相应的球道,请顾客坐下换鞋。
7. 选球服务:当顾客换好鞋后,服务员主动协助顾客选择合适的保龄球,即球的重量和指孔这两个条件都要符合要求。询问顾客是否需要提供饮料服务。
8. 打球服务:在打球过程中,服务员应注意顾客的情况,对不会打球的初学者可适当讲解动作要领及瞄准方式,对不会记分的要讲解记分规则。同时还应提醒顾客注意看好所携带的衣物。
9. 设备服务:注意设备运行情况,发现问题及时处理或尽快通知维修员来修。对违规打球的顾客要注意劝阻,如提前掷球打了扫瓶板、抛球太高造成球道损伤等现象都应劝阻。
10. 续局服务:顾客打满所购球局后还要继续打球时,服务员应主动上前询问并代为到收银台办理续局手续。办完续局手续后应将单据及找回的钱款交给顾客,并讲清所用钱数及剩余钱数。
11. 顾客打完球后,服务员应提示顾客,将换下的球鞋还回服务台(有的球馆规定由服务员还回),顾客临走时应提示带好所携带物品,并与其道别。
12. 顾客离开球道后,服务员应立刻清理休息区和发球区。检查是否有顾客遗落的物品,将顾客未还的球鞋送回服务台,将多余的球放回球架,做好接待新顾客的准备。

(二)保龄球馆设备维修保养程序

这里所列的程序是针对BRUNSWICK GS-10型号的保龄球机而言的,其他型号的设备应该有所不同。

1. 日常保养程序

(1) 查阅运行交接班记录。

(2) 开机运行,检查各系统是否运转正常。

(3) 检查各道球瓶数。

(4) 电脑记分系统恢复初始状态。

(5) 机器设备清洁保养。

(6) 球道的除尘、除油。

(7) 球道重新涂油。

(8) 每周各球道打磨清洁一次。

2. 月度维修、保养程序

要求维修人员划分责任区,每位技师按规定时间和内容进行维修及保养。

(1) 机器传动部分:检查电机、齿轮、皮带轴、链条、链辊等,保证机器运转正常,并按规定上油。

(2) 机器的框架:检查置瓶盘、升瓶器架等有无松动,并及时解决所发生的问题。

(3) 电器部分:检查电源箱、电脑箱、控制箱、线槽、电线、开关、电磁铁等是否有效,并进行清洁保养。

(4) 置瓶区:检查置瓶器、球瓶、侧挡板、橡胶皮、挡球板是否保持良好状态。

(5) 回球机:清洁、保养,使其运转正常,无异常声响。

(6) 机器表面除尘,清理机器下面杂物。

3. 季度维修、保养程序

(1) 检查、调整、更换各类皮带。

(2) 紧固、调整、加固、焊接变形及开焊的机架。

(3) 更换落瓶袋、回瓶槽、垫布。

(4) 加固宽皮带垫木。

(5) 更换已磨损的持瓶器。

(6) 维修置瓶系统故障(发生划伤球或者卡住扫瓶板的故障,多是由置瓶系统的故障所引起)。

(7) 检查、维修、更换挡瓶橡胶。

(8) 更换磨损的扫瓶轮并调整、维修扫瓶系统。

(9) 维修液压减振器并补充液压油。

(10) 调整各传动链条张力,更换磨损件,加注润滑油。

(11) 检查轴承部分的磨损情况,更换磨损的轴承、轴辊等。

（12）检查回球加速器，更换电机轴套。

（13）维修调整分瓶器。

（14）检查、维修并清扫回球沟。

（15）检查、维修升球机，修理、更换导轨皮条及升球轮。

（16）检查电器线路开关是否正常有效，并除尘。

（17）检查扫瓶电眼、犯规线电眼是否齐全、有效，并排除故障。

（18）检查、测量球道的水平度，并作适当调整。

（19）检查、清洁电脑显示屏。

（20）紧固所有螺栓。

（三）保龄球馆服务质量标准

1. 服务员应该熟悉保龄球的运动规则和记分方法，具有一定的保龄球运动水平，能够清楚地向顾客讲解保龄球运动基本知识和技法，熟练掌握保龄球馆的服务程序和规范。

2. 服务员应穿着工作服上岗，服装整洁，仪表端庄。

3. 服务时态度和蔼，面带微笑，有主动精神。能根据顾客预订和球馆营业情况安排球道。

4. 顾客打球期间，提供巡视服务：服务时，热情周到；操作设备时，准确、规范，保证自动回球、记分显示、球路显示等设备正常工作。

5. 对顾客中出现的违反球馆规定的行为应该善意劝阻，对顾客之间发生的纠纷能够有效地排解，维护球馆的正常营业秩序。

6. 保证设备运转正常。维修人员着工作服上岗，随时注意设备运行情况。发生一般性故障时，能够在 5 分钟内排除。设备出现严重故障时，应与顾客协商调换球道。每天营业前后，做好各种设备的检查、维修，保证营业正常进行。

7. 保龄球馆的专职教练员或陪练员在服务时，关于运动知识、运动规则、记分方法等应给顾客讲解清楚，示范要动作标准、规范，应能掌握顾客的心理活动和陪练分寸，激发顾客兴趣。

8. 球馆的柜台服务员、球道服务员、维修服务员、陪练员和配套酒吧服务员等，应具备整体服务意识，密切联系，协调配合，共同为顾客服务，顾客满意程度应高于95%。

知识链接 5－2

保龄球运动知识

保龄球起源于7000多年前的古埃及，当时是一种用大理石球来打倒石柱的游戏。公元 11 世纪，英国还曾经盛行在草坪上投掷的草坪保龄球。在我国，通常把这种草坪保龄球叫做地掷球。但在英联邦国家，这种地掷球与我们通常所说的保龄球是同一个单词(Bowling)。现代的保龄球是由 14 世纪德国的 9 个球瓶的保龄球发展而来；当保龄球传到美国以后，从 9 瓶制演变成 10 瓶制，即现在通用的制式。

保龄球运动是一项集健身、休闲、娱乐于一体的趣味性很强的运动项目。该项运动适合不同年龄、性别和层次人士锻炼。保龄球运动于 20 世纪初期传入我国，1985 年 5 月，中国保龄球协会成立，当时由于消费水平较高，加之深藏于高档饭店之中，普通老百姓难以问津，那时全国的保龄球道数量还不到 500 条。但是，保龄球市场发展非常快，到 1995 年，仅北京、上海和深圳三个城市就有 5000 多条球道，据《中国商报》统计，到 2005 年，全国的保龄球道已达到 22 000 条。这说明保龄球运动已被越来越多的人所接受。目前，国内有条件的饭店宾馆都已建有保龄球馆。

保龄球运动的魅力在于：第一，趣味性强，能使参与者提高兴致；第二，运动量适中，参与者不受体质限制，运动能增强人的体质；第三，具有宣泄功能，能使现代社会中紧张生活给人们带来的压力得到缓解；第四，不受年龄限制，从 8 岁到 80 岁年龄段的几乎所有人都可以参加这项运动；第五，因为是室内运动，不受天气变化的限制。

保龄球道的材料按硬度分为软质球道和硬质球道两种，软质球道用枫木等木材制成，硬质球道用合成胶木制成。保龄球的直径为 8.6 英寸，其重量从 6 磅到 16 磅，共有 11 种规格。球的硬度分为软性和硬性两种。球上开有 3 个持球用的指孔。打球时，在球道终端放置 10 个瓶状木柱，摆成三角形。参加运动的人在投掷线前将球滚掷出去以撞击瓶柱。每人投掷两次为一轮(最后一轮如果两次全中则可掷第三次)，每十轮为一局。以用最少的掷球次数击倒最多瓶柱者为优胜者。

(一)保龄球的运动方法

1. 选择合适的球

一般情况下，在球馆选择合适的公用球时，要从重量和指孔两方面来挑选。一般人可选择相当于自己体重 1/10 的球，例如一个体重 140 磅的人，可选用 14 磅左右的球。而初学打保龄的人可以选择再轻一些的球。选好球之后，将右手拇指、中指、无名指放入相应的指孔中，还要注意各手指与指孔间应略有间隙：如手指能自由转动又有余量，则说明指孔过大；相反，如有阻滞感即表明指孔过小。指孔过大或过小都对打球不利。

2. 持球法

(1)用右手(对右撇子而言)拇指、中指、无名指插入指孔将球抓起之后，小指和食指应紧贴球面以保持平衡和控制方向；

(2)左手辅助右手将球托在腰与右肩之间,球的纵向中心线与右手臂形成一条直线;

(3)调整站位,瞄准球道上的箭头标志,使目标瓶、箭头、球心三点成一线;

(4)两肩与目标瓶保持同等距离,两肘紧靠肋部;

(5)腰部挺直,略向前倾,屈膝,小腿与前方地面成75°角;

(6)手腕挺直,并且手背与手臂成一直线;

(7)调整情绪,集中精神。

3.四步助走投掷动作

(1)前推动作(第一步)

站好位,摆好姿势,先出右脚,步幅要小,两手顺势把球向前轻轻推移。

(2)下摆动作(第二步)

被向前推出的球,借助本身的重量自然向下坠落,这时跨第二步(左脚),步幅稍大,同时右手将球顺势摆动到身体右侧,当左脚跨出时,球的位置要恰好在摆动曲线的最低点。

(3)后摆动作(第三步)

在球由下向后摆动的同时,右脚做稍大幅度的跨出,身体重心同时向前移动以保持平衡,并且在前倾时保持肩部的平稳移动。

(4)前摆动作(第四步)

当球从后摆顶点开始向前摆动的瞬间,顺势迈出左脚。这时的左脚采用滑步,左膝弯曲,腰部重心向前移。当球运动到最低点时,全身的重量完全压在左腿上;右脚则向左后方摆动以保持身体平衡。此时因摆动与助步的惯性会使左脚自然向前滑动20~40厘米。向前滑动时要注意控制,使左脚在距犯规线5厘米处停止。

(5)出球动作

在利用球的重量自然向前滑行过程中将球顺势滚动掷出。此时两肩连线应始终与犯规线保持平行,眼睛直视目标。持球的手肘不可弯曲,手腕部分不可用劲或转动,左臂应在相应的体侧展开以维持动作平衡。

(6)扬手动作

在球出手之后,右手臂随着球的脱手向前垂直上方摆动,上身也充分伸展向前倾,直到掷出的球滚过球道上的箭头标志为止。

4.球路

(1)直线球

这是指球路为直线而无侧旋的球。这种球路易于掌握,只要摆动正确就可以掷出好球,而且不费力气,最适合初学者掌握。初学者应先掌握好这种球路,以后再逐步提高。由于其入射角小而撞击瓶的效果不好。这种球以第二箭头为瞄准点掷球。要瞄得很准才能打出好球，否则就会有剩余瓶。掷球前，拇指应处在相当于时钟的 12 点钟位置，中指与无名指在后，掌心正对瓶区，而后开始摆动。掷球时，也应保持上述手形，依次先是拇指脱出指孔，接着中指、无名指脱出，这个过程只是在一瞬间完成。掷出球之后的手，掌心向上，顺势做出扬手动作。扬手动作对直线球球路的控制很重要，要予以注意，不可忽视。

(2) 弧线球(钩球)

这种球开始时直线滑行，到瓶区附近时球向左弧线运动(对右手持球而言)。由于弧线球是在向前滚动的力上，再加上横方向的作用力，因而能产生较大的破坏力，容易击倒较多的瓶柱。弧线球比起直线球来撞击的效果好，所以打全中的概率相当大，当入射角为 6°时，100% 全中。在完全掌握直线球控制技巧之后，就可以学习打弧线球了。打这种球在持球时，拇指与中指的连线应与犯规线呈平行状态，即保持拇指在内侧而手背在外侧的自然状态而摆动，而后顺势以递物或握手的手势将球掷出。在球脱手的瞬间，中指与无名指的指尖不要特别用力，只要在有微微扬起的感觉时抽出手指，球路就自然会呈弧线状。扬手动作仍按照掷球时的手形继续上扬即可。为了使掷出的球具有更大的杀伤力，可以把持球的手法改成掷直线球的手法：初始动作类似投直线球，只是在经过踝关节的瞬间，将处于球右下部的中指和无名指轻轻扬起，并把手向上拉，接着顺势扬手。扬手时，手臂仍直线上扬，直到脸的右前方。

(二) 保龄球的记分方法

1. 保龄球运动是以球击倒瓶柱的数目记分，以得分来决定胜负。比赛一次称一局。正式的比赛是以 6 局的总分决定名次。

2. 每局球可以掷球 10 轮，前 9 轮每轮视情况不同可掷球一次或两次。第 10 轮在特定的情况下可以掷三次球。

3. 每击倒一个瓶柱得 1 分，在前 9 轮中，当第一次全部击倒 10 个瓶柱时，称为"全中"，在记分表的左边小格用符号"×"记录，该轮就只允许这一次掷球了。该轮的得分为 10 分再加上后面两轮击倒瓶数的分数。如果第一次掷球并未击倒全部瓶柱，则准许第二次掷球；如果第二次击倒了所有的剩余瓶柱，则称为"补中"，应该在记分表上右边小格内用符号"／"记录。该轮所得分数为 10 分再加上后面一轮击倒瓶柱的分数。一般情况下，每轮至多可掷两次球。

4. 若某轮的第一球落入边沟，即为误球，用字母"G"和符号"／"表示，此次掷球得分为 0 分。凡是第二球失误，在右边小格内用符号"—"记录，此次掷球得分也为 0 分。

5. 若掷球时犯规，则用字母"F"表示，该球的得分同样为 0 分。记分表的记录如表 5-1 所示。

6. 第 10 轮的掷球和记分规则比较特殊:如果第一次掷球未能"全中",则可以第二次掷球,这种情况下,此轮只准许两次掷球,这一局也告结束。如果第一次掷球"全中",还可掷第二次,第二次若未能"全中",则此轮掷球结束,此局亦结束。如果第一次、第二次掷球都是"全中",则还可掷第三次,则此轮最多可掷球三次,得分为三次掷球分数之和。

7. 如果自第 1 轮至第 10 轮全部是"全中",也就是打出 12 个"全中",那么每一轮的得分都是 30 分,则其总分便是 300 分。但是正像高尔夫运动中的一杆入洞一样,要想得到 300 分是非常难的。

表 5-1 保龄球记分表

轮序	一	二	三	四	五	六	七	八	九	十
	8 —	7 1	9 /	X	X	5 —	8 /	7 2	9 /	X X X
直接得分	8	8	10	10	10	5	10	9	10	10
加分			10	15	15	—	9	—	10	20
该轮得分	8	8	20	25	25	5	19	9	20	30
积分	8	16	36	61	86	91	110	119	139	169

三、台球厅服务制度

(一)台球厅服务程序

1. 上班前:服务员签到,换好工作服。

2. 开班前会:检查着装、仪容,领班分配具体任务,提出要求。

3. 打扫卫生:吸扫地面,擦台帮,刷台呢,擦服务台,清理并刷洗烟灰缸,清理垃圾桶,将球台苫布叠整齐。

4. 开业准备:核对球台计数表记录,各岗服务员到位,准备迎接顾客。

5. 营业开始:门岗服务员向顾客致以问候,迎入厅内。

6. 开单收款:服务台岗服务员为顾客登记,开记录单,收押金。

7. 引导服务:厅面服务员将顾客引导到自己负责的区域内的球台旁,负责将球摆好,并询问顾客是否还有其他服务要求。

8. 结账服务:顾客结束打球后,责任区的服务员应清点检查顾客所用的台球设备是否完好,如有问题,应及时通知服务台;如无问题,则应将球和球杆摆好,并保持球台周围清洁卫生。

9. 消费结束:顾客结账后,服务台服务员应向顾客致谢。顾客离去时,门岗服务员应表示感谢光临,欢迎再来。

(二) 台球厅服务质量标准

1. 服务人员应熟悉台球厅工作内容和服务程序,掌握台球比赛的规则和记分方法,有一定的示范指导能力。

2. 服务员能准确使用礼貌用语,认识常来的顾客,对他们能称呼冠以姓氏的尊称或职衔,对新顾客能主动介绍本球厅的特色和服务内容。

3. 门岗迎宾服务员应面带微笑,站在门口迎接顾客,主动问候后,引导顾客进入球厅。

4. 服务台的服务员为顾客登记、填写单据、打开计时器等要准确快捷,应在2分钟内完成。

5. 厅面服务员应根据服务台的安排引导顾客到指定的球台,协助顾客挑选球杆,为顾客码球。当顾客开始打球后,服务员应站在不影响打球的位置上,随时注意顾客的其他需求。

6. 当顾客打球结束后,服务员应将球杆摆在杆架上,将球码放整齐,将台面清理干净,这些工作应在2分钟内完成。

7. 顾客要求示范或陪打时,陪打员或服务员应认真服务,动作应符合规范,并能根据顾客的心理要求掌握输赢尺度。

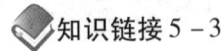知识链接 5-3

台球运动知识

台球,也称桌球或弹子球。台球是一项具有绅士风度的高雅运动项目。这项运动最早起源于14世纪的英国。在维多利亚女王时代,台球运动已经受到人们的青睐,英国的贵族家庭很多都建有台球厅。大约在公元16世纪,台球传入了法国,据说路易十四国王就曾接受御医的建议,每天晚餐后打一次台球,以此来增进健康。随着台球运动被越来越多的人所接受,逐渐流传到世界各地,并且逐渐走入民间,这使台球运动的生命力更加旺盛。台球传入我国始于1940年前后,现在台球运动已经进入普及阶段,很多宾馆饭店都设有台球厅。按球台结构和运动方法,可以将台球分成两类,即有袋式和无袋式。无袋式台球叫开伦台球,也叫撞击式台球。这种台球目前不太多。有袋式台球又分为英式斯诺克、比列、美式落袋三种。

目前在我国主要流行英式斯诺克和美式落袋。

(一)斯诺克台球的比赛方法

每盘比赛前,由裁判员组织双方运动员以掷币或抽签决定开球权,然后将红色球15个,黄色球、绿色球、棕色球、蓝色球、粉色球、黑色球(称为"彩球",均为高分球)各一个按规定的位置摆好(见图5-5)。另有一个白色球是主球,开球运动员将主球摆在开球区内有利的位置上,开球时,必须先瞄击红色球;而且球员每次上场都必须先以主球撞击红球,任何一方只有先击进一个红球,才有权选击其他颜色球,第三击也必须再击进一个红球,第四击才能再选击其他颜色球,依此类推。如果得手,则可以一个红球、一个高分球地连续打到底。每次击进袋内的高分球均需取出放回开球时的球位上;凡是击进袋内或击出界外的红球一律不许取出。最后一个红球被击入袋后,被选择击进的高分球也应取出放回原位。红球全部落袋后,再按顺序击落的高分球就不再取出放回原位了。这时不管是两人轮流打或一人打到底,每次击球必须先击进球台上分值最小的彩球(在此之前击高分球时不受分值限制)。其分值顺序是:红色球1分;黄色球2分;绿色球3分;棕色球4分;蓝色球5分;粉色球6分;黑色球7分。如果球员没有按顺序击球,就算犯规,会被罚分。罚分有以下几种情况:

1. 击不着球,罚4分。

2. 主球失误落袋,罚4分。

3. 送红球时先击着其他彩球,罚4分;如果所击着的球的分值超过4分时,则按所击彩球分值罚分。

4. 送红球时误将其他彩球送入袋中,则按被送入球的分值罚分,如果该球分值小于4分,则罚4分。

5. 送指定彩球时,误将红球送入袋中,则按彩球分值罚分,低于4分者按4分罚。

6. 送指定目标球时,先击着红球或其他彩球,则按该球分值罚分,若分值低于4分,则罚4分。

7. 送指定彩球入袋,同时撞入其他彩球,除送入球得分无效外,还将按其他入洞球最高分值罚分。

8. 击球时如发生连击或推球,如果目标球低于4分则罚4分,如果目标球高于4分则按其分值罚分。

9. 如果目标球不是红球时,主球不准同时撞两个不同颜色的球,否则将按两球中最高分值罚分。

10. 击球时不得双脚离地,衣服、架杆和其他物体不得触及球,否则将按犯规处罚,按目标球分值罚分,低于4分时则罚4分。斯诺克台球的比赛规则比较严格,对犯规的处罚也较重。一盘比赛,一方运动员很可能因为犯规、违例次数过多而失败。因此,球员平时练习时,应熟记有关的规定,并养成严格遵守比赛规则的良好习惯,尽量避免或减少犯规。

(二)美式落袋台球的打法

该打法较灵活,有8号球打法、9号球打法、6号球打法、7号球打法、10号球打法、顺号球打法、14.1连续式台球打法、碰岸台球打法、一袋球打法、基本落袋球打法、牛仔台球打法、克里比台球打法、淘汰式台球打法、心球打法、41分球打法、高尔夫台球打法、顺号球和落袋球混合打法、1～9号台球打法、1号球打法、凯利台球打法、美式斯诺克打法等。美式台球打法中最有代表性的是顺序打法。其记分方法的是使用15个目标球,球上从1至15的编号即为该球的分值,一方先达到60分以上者,即为胜方。

国内较常见的是8号球打法。其方法是:使用一只攻击球和15个目标球,目标球的号码从1到15。一球员必须击进1到7号的净色球,另一球员须击进9至15号彩色球;进完自己的一组球,再打落8号球,即为胜方。另一流行打法是9号球打法。其方法是台上只用9个球排列成菱形,球员从低分球到高分球顺序击入袋中为有效,将9号球击入袋者为胜。在比赛中,如果打1号球再碰9号球进了指定袋,也判为胜局。

(三)无袋台球的打法

无袋台球也称为开伦(Carom)台球。这种台球主要有三种打法。

1. 法式四球开伦

台面上共有四个球,两个红色,两个白色。白色球为主球,其中一个带有红点,以区分双方的主球,即比赛双方各有自己的主球(参见图5-6)。胜负的区分以有效击球所得的分数确定,先得到预先约定的分数者为胜方。

比赛开始时将四个球分别放在球台的四个规定的置球点上。开球者击自己的主球后主球再撞击其他两个球或三个球时,即可得分。主球撞击一红一白为2分,撞击两红球为3分,撞击两红一白为5分。

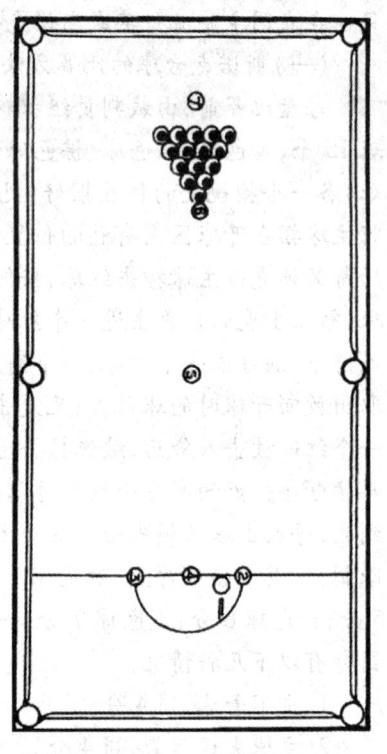

图5-5 斯诺克台球的开球规定模式示意图

2. 杆杆库开伦台球

这种打法是在上述法式开伦台球的基础上再附加一个限制条件,即要求主球在撞击一个目标球之前或之后必须"走库(撞击台帮)"一次或一次以上。否则无效。在实际运动中,有时主球在击中一个球后要走三四次库才击中另一个目标球。这种打法需要具备一定的数学知识和物理知识,掌握球的弹性原理和撞击反弹角度的计算方法,是一种比较难以掌握的运动技能。

3. 开伦三球台球

三球开伦使用三个球:白球、黄球和红球,其中白球和黄球分别作为双方的主球。如一方的黄球为主球,则对方的主球(白球)和红球为目标球,反之亦然。打球时,主球击中一红一白(或黄)两个球得 1 分,并可再击球。否则即为击球失误,转为另一方击球。以先达到预先约定的分数者为胜。

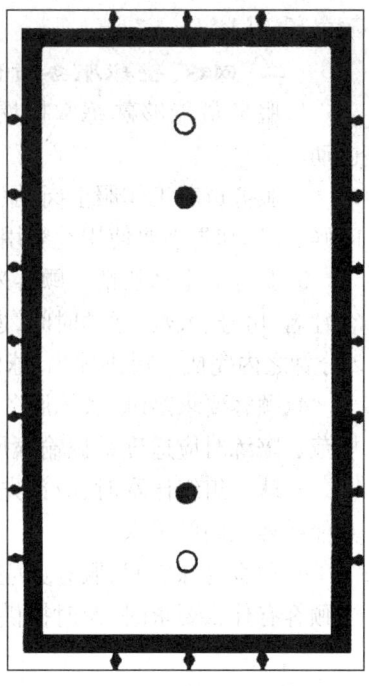

图 5-6　开伦台球的开球规定模式示意图

四、网球馆、壁球馆的服务制度

(一) 网球、壁球服务程序

1. 工作开始:服务员签到,换好工作服,查看交接班记录本,落实上一班交办的工作。

2. 打扫服务台卫生:清理垃圾桶,地面吸尘,擦拭柜台,将客用球拍等器械摆放整齐。

3. 检查球场设施:打开球场门,检查球网、地面、墙壁等处是否完好,如发现问题应设法修理或报工程部门。

4. 接待服务:当顾客来到球场时,服务员应主动上前迎接,然后为顾客填写运动登记表,并为顾客提供租用的球拍和球,再引导顾客进入球场。

5. 打球间歇服务:顾客打球间歇时,服务员应适时提供面巾、饮料。如果顾客需要陪打时,应及时报告领班,安排陪打员。

6. 打球结束服务:当顾客打球结束时,应及时检查客用设备是否完好。在为顾客办好结账手续后主动向顾客道别。

7. 营业结束时,填好营业记录表,然后清理球场,将球和球拍摆放整齐,关断电源之后锁门。

（二）网球、壁球服务质量标准

1. 服务员能够熟练掌握网球场、壁球场的工作内容和服务程序，熟悉网球运动。

2. 服务员着工作服上岗，服装整洁，标志醒目，服务语言应用准确、规范，迎接、问候、操作和告别要使用礼貌用语。

3. 服务应主动热情。顾客来到球场时，服务员应主动迎接、问候，准确记录顾客姓名、房号、人数、运动时间，递送更衣柜钥匙、毛巾等用品要及时，接待服务要在2分钟之内完成。提供球拍、球以及修理球拍等服务要热情周到。

4. 顾客要求陪练、教练服务时，教练员应热情、积极地服务。示范动作应符合规范。陪练时应适度掌握输赢尺度。

5. 球场组织比赛时，应预先制订接待方案，预先清理场地，协调好比赛活动与其他散客之间的关系。

6. 顾客打球期间，服务员应在球场边巡视服务，随时注意顾客的需求和反应。当顾客有什么要求时，及时提供服务。

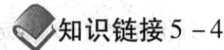知识链接5-4

网球运动知识

网球是一项很好的运动项目，其运动量较大，可以提高心肺功能，增强体力。网球运动有助于运动的连贯和流畅，可以增强人的动作协调性。

网球又是一项高雅的运动项目，在经济发达国家里兴起很早，也很普及。我国网球运动始于19世纪30年代，但一直不够普及。改革开放以来，网球运动普及很快，目前四星级以上的饭店宾馆一般都设有网球场。网球场地按环境结构划分为室内和室外两种，按场地材质可分为草地、沙地、涂塑合成硬地等数种。

除了传统的网球运动外，近年来又出现了"软式网球"和"短式网球"。这两种网球都与传统网球既有共同之处，又有各自特点。软式网球传入我国已有十几年的时间，它的球与传统网球大小差不多，也是一种充气的橡皮球，但未包绒毛外皮，球拍比传统网球拍短小（传统网球拍长度为81.28厘米，软式网球拍的长度为68厘米）。软式网球的场地与传统网球场地没有区别。短式网球是为培养少年儿童而开发的一种网球，它的球是种不充气的海绵球，球拍更为短小，场地面积只有正规网球场地的1/3。

（一）网球运动规则

网球比赛分男女团体、男女单打、男女双打及混合双打七种。以4分为一局，如果双方各得3分时,则为"平分"。平分后,一方若先得1分,该运动员则为"占先"。占先后再得1分,才算胜一局。

网球比赛是双方轮换发球局发球。在发球或接发球成功,把球打到对方场区之内后,允许落地一次或不落地回击,因此网球的基本打法是:发球、底线正反拍击球和网前正反拍截击球三种。

发球是比赛的开始。发球方把球发到对方发球区内,如果对方接不住,或还击失误,则为发球方得1分。网球的发球和排球、乒乓球、羽毛球一样,既可以直接得分,又可以为进攻创造条件。发球时应该使发出的球具有强大的攻击性。发球的攻击性,首先取决于力量、速度和落点,同时,结合运用平击、切削、旋转等技术给接球方造成困难。发球是打网球重要的基本技术。

另一种重要基本技术是底线正、反拍击球。这是在底线附近回击或进攻对方的技术手段。学会底线正、反拍击球之后,就可以用它来接发球、进攻或防守,并可为上网截击创造有利条件。底线正、反拍击球有抽球、平击、切削、旋转等打法。

还有一种重要的基本技术,即网前正、反拍截击球。这是当球还在空中飞行而没有落地时即迎上去截击的技术。运动员为了迅速发动进攻,往往采用网前截击对方击来的球的打法,叫网前击球或"上网"。这种打法在技术上要比底线击球难度大,因为球在飞行中速度快,要在球高速运动中准确截击,就需要准确的判断和灵敏的反应,以掌握精确的击球时间和击球角度。

除上述基本技术之外,另有一些技术手段,如挑高球,这是把球高高地挑到空中的一种技术。由于球的高度大大高于对方运动员能击到球的高度,以迫使其后退击球。另外,当自己处于被动位置时,利用挑高球可延长球在空中的飞行时间,及时回到击打的有利位置,以便争取主动。高压球这是回击对方挑高球并加以扣杀的技术,也是保证上网得分的必要技术。因为运动员上网后,迎击上方来的球,就要用高压球技术扣杀。此外,在底线附近,有些球落地之后弹跳很高,如超过头部也可以运用高压扣球技术。打高压球一般都用正拍击球。反弹球这是当球落地后刚刚跳起,还没有跳到最高点时,就上去推挡的一种技术,它具有较强的技巧性。应用反弹球打法一般是在上网途中,还没到达网前,当对方击来的球已到了脚边,运动员已经既来不及后退拉拍做抽球动作,又来不及上前做截击动作,只得以反弹球打法把球推挡回去,再紧接着上网截击。一般说来,打反弹球多数是在被动情况下采取的,因此"杀伤力"不大。不过,如果应用得当,也可以打出一个很刁的落点,使对方被动,为进攻创造条件。放短球这是一种突然袭击技术。当对方在底线附近跑动时,出其不意地放一个短球,迫使对方由于没有准备或跑位稍一迟缓而失分。所以,打短球是以突然袭击来取胜。

(二)网球保健知识

网球运动是一项需要耐力和爆发力的运动,因此,在每次锻炼前要做好准备活动,否则不但达不到锻炼的目的,还可能带来负面影响。网球运动常见的伤害是扭伤或肌肉拉伤。还有一种常见的疾病叫"网球肘",它的医学名词叫"前臂伸肌腱炎"。产生"网球肘"的原因是手臂运动量过大,运动方法不当,造成前臂伸肌腱劳损,产生无菌性炎症,在打网球时要特别注意防备。

知识链接 5-5

壁球运动知识

壁球于 1890 年前后始于欧洲,后来传入美国、加拿大及澳洲。近些年来,壁球风行于亚洲的一些国家和地区,特别是经济发达和较发达的国家,例如新加坡、日本、韩国和马来西亚等国。另外,中国香港地区也曾多次举办过壁球大赛。改革开放以后,壁球传入我国内地,首先在高档饭店内出现,近些年来已有较快的发展。

壁球的场地面积较小。壁球的球拍也比较小,球拍的总长度为 68.6 厘米,总宽度为 21.5 厘米,球弦绷紧后单根最大长度为 39 厘米,最大上弦面积为 500 平方厘米。壁球运动所用的球为直径 4 厘米的充气橡皮球,球的重量为 24 克。球的弹性有四种,分别用蓝、红、白、黄四种颜色的小圆点标明,蓝点球弹性最高,红点适中,白点较低,黄点最低。

顾名思义,壁球是往墙壁上打的球。它不像网球或羽毛球那样隔着球网对抗,而是运动员并排站立面向墙壁交锋。打球时,击球的一方需将球击向正面或侧面的墙壁,待球反弹回来另一方才可击球。壁球可单人练,也可二人对抗。近年来,壁球在我国发展较快,这与壁球运动的特点有关。

(一)壁球运动的特点

1. 趣味性强

壁球的球路变化多,接球的一方需要防备从正面、侧面甚至从后面的墙壁反弹回来的球,这对提高兴致、锻炼身体的反应能力有很大帮助。

2. 节约场地

与网球相比,壁球场的面积还不及网球场的 1/4,这对于"寸土寸金"的大城市来说,颇具吸引力。

3. 适应面宽

不同体质、不同性别的人都可以参加壁球运动。他们可以根据需要选择不同弹性的球,弹性大的球击球力度可小一些,反之击球力度则较大,其运动量也相应较大。

4. 器械便于携带

壁球拍比网球拍和羽毛球拍都小;壁球也比网球小,约与乒乓球大小差不多,因此携带起来较为方便。

5. 不受气候变化的影响

壁球是室内运动,无论气候怎样变化,都不受影响。

(二)壁球运动规则

壁球运动传入我国的时间不长,很多壁球场的管理者和服务员都对这项运动的规则知之甚少,甚至一些体育管理部门也不太清楚。为了有效地提高壁球服务水平,有必要对这方面的知识加以介绍。

1. 比赛方法

壁球比赛主要是单打对抗比赛。比赛的制式可采用"五局三胜"或"三局二胜"制。每局的制式有美式和英式两种,美式是15分制,英式为9分制。

当采用15分制时,先得15分者胜。打到14平时,持球方可在下一次发球前选择加赛分数,即加赛1分则至15分结束,加赛2分则至16分结束,加赛3分则至17分结束。在第一种选择下,先胜出对手1分者胜;在第二种选择下,先胜出对手2分者胜;在第三种选择下,先胜出对手3分者胜。持球方在作出选择后须明示裁判、记分员和对手。当采用9分制时,如果打到了8平,持球方也可选择加赛分数,方法与15分制类似。

2. 记分方法

当一方球员击出一个正常的球后,另一方球员未能接着,则击出正常球的一方为"获胜"。只有发球方获胜才算得分,亦即发球获胜该球后,他便可取得1分。当接球方获胜该球后,他只是得到发球权并转为发球方。

3. 发球规则

壁球场分为左、右区,各区内均标有发球格。发球时,发球者必须置一只脚于发球格内,否则就算犯规。发出的球必须先击中正面前方的墙壁,然后可以弹向侧墙或后墙。第一局的发球权通常采用掷硬币的方法来确定。取得发球权的一方可连续发球直至"打失"(当对方击来球时未能击出正常的球称为"打失")一球为止,此时他的对手便转为发球方,如此轮换直到整场比赛结束。由第二局起,每局开始均由上一局的获胜方发球。发球方有权选择发球格发球,但胜出该球后须转换到另一发球格继续发球,直至失去发球权为止。

4. 成功的回击

这是指击球方在球连续从地上弹起两次之前,直接或间接地利用侧墙的球击到前墙挡板以上、红线界以下的区间墙壁,并且该球没有反弹出界;同时,球在飞向墙面的途中未出现触及双方球员、他们身上的物件和对方球拍的现象。

五、高尔夫球场服务制度

(一)高尔夫球场服务程序

1. 换好工作服,准时到服务台签到上岗。
2. 打扫服务台范围内的卫生。
3. 打扫场地卫生。
4. 整理球具。
5. 做好接待服务。
6. 对技术不熟练的顾客,适时提供技能服务。
7. 做好辅助服务:适时为顾客提供面巾,推介酒水和其他用品。
8. 提供记分服务:根据顾客的需要提供记分服务。
9. 做好打球结束服务:当顾客离开后及时收球,清点租用物品数量并检查是否完好。随时搞好卫生工作。
10. 营业结束工作:营业结束前应清点用品,检查球场和机器设备(模拟高尔夫),然后做一次全面卫生检查和安全检查,确认正常后关断电源并锁门。

(二)高尔夫球场服务规范

1. 服务员着装应该整齐干净。
2. 服务台面擦净,用玻璃水擦拭玻璃架,地毯吸尘。
3. 场地卫生要求:
   (1)模拟高尔夫人造草皮需吸尘,座椅和茶几擦拭干净,烟灰缸清洗干净。
   (2)城市高尔夫地面应扫净,球道吸尘,钢网椅和茶几擦拭干净,烟灰缸清洗干净。
   (3)高尔夫练习场发球区地毯应吸尘,座椅和茶几擦拭干净,烟灰缸清洗干净,发球垫摆放整齐,撑开太阳伞(大风、大雨天不撑太阳伞)。
   (4)乡村高尔夫发球区应该整洁干净。
4. 检查各种客用物品有无损坏,严禁出租有松动、开裂现象的球杆。将球、球杆、手套、球鞋等用品摆放整齐。
5. 接待服务:面带微笑,使用礼貌用语迎接顾客;主动介绍球场规定,根据顾客需要做好登记收款工作,然后引导顾客进入球场。
6. 技能服务:注意观察顾客的运动姿势,对不熟悉本项运动的顾客主动提供技术指导,经常巡查场地和设备,发现问题及时处理。
7. 辅助服务:推介和提供饮料时应在顾客打球的间隙,不得对顾客造成干扰。
8. 记分服务:帮助顾客记分应准确无误。
9. 打球结束:当顾客离开后及时收球,清点租用物品数量并检查是否完好。随时搞好卫生工作。

10. 营业结束:将营业用品整理整齐,检查各项设备,如有问题,应及时通知工程技术人员维修调试。

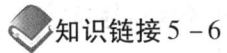知识链接 5-6

高尔夫球运动知识

相传,苏格兰是高尔夫球的发源地,当时,牧羊人经常用棍打击石子以驱赶羊群,比赛击得远且准,这就是早期的高尔夫球运动。

如今,又有人考证认为,高尔夫是中国古代一种名为"捶丸"的球戏演变而来的。它是一种把享受大自然乐趣、体育锻炼和游戏集于一身的运动。

高尔夫球运动对球场的要求很高,它需要一大片绿化极好的丘陵地带,占地面积不小于60公顷。所以,一般繁华地区的饭店宾馆没有条件在附近建设正规的乡村高尔夫球场,往往在郊区选择有利地形建设。高尔夫运动是具有绅士风度的高雅运动。它的运动方式是在球场上由运动者使用不同的球杆,按一定规范要求以击球入洞杆数多少定输赢,杆数少的为赢家。高尔夫球运动是一种不算激烈的贵族运动。高尔夫的英文单词是 Golf, 它由绿色(Green)、氧气(Oxygen)、阳光(Light)和步履(Foot)的第一个字母缩写而成,即指在明媚的阳光下,走在绿色的草地上,呼吸着新鲜的空气,在大自然的怀抱中,充分伸展着自己的肢体,在每一次挥杆击球中找到信心和勇气。

改革开放以后,高尔夫被引进我国,先后在一些大城市的周围建起了高尔夫球场,并且在球场附近建起了配套的饭店。在中国,打高尔夫球是一项奢侈的运动,因为它所需要的费用很高,普通人难以承受。随着经济的发展和这项运动的逐渐普及,热衷于高尔夫运动的人越来越多了。特别是近年出现的与传统的乡村高尔夫有较大区别的模拟高尔夫球场和迷你高尔夫球场,促进了高尔夫运动的普及。

(一)高尔夫球场的类型

1. 乡村高尔夫

按照传统习惯,人们所说的高尔夫运动主要指乡村高尔夫。

乡村高尔夫球场的面积在60~100公顷之间,呈不规则图形,且各个球场的形状也有很大差异。球场内有丘陵,有平整的草地,有沙地,还有水塘。球场内有若干洞穴,洞穴的数量为9洞到54洞不等,一般为18个洞穴。洞穴由埋在地下的圆罐组成,直径为10.8厘米,深度为10.2厘米。罐的上沿低于地面约2.54厘米。洞穴间的距离为91.44米至548.64米不等。此外还有其他设施。

2. 乡村高尔夫球练习场

顾名思义，这种场所是为练习打高尔夫球而开设的，其场地比正规高尔夫球场小得多，一般有 100 米×200 米的面积就可以了，也就是说占地两公顷就够了。由于其面积只有正规球场的几十分之一，可以建在离城市很近的饭店宾馆附近，以免去运动者的路途辛苦，因而受到欢迎。这种练习场主要用于开球训练和"果岭"区的推杆训练。训练时所用的球杆和球都与正规球场用品无异。

3. 模拟高尔夫球场

这是在一间面积不大的房间内，用现代科技手段模拟某个或某几个著名高尔夫球场场景的模拟球场，能从屏幕上反映出球员在该模拟球场打球的方位和击球的距离。具体情况是：在一间不到 50 平方米的房间里，用幻灯机或投影电视投射出某个真正球场的场景，场景的银幕具有对击球力度的感应能力，并能根据感应的力度和方向将球的影像及球的飞行轨迹反映到屏幕上，并通过计算机反映出球的飞行距离，使击球人产生似乎是在现实球场击球的感受。最后，还可以使用推击球杆将球推击进洞穴。模拟高尔夫球场占地很小，且在室内，因此几乎所有饭店宾馆都能够根据要求开设这样的球场，有利于增加康乐项目和节约资金。因此，目前已有一些饭店宾馆开设了模拟高尔夫球场。

4. 城市高尔夫球场

城市高尔夫(City Glof)是欧洲地区的叫法，在其他地区也称其为迷你高尔夫(Mini Glof)或微型高尔夫。不论叫什么名称，都是为了与传统的乡村高尔夫有所区别。城市高尔夫球场是用木材或水泥等材料制作出各种不同障碍的球道及洞穴，从 9 洞到 26 洞的都有。它其实是将不同难度的"果岭"集中于较小的场地，一个 18 洞的城市高尔夫球场约占地 800 平方米。因此它可以建在室外，也可建在室内；可以与饭店宾馆的绿地结合起来设计，也可以修建在楼顶平台上。城市高尔夫的器械与乡村高尔夫是有区别的：它的球是直径为 4 厘米的实心橡皮球，与乡村高尔夫球不同，球的外面不包合成材料的外皮，球的弹性也要小；城市高尔夫球杆一般用金属制造，只有推击杆而没有挥击杆，并且球杆的长度也与乡村高尔夫球的推击杆接近，从 74 厘米到 90 厘米不等，不同身高的人可以使用不同长度的球杆。城市高尔夫运动趣味性很强，运动量较小，是一种老幼咸宜的休闲运动项目。目前在中国有的城市已成立城市高尔夫协会，并且开展过国际间的城市高尔夫比赛。

5. 木杆高尔夫球场

木杆高尔夫是不久前出现在日本的一项休闲球类运动项目。其球杆完全用木料制成(乡村高尔夫的球杆主要用金属制成)，故名木杆高尔夫。其球杆的杆柄较短，与城市高尔夫球杆的长度差不多；它的杆头也是木质的，形状像个汽水瓶，横向装在杆柄上，整个球杆与门球的球杆相似。木杆高尔夫的球为木质实心，直径约 7

厘米。木杆高尔夫球的运动方法也与门球接近,但运动规则与乡村高尔夫的规则差不多,以较少的击球次数进完所有的球洞者为优胜者。1999年初,木杆高尔夫运动由日本体育界正式推荐给中国北京市体育局。木杆高尔夫的普及尚需一些时间。

(二)高尔夫球培训知识

1. 乡村高尔夫球

高尔夫球运动方式是球员在球场以球杆击球入穴。每个球员使用若干根球杆,按照规则把球击入一系列球穴中,以到达终点时击球次数最少者为优胜者。高尔夫球的洞穴数量通常为18个,洞穴之间的距离各不相同,分为近、中、远三种洞穴:近洞穴在229米以内(女子为192米);中洞穴为430米(女子为336米);远洞穴在431米以外(女子在376米以外)。高尔夫球比赛开始时的发球顺序采用抽签方法决定,途中各洞穴的击球顺序是,球离洞穴最远者先击,次远者次击,最近者最后击;球被击落在什么地方,就在什么地方接着击球,不允许任意挪动球的位置。每次击球入穴后可将球取出,并将球移至下一穴的开球处,像比赛开始第一次击球一样,可以使用球座将球垫起来或用沙地的沙子将球垫起来。就这样按顺序击完所有球穴,以杆数最少者为优胜。

2. 模拟高尔夫球

模拟高尔夫球的运动器械、运动方法、运动规则都与乡村高尔夫基本一样,所不同的主要是场地环境。模拟高尔夫击球的所有洞穴都在同一个房间里完成。模拟高尔夫球的运动方法和规则与乡村高尔夫球基本一样,所不同的主要是场地环境。

3. 城市高尔夫

诚如前述,城市高尔夫的场地、球杆、球都与乡村高尔夫有很大区别。城市高尔夫球的规则如下:

(1)最先以最少杆数将球击入洞穴者为胜。

(2)参赛人数每组2人至4人或更多。

(3)在每个球道上每人最多击6杆,每杆为1分,6杆仍未入洞者记7分。

(4)将球置于发球区内任一开球点开球,将球击过开球线为开球成功,可以接着打下一杆。若球未击过界线则视为开球失败,算作一杆;然后将球重放于开球点再次开球。

(5)开球后,在球被击入洞穴之前,球每次停落的位置即为继续击下一杆的位置。此时可能会出现以下两种特殊情况:①如果球停在距离球道边障很近的位置而难以击球,这时可将球移至重放线上,然后再击下一杆。重放线是指球的停落点与球道边障垂直或与球障垂直方向所形成的一条直线。边障是各条球道两侧防止球滚出球道的障板。②如果球停在距离球障很近的位置而难以击球,这时可沿着与球障垂直的方向将球移至重放线上任意一点,然后再击下一杆。球障是设在各条球道上的障碍物,以增加难度,每条球道上的球障各不相同。

(6)球员应按顺序击球,即由一位球员在一条球道上连续击球,直到击入洞穴,即为完成一轮,这时再由下一位球员击球。每一轮击球最多允许击6杆,如果到第6杆仍未将球击入洞穴,则判为本轮失败,记7分。

(7)球员在击球时不得连续击打,也不准用杆推着球运动,否则视为犯规。

六、飞镖馆服务制度

(一)营业前工作程序

1. 服务员提前30分钟到岗。换好工作服,查看交接班记录,完成上一班交办的工作。

2. 做好飞镖馆的卫生清洁工作,擦拭吧台和座椅,地面吸尘。

3. 检查标靶和记分器具是否正常。检查每支公用飞镖的镖头、标身、标尾是否正常,修理或淘汰有问题的飞镖。

4. 营业前5分钟整理仪容,然后躬身站在各自的岗位上,准备迎接顾客到来。

(二)接待服务程序

1. 当顾客来到飞镖馆时,服务员应微笑着致问候语,然后询问顾客是否要投掷飞镖。

2. 当顾客打算玩飞镖时,应询问顾客喜欢哪一块标靶、几个人玩,使用公用镖还是私用镖,根据顾客的需要提供相应的服务。

3. 询问顾客是否需要饮料,需要何种饮料,并按顾客的要求提供服务。

4. 当顾客投掷飞镖时,因站在适当的位置观察并维持秩序,以避免发生安全事故。

5. 当顾客掷中准确分值时,应以适当的音量予以喝彩。

6. 当顾客结束投掷时,应尽快提供结账服务,然后与顾客道别并欢迎再次光临。

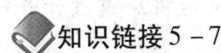
知识链接 5-7

飞镖运动知识

(一)飞镖的历史和现状

飞镖运动历史悠久,它起源于15世纪的英格兰。据说,飞镖运动是由英国的弓箭手在近距离作战时使用的一种10英寸长的投掷武器演变而来的。

现代飞镖运动出现在19世纪末,英国人贝利恩·甘林被认为发明了现在的飞镖记分系统。20世纪70年代,飞镖运动迅速发展,整个欧洲掀起了飞镖热,许多国家相继成立了飞镖协会,不久又建立了拥有70多个会员国的世界飞镖联合会(World Darts Federation)定期举办世界飞镖锦标赛(两年一届)、世界杯赛(两年一届)、世界职业排名赛(每年一届)及世界职业大师赛。

飞镖作为一项文明、高雅、健康和低消费的运动,能集锻炼、休闲、交流、联谊于一身,特别适合现代都市紧张工作、快节奏生活的人们对健康的需求。同时因其趣味性、对抗性、娱乐性很强,且又不受年龄、性别、身体、气候等条件的限制,所以适用性很广。飞镖运动能训练人的注意力、协调性、精巧性和心理素质,可以缓解紧张的精神压力、消除视觉疲劳、解除肌肉酸疼、调节脏器功能。

飞镖是一项优雅、轻松而又带有竞争性的运动。在繁华都市中生活的人们,生活节奏越快,人与人之间的距离就仿佛越远,偶尔得闲时,总有一种被寂寞和空虚吞噬的感觉,当人专注并面对自己时,也许会忽然发现需要一种宁静的宣泄,而不受时间、场地、器械、身体条件的限制,飞镖运动就具有这种功能。

飞镖运动不需要专门的场地,不需要专门的训练,也不需要昂贵的比赛器材,甚至不需要运动者有多么健壮的体魄,几乎只要有兴趣的人都可以参与,是一种典型的休闲运动。值得一提的是,很多人都喜欢在酒吧玩飞镖,也有许多飞镖比赛是在酒吧内举行的。这类赛事大多由啤酒公司赞助。在比赛现场,运动员可以边喝啤酒边参与比赛。观众亦可喝着啤酒助兴,气氛十分轻松。在飞镖运动中,主要参与锻炼的肌肉和关节有指、肘腕、肩等关节,还有三角肌肱三头肌、腕部、指部等肌肉。飞镖运动需要眼睛有节奏性的瞄准、放松,对于缓解眼肌疲劳、锻炼眼力有一定好处。

北京是国内飞镖运动的发源地,也是中国目前飞镖运动开展得最好且举办赛事最多的地区。北京国际飞镖联盟杯赛(Beijing Darts League,BDL)是在中国创办最早、规模和影响最大的比赛。该联赛由英国驻北京大使馆文化处创办于1984年,最初只有8支镖队,参赛选手均是来自各国驻华使馆和外企的外国人。随着飞镖运动在中国的普及,逐渐有越来越多的中国选手参加联赛,联赛的规模不断扩大,选手的水平迅速提高,比赛的组织也越来越正规。目前,参加北京飞镖联赛的镖队共有36支,每支镖队的人数从8人到20人不等,参加联赛的注册选手近600人。联赛分为三个组别进行,第一、二、三组各有12支镖队,实行升降级制。每支镖队都会选择一个酒吧或者西餐厅作为自己的主场,比赛采用主客场制进行,分为夏季赛季和冬春赛季。一场比赛包括一局1001团体、六局501单打、三局701双打和一局米老鼠团体比赛,比赛时间一般为每周四晚20:00~23:00。在联赛之外,还组织有单打、双打的公开赛以及季后团体淘汰赛。

(二)飞镖的器材

飞镖根据镖尖的质地分为硬式和软式飞镖(电子记分)两大类。飞镖由镖尖(Point)、镖身(Barrel)、镖杆(Shaft)、镖尾(Flight)4个部分构成。

飞镖镖身

飞镖最主要的部分就是镖身,它是决定飞镖重量、价格和形状的关键因素。国际比赛规定飞镖的总体长度不应该超过30.5厘米,硬式飞镖的重量每支不能超过50克(国内比赛飞镖的最大允许重量为40克),软式飞镖的重量不得超过18克。飞镖镖身的长度有很大的差异,长短的选择主要依据自己的握镖方法,也就是几个手指握镖。握镖的方法,最少用2个手指就能捏住飞镖,最多可以5个手指全用上。握镖的手指多,也就要求镖身长一些。从理论上讲,镖身长的飞镖,控制的难度就要大一些,镖身短,飞行的稳定性相对好一些。镖身的形状也是千差万别的,选择飞镖的形状也要根据自己的握镖方法、手形和投掷习惯,而不要图它是否美观、好看。直筒形和酒筒形的飞镖重心基本在镖身中部,鱼雷形飞镖的重心则在镖身的前部。

飞镖盘(Dartboard)

又称为镖盘或者镖靶,其样式和材质多种多样,盘的大小和分区设置也各不相同。当今世界飞镖器材生产主要集中在英国、美国、德国、澳大利亚和中国(包括中国台湾地区)等地。现代标准的镖盘又称为"表盘",其20个分区的划分类似钟表盘。当然它不是按数字大小顺序排列的。国际标准镖盘的直径为453毫米,数字圈的直径为436毫米,分区网的直径是335毫米。镖盘上一般有黑、白、红、绿四种颜色。目前,市场上(尤其在超市里)常见的镖盘多为纸质和植绒镖盘,它们的价格很便宜,做装饰品很好看,对飞镖的普及确实起到了相当大的作用。但如果使用正规的钨合金飞镖并且每天练习的话,它们的寿命应该不会超过一星期。对真正的飞镖爱好者来说,适合选用麻质镖盘。一是正规,二是使用寿命长,其性价比是最好的。

镖盒

飞镖爱好者有一个原则,就是镖不离身。飞镖装在什么器具里是很讲究的。在买比较高级的钨合金飞镖时,一般会附送一个硬塑料的镖盒,里面可以装一套飞镖、一副备用镖杆和镖尾。另外一种常见的器具是软镖袋,高级的用真皮制作,形状类似一个细长的钱包,体积比硬塑料的镖盒小,携带方便。但它的缺点是镖尾必须卸下,使用时再安装,比较麻烦,镖尾也容易变形。

(三)飞镖运动规则

"01比赛"是欧美最常用的比赛规则,正规的国内、国际比赛一般都采用此规则。它得名于其比赛总是从301分或者501分开始的,也有用701分或者1001分的。

比赛开始前,每名选手各投一支镖,离中心距离最近者先投,这叫掷牛眼(镖盘的中心)。

比赛开始时,多名选手轮流上场,每轮投三支镖。每轮的得分从他的总分中减去。首先恰好减至0分者获胜。

每名选手结束比赛的那支镖(不一定是第三支镖)必须打在两倍区内,这叫倍出(DoubleOut)。如果一名选手投出一支镖后,他的分数变成了负分,则他的这一轮得分不计,仍然保持此轮开始前的数字,这叫爆镖(Busted)。如果比赛规定要"倍出",那么减到0分但没打中两倍区,或者减到1分(此时无法倍出),也算爆镖。一旦爆镖,这名选手的这一轮投掷即告结束,哪怕三支镖还没投完,他的分数恢复到此轮开始之前的分数;轮到他的对手掷。还有简化的"直入直出的301比赛"。直入(单入,Straight-in/Single-in)是指从第一支镖就可开始记分;直出(单出,Straight-out/Single-out)是指最后一支镖不必打在两倍区内。每名选手要先打中一个两倍区(双牛眼也算双倍区),才能开始记分,这叫倍入(Double-in)。有些比赛不需倍入,从第一支镖起即可直接开始记分。有一种更难的规则是要求倍出的分数与倍入的分数一样。不要求倍入的比赛,叫直入的比赛。

在美国的一些地区,非正式的带有赌博性质的比赛中,无论何时,打出一个"商海"(Shanghai,即第三支镖正好落到同一分数的单倍区、双倍区和三倍区),他就立即赢得此局比赛。不过,直入直出的比赛变化不多,易显单调;而倍出的比赛则要进行精密的计算和拥有高超的技巧,才能准确而迅速地赢得胜利。

七、健身房服务制度

(一)营业前的工作程序

1. 主管或领班提前30分钟到保安部领取各门钥匙并打开门。
2. 服务员到服务台签到,换工作服。
3. 班前会议:领班布置一天的工作,安排员工岗位,提出工作要求,提示各种注意事项。
4. 做好营业前的清洁工作:清理垃圾桶,地面吸尘,擦服务台,擦洗、消毒健身器械,擦玻璃。
5. 营业准备:各种单据、表格及文具等;客用毛巾、浴巾、短裤;酒吧内各种餐具、器具及饮品。将客人视线内的所有物品、器具等有序摆放。
6. 营业前检查:准备工作完成之后,由主管或领班检查,不合格之处应重做,直到达到标准为止。
7. 整理客用物品:将洗衣厂送回的客用品取回,并将用过的客用品送走,做好记录。

(二)健身房服务程序

1. 柜台接待:当顾客到柜台办理消费手续时,柜台服务员首先要有礼貌地打招呼,询问具体要求,开出单据,办理完简单的手续后请顾客到收款处交款,所有单据应按要求填入日营业统计表内。

2. 引导服务:顾客付款后服务员要询问有无其他要求,然后指引顾客到他们所要的消费项目,提供必要的服务。

3. 租借物品:如顾客借用或租用本部物品,服务员应以礼貌态度示意顾客此物品完好,并提醒顾客用毕归还。顾客归还物品时,服务员要检查物品是否完好。

4. 讲解服务:顾客如对本部提供的设备、器械在使用上有不明白之处,服务员应做适当讲解。

5. 顾客离开时,服务员应提醒顾客将所使用的本部物品交回服务台,在特殊情况下服务员要协助解决。当顾客离开消费区域后,服务员应立即做简单的清洁工作。

6. 当顾客离去时,服务员要向顾客致谢并欢迎下次再来。

(三)健身房吧台服务程序

1. 见到顾客时要主动问候欢迎,并询问是否需要饮料服务。

2. 当顾客要求用饮料时,要听清顾客要求,服务要及时准确。

3. 顾客签单时服务员要注意单据签得清楚、准确与否,并告诉顾客离开时到服务台结账。

4. 顾客用完饮料或离开时,及时把顾客用过的器皿清理干净。

附1:健身房吧台收款程序

(1)吧台不收现金,顾客点饮料时由吧台服务员开出饮料单。

(2)饮料单应尽快由服务员送到服务台。

(3)吧台服务员保存好所有单据,等顾客到服务台结账时出示,顾客认可后到收款台交款。

附2:吧台库房出入库程序(饮料、客用品)

(1)月初根据计划安排,填好申领单,交给康乐部秘书。

(2)待接通知后,到康乐部将申领的饮料、客用品等领回存于小库房,并做好入库记录。

(3)出库时做好记录。

(4)每天清点一次。

(5)月底上交库房清点表,再根据需要填写申领表。

(6)主管、领班对各库房情况进行不定期的检查。

附3:交班及营业后工作程序

(1)早班与晚班交接班时,应将交接情况填写在交接班表上并签字,注意班次的衔接,不得出现两班之间因工作交代不清而造成工作混乱的情况。

(2)交接时召集全体员工开交接班会,布置工作,安排岗位。
(3)晚班员工上班后按岗位对整体环境做简单的整理及清洁工作。
(4)营业结束前将营业用品整理好放回原位。
(5)服务员将未被客人送还的毛巾、浴巾等收回,点清数量后在清点本上做好记录。
(6)服务台人员核对当日所有营业单据并交主管。
(7)主管、领班除指挥营业结束前的各项工作外,还应检查场地是否有火灾隐患。
(8)营业结束时切断所有电器的电源。
(9)将大门、后门等锁好,将钥匙交到保安部,结束一天的工作。

(四)健身房服务质量标准

1. 服务员应该熟练掌握健身房的工作内容、工作程序,熟悉各种健身设备的性能、作用与使用方法,能够指导顾客使用健身设备。

2. 在为顾客提供服务时精神饱满、态度热情、服务周到。服务员能够准确使用礼貌服务用语,对顾客来有迎声,走有送语。对常客服务员能够礼貌地称呼其姓名或职衔。

3. 顾客预订或咨询电话打进来时,应在铃响三声之内接听。接听预订电话时,应将预订顾客姓名、预订内容、预订时间记录准确。

4. 顾客来健身房消费时,服务员应主动接待,尽快为顾客登记姓名或健身俱乐部会员卡号(或用扫描仪扫描卡号),及时准确地为顾客提供更衣柜钥匙、毛巾等用品。

5. 顾客在进行健身锻炼时,服务员应随时注意顾客的安全,当顾客卧推杠铃时,注意适当提供保护服务。

6. 健身房备有急救药箱、小型氧气瓶及急救药品。如果顾客出现不适现象,服务员应及时采取有效措施。顾客在运动过程中如果发生碰伤或其他伤害事故,应及时提供急救药品并周到地照顾。

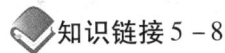知识链接 5-8

健身房运动知识

(一)健身房的特点

1. 综合性强

健身房集多项运动于一体,具有较强的综合运动特点。这里能够提供科学、齐全、安全的体育训练设备,能使训练者在汗水的挥洒中锻炼体魄,解除精神压力、容光焕发。健身房还具有显著的强身健美功能。

2. 占地面积小

由于健身房的大部分器械（如跑步机），具有模拟运动的特点，因此每项运动所需要的场地都比较小，而且有的器械还具有多项运动组合的特点（如多功能训练器），因此每一单项所占场地就更小了。这对于提高场地利用率非常有利。

3. 适应性强

健身房对于各种体质、年龄、性别的人都很适用。由于器材种类多，运动量、运动速度都可调节，无论什么人都可以在这里找到与自身体质相适应的运动项目进行锻炼。

(二) 健身器械简介

1. 跑步机

这种器械可以帮助人们在原地做走步、慢跑、快跑、马拉松跑等运动。使用者可以根据自身情况和需要，选择合适的速度、坡度，方便自如地调节。有的跑步机还可以显示出运动速度和运动时间等，是一种适应性很强的器械。

2. 自行车练习器

这种器械可以模拟自行车运动。能够模拟出上坡、下坡、平地的骑行感觉，骑车的速度、模拟的场地情况以及骑行者的心跳速度可通过计算机显示屏反映出来，以帮助骑车者控制运动量。

3. 模拟划船机

它可以模拟出划船的全部功能，使练习者感受到与真的划船一样。可以锻炼臂部、腰部、臀部和腿部肌肉。有的划船机还带显示屏，能够显示出水面的场景，是一种集健身、娱乐于一体的训练器材。

4. 举重架

这是一种锻炼臂力和胸部肌肉的器材。

5. 多功能组合练习器

这种器材可用于多种训练，适合在较小的场地放置，并且相对来说成本较低。其功能因生产厂家和品牌不同而有差异，一般都集肱二头肌及肱三头肌训练器、肩背部肌肉训练器、胸部肌肉训练器、腹部肌肉训练器、腿部肌肉训练器等多项功能于一体。

6. 健骑机

这是一种有些类似骑马的全身性运动器材，它锻炼的人体部位与划船机相近，设计简单却很有趣味性。

7. 其他器材

如哑铃、大腿肌锻炼器、小腿肌锻炼器、臂肌锻炼器、腹肌锻炼器、背肌锻炼器等，限于篇幅，这里不再一一说明。

第四节　娱乐、保健、休闲游乐项目的服务制度

娱乐项目包括游艺、卡拉 OK、电影、夜总会等；保健项目包括美容美发、桑拿浴和按摩等；休闲游乐项目在这里泛指室外康乐项目，如垂钓、采摘、过山车、观光摩天轮、旋转木马等。

一、游艺项目服务制度

（一）电子游艺厅服务程序

1. 主管、领班提前 20 分钟到保安部领取各房门钥匙，开门。
2. 服务员按班次规定时间准时到岗签到，按规定着装。
3. 主管或领班配合财务稽核人员清点游戏币。
4. 领班召集交接班会，布置一天的工作，安排员工岗位及提出要求，传达上级指示、检查仪容仪表和着装。
5. 做好营业前的全部清洁工作，包括清洁场地和全部游戏机。
6. 核对、补充奖品，填写奖品的发放记录。
7. 将室内物品摆放整齐，做好营业前准备工作。
8. 当顾客到来时，服务员要主动迎接问候。
9. 主动向顾客介绍电子游戏机的特点，并引导顾客到收银台换游戏币。
10. 当顾客玩游戏机时，要主动为顾客介绍游戏机的操作方法或比赛规则。
11. 认真作好奖品发放记录和维修记录。
12. 当顾客结束游戏活动时，服务员应微笑送客，主动道别。

（二）电子游艺厅服务质量标准

1. 服务人员能够熟练掌握电子游艺厅的工作内容、工作程序，具备本厅各种游戏机的使用知识。
2. 能够准确执行服务规范，坚持站立服务，使用礼貌用语，服务耐心、细致。
3. 服务态度主动热情，顾客来到游艺厅时应主动迎接，引导顾客到游戏机附近，观察顾客对哪一台游戏机感兴趣，主动向顾客介绍该游戏机的性能、特点、游戏方式等，以诱发顾客游戏欲望。
4. 游戏机出现故障时，服务员应具有排除一般故障的能力。
5. 对于具有竞赛功能的游戏机，如法拉利赛车、快乐山谷、摩托车越野赛等，服务员应具有组织顾客参与比赛，并根据规定对比赛中的优胜者给予鼓励和奖励的能力。
6. 在顾客娱乐期间，服务员应该注意观察，对初次来消费的顾客，应该具备讲

解的能力。

7. 当顾客离开时,账单开具准确,账款当面点清,手续完备(此项是针对收银台而言,如果收银服务归财务部管理的话,则此项标准不应设在这里)。

(三)棋牌室服务程序及服务规范

1. 主管或当班的领班应该提前 10 分钟到岗。
2. 打开电源,检查卫生及机器设备,发现问题及时处理。
3. 抄录计数器数字,清点饮料数量。
4. 当顾客到来时应主动问好,收押金、打开计数器。
5. 为顾客打开房间,开启自动洗牌麻将机,提醒顾客有问题时可呼叫服务员。
6. 为顾客端送饮料并定时清理房间,倒烟灰缸,续茶水。
7. 每 10 分钟巡查一次房间,询问顾客是否需要其他服务,并劝止赌博现象。
8. 顾客离开后要及时清理房间,检查设施及物品是否完好。
9. 为顾客结账时要迅速,顾客付款后要致谢。

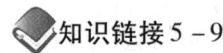
知识链接 5-9

娱乐项目活动知识

一、游艺厅娱乐知识

传统游戏机的产生尚未有人进行仔细考证。现代的游戏机是随着生产力的发展和科学技术的进步而产生的,最早出现在 1950 年代的西方国家,是由使用者操纵电器开关控制电动机等部件运行的游戏机。这个时期的游戏机叫电动游戏机。后来,由于电子科技高速发展,特别是电子计算机的普及和提高,促进了电子游戏机的生产和发展。先是研制出能在计算机上玩的游戏软件供个人娱乐,不久又研制出专用的游戏软件和只能使用这类软件的电子计算机硬件,这就是目前还在大量使用的电子游戏机。近几年又出现了新一代游戏机——虚拟现实电子游戏机。

(一)游戏机的分类

1. 按发展阶段和结构特点分类

按此方法可分为三类,即手动游戏机、电动游戏机和电子游戏机。有一种往玻璃板上投硬币的叫"攀出彩虹"的游戏机就属于手动游戏机;有一种用投掷小球来控制开关的模拟赛马机叫"快乐山谷",它的马匹像是儿童玩具似的模型马,这种赛马机属于电动游戏机;还有一种赛马机则是由计算机控制的,它的图像是在屏幕上反映出来的,这种模拟赛马机属于电子游戏机。

2. 按功能和结构特点分类

按此法分类也可分为三类,即框体类游戏机、体感类游戏机和其他类游戏机。

框体式游戏机:凡带有荧光屏显示,操作者靠按钮开关或者其他电器开关操纵的且无身体感受的游戏机都属于这一类;体感式游戏机:是指近些年开发的具有身体感受功能的电子游戏机,如模拟驾驶汽车、模拟空战、模拟滑雪等游戏机。这类游戏机能够根据屏幕上的场景变化使操纵者产生振动、倾斜等身体感受,故名体感式游戏机;除了上述两类之外的就笼统地归为其他类游戏机。

3. 按游戏机的娱乐性质分类

这种方法可以分成两大类:博彩游戏机和非博彩游戏机。例如押注赛马机(赛马机有押注的和不押注的)、老虎机、掷骰子机、二十一点扑克机等都归为博彩游戏机;除此之外都称为非博彩游戏机。这种分类方法的出现主要是由于管理政策的原因,目前国内各地对上述两类游戏机的区分还不完全一致,对赌博的界定也未完全统一,因此,对二者的区分有待进一步规范,这里恕不作深入探讨。

(二)游戏机的发展

随着科学技术的不断发展,电子游戏机的发展也日新月异,不断有新的机种问世,并且游戏机的科技含量越来越高,例如近几年出现的虚拟现实电子游戏机。

虚拟现实(virtual reality)是目前电脑应用中的一种最新技术,它集中了电脑仿真、通信、人工智能、多媒体等多项尖端技术。应用这些技术研制开发出来的虚拟现实系统已在科学、医疗、教育、训练、军事、娱乐等数十个应用领域大显身手。

虚拟现实游戏机,就是通过电脑虚拟出一个在现实世界并不存在的"世界",使人能够感受到在这虚拟的世界里遨游的游戏机。使用者可以借助相关装置从感观上进入虚拟世界,通过浏览并与其产生某种程度的交互作用,就好像这虚拟世界确实存在一样。它给人以惊人的逼真效果,能够通过视觉、听觉、触觉强烈地刺激人体的神经系统,使人感到已置身于一个奇妙的世界里。

现在出现的虚拟现实游戏机有两种:一种是使用者须戴上头盔式的显示器,从中可以看到虚拟的动态图像,同时由音响输出装置、触觉输出装置及语言合成输出装置,以接近人们感受的形式将电脑合成的信息传递给使用者,以使其产生身临其境的感觉;另一种不用头盔或显示器,而是使用银幕显示虚拟图像,其他方面如动感、听感、触感装置则与前者差不多,这种游戏机给人的感觉更为真实。美国旅游城市拉斯维加斯的一个大饭店就有一台银幕巨大的虚拟现实游戏机,它的名称叫"寻找宝石"。电子游戏机的趣味性、娱乐性极强,对各年龄段的顾客都具有吸引力,有的人甚至达到废寝忘食、乐不思蜀的地步。

(三)游戏机的使用

1. 框体式游戏机的使用

这类游戏机是目前市场上最常见且数量最多的机器。这类机器的外观和结构基本一样,其主体是屏幕显示器。其控制部分是两个摇把和两组按钮。摇把能够做前、后、左、右等八个方向的水平摇动，按钮每组从两个到六个不等。这类机器更换游戏卡比较容易，游戏软件的内容也非常多，有格斗系列、神话系列、空战系列、运动系列，等等。使用这类游戏机时，使用者一只手操纵摇把以控制屏幕中出现的人物或机械的运动方向，另一只手操纵按钮以控制人物的动作，通过运用智力和左右手的配合达到阶段目标。每个阶段目标即是一关，每种游戏都从易到难设置很多关，游戏者每通过一关都能感受到一次成功的喜悦，以此激发人们继续玩游戏机的兴趣。

2. 体感式模拟游戏机的使用

这类游戏机是比前一类游戏机较晚开发出来的机种。其最大的特点是游戏机有较强的身体感受功能。每种机器的玩法不一样，其操纵机件的构造也不一样操纵起来也较复杂，因此，一般情况下，这类机器无法更换其他游戏卡。这类机器的名称和型号很多，如东京坦克战、法拉利赛车、城市猎人、足球射门、吉他机、D.J机等。这类机器的操纵部分各不一样，都是模仿实物而制造的，如坦克战就是模仿驾驶坦克，吉他机就是模仿弹奏吉他。因此，这类游戏更接近现实生活，操纵起来需要一定的智商和较快的反应能力。在游戏难度的设置上，也是从易到难设置若干关。这类机器能够激发人们更大的娱乐兴趣。

3. 幸运式游戏机的使用

这类游戏机的最大特点是对取得胜利的游戏者给予一定的物质鼓励。玩这类游戏机有点像现今商店里常见到的幸运抽奖。这类游戏机的种类也不少，如抓布娃娃机、抓糖果机、幸运铅笔机等。这类机器的玩法比前两种简单，一般只需按动一两个按钮即可，游戏者获胜的随机性很大，但获胜的概率可以通过调整电脑板的参数。

二、卡拉OK歌厅服务制度

（一）卡拉OK歌厅服务程序

1. 每天上班先签到，然后换好工作服。
2. 由领班召开班前会，检查和整理仪容，分派工作并提出要求。
3. 调试灯光、音响设备，发现异常要及时排除或请工程部门人员维修。
4. 顾客来到时，服务员要主动迎接、问好，并引导顾客入座，及时按顾客要求提供饮料。服务过程中注意观察，加强巡视，及时补充酒水饮料。
5. 大厅顾客点歌时，歌单要及时送到音控室，由音控室按先后顺序播放。
6. 包厢顾客入座时，要主动为顾客调好音量，并根据要求讲解电脑点歌系统的使用方法。

7. 顾客消费结束后,要主动向顾客道别,然后将房间整理好。

(二) 卡拉 OK 歌厅服务规范

1. 迎宾服务员及吧台服务员应站立服务,顾客到来前应两手自然握在一起,面带微笑迎候顾客到来,顾客到来后要主动上前迎接,礼貌问好。

2. 顾客入座后,服务员应尽快呈递点歌单(目前在包间已经使用电脑控制的自动点歌系统,则可省去此程序)、饮料单、点歌卡,主动向顾客介绍歌曲内容,并帮助顾客查找歌名。

3. 根据顾客需要递送酒水,在递送酒水时注意不要挡住顾客视线(为此,有的歌厅要求服务员采取跪式服务),注意随时撤换烟灰缸,撤换时必须先用干净烟灰缸盖上用过的烟灰缸,然后再撤换。

4. 顾客演唱时,音响师要将音量调整适当,返送、混响、降噪等系统调度得当,使音质优美、图像清晰。

5. 主持人要与服务员、音响师协同配合,适时调动顾客情绪,掌握顺序,语言要生动、幽默。

6. 服务员要经常巡视服务,根据顾客需要,及时补充酒水及小食品。

7. 顾客离座时,服务员主动上前道别。顾客离座后的桌椅和沙发,应尽快清理干净。

(三) 卡拉 OK 歌厅服务质量标准

1. 歌厅服务员应熟悉卡拉 OK 歌厅工作内容、工作程序,具有较好的音乐修养。

2. 服务中能够准确执行服务规范,坚持站立服务、微笑服务,使用礼貌服务用语,耐心、细致地满足顾客的正当要求。

3. 音响师要具备较好的音乐修养、音响设备的电原理知识,还要有娴熟的设备操作技巧、较丰富的实践经验,能满足顾客唱歌时音响控制的需要。

4. 主持人口齿清楚,音色圆润,思路敏捷,善于掌握和调动顾客的情绪。

5. 顾客来到歌厅时,服务员要主动迎接问候并引导入座。顾客入座后1分钟内开始递送歌单、酒单、点歌卡、铅笔等,并帮助顾客查找曲目和编号。服务员将点歌卡送到音响控制室后,应告知顾客大致等候时间。

6. VIP 歌厅顾客点歌时,服务员应帮助顾客在电脑检索点歌器上点歌,顾客自行点歌时,服务员应在一旁协助。

7. 在歌厅服务过程中,应视顾客需要及时提供酒水和食品,服务要周到细致。

8. 顾客在演唱过程中,服务员应加强巡视服务,如果顾客发生争吵,服务员要有能力委婉地劝解,维护歌厅正常秩序。

9. 顾客离去时,主动道别,并欢迎再次光临。顾客离座后桌椅应在3分钟内收拾整洁,准备迎接下一批顾客。

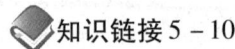
知识链接 5-10

卡拉 OK 歌厅娱乐知识

"卡拉 OK"是中文、日文、英文的"合成词"。日文为"空 OK",意即空乐队,日语"空"的中文译音为"卡拉";"OK"是英语"Orchestra"的日语译音;"卡拉 OK"较完整的翻译应为"为练唱者的空伴奏",或者干脆译为"自动伴唱机"。卡拉 OK 这种娱乐形式起源于日本,由于它的娱乐性、参与性很强,便很快流传到了中国。首先是许多饭店宾馆设置了卡拉 OK 歌厅;后来传到更广的范围,于是社会上出现了很多卡拉 OK 歌厅;继而有些单位和家庭也建有各自的卡拉 OK 系统。这是一种普及性很强的自娱自乐的娱乐项目。

(一)卡拉 OK 歌厅的类型

1. 专门式歌厅

这种形式的歌厅只具备单一歌厅功能,一般都是较高档次的歌厅,其装修豪华、设备齐全、经营专一。这种歌厅一般都设有包厢,有的人称为包间。还有的人将包厢称为 KTV 包房,这种提法是不准确的,因为 KTV 是英文 Karaoke television 的缩写,它的原意是带电视的自动伴唱歌厅。其实,现在所有营业歌厅的大厅(不光是包间)都有大屏幕电视作为图像媒体。因此,KTV 应指所有歌厅,若专指包间就不确切了。

2. 综合式歌厅

这种形式的歌厅是多功能的,有的白天作为餐厅经营,夜晚作为歌厅经营;有的是将歌厅与酒吧或咖啡厅结合起来;有的是将歌厅与舞厅结合起来。这种歌厅由于功能综合,能够充分利用经营场地,也能够满足一些顾客综合消费的需要,但每项功能都较难达到"精"的要求。

3. 自助式歌厅

这种歌厅内的卡拉 OK 机自动化程度很高,它的激光视盘机的启动开关是由消费者投币控制的。客人只需往投币孔中投入所要求的硬币,接着就可以根据自己的喜好,用遥控器选曲。这种机器可同时放置很多激光视盘,少者 30 张,多者可放 100 多张激光视盘,若以每张激光视盘可存 30 支歌曲计算,那么一台机器最多时存有 3 000 多首歌。另有一种自助式卡拉 OK 机是将歌曲的声音信号和图像信号预先储存在固体存储器内,使用时根据需要选曲,也可以把这种机器直接安装在电视机内。目前这种卡拉 OK 机的图像质量不及前面提到的那种,前一种图像的信号来自激光视盘机,是动态图像,且清晰度、层次感都比较好;而这种图像信号来自存储模块,只能播放一帧一帧的静止画面,因而不适合在正规歌厅里使用。经营自助式卡拉OK歌厅可以把服务人员的数量减到最少,因而能够最大限度地降低人工成本,并且顾客可以自由操纵机器,因而受到一些经营者和消费者的欢迎。

4. 量贩式歌厅

这种经营形式的歌厅起源于日本,风行于中国台湾,现在又盛行于中国大陆。量贩式歌厅与传统歌厅相比有其明显特点:首先,在经营形式上,采用严格的计时计量收费的方式;其次,在经营品种上,增加了内部自选市场,饮料、食品由顾客自选;有的还设有自助餐厅,以方便顾客用餐;最后,在经营规模上,量贩式歌厅的规模比普通歌厅大得多。其包厢的数量少则几十个,多则上百个。量贩式歌厅不主张以暴利开展经营,而是依靠规模效益来赢利。应该特别强调的是,其不提供色情服务的经营理念,受到管理机关及公安部门的赞赏和扶植,因而它的发展速度很快。

(二)卡拉OK点歌器的操控

1. 点歌和演唱

顾客走进歌厅,服务员让座后递上歌曲目录本,顾客从目录本上查找自己喜爱的歌曲,然后将这些歌曲的标号填写在点歌单上交给服务员,服务员将点歌单交给DJ(Disc Jockey 音响操作员),由DJ根据顾客点歌的顺序一一播放,并提示是为哪位顾客播放的,这时顾客便可以根据屏幕上的图像和文字提示,跟着伴奏的音乐演唱。在卡拉OK包厢娱乐,现在多是采用电脑点歌,即顾客用键盘将曲号输入计算机,DJ人员根据计算机的指令人工寻找视盘并播放;最新的歌厅是采用局域网组成的计算机点歌系统,其网络的服务器容量很大,能够存储非常多的歌曲和故事片,各个包厢所点的歌曲都由同一台服务器同时播放不同的曲目,这是目前最先进的点歌系统。目前,电脑点歌系统已成为最流行的点歌系统,对此,本书在第三章第三节已做较系统的介绍。计算机点歌系统还能提供各种特殊服务,如程序选曲、自动预约、反复播放任何一段歌曲等。在演唱中,顾客还可以根据自己的音量、音域、音色等条件提出要求。DJ人员根据要求调整调音台的参数,以适应顾客的要求。例如可将某支歌曲的音调升高或者降低一个小二度或者大二度;也可以通过技术手段美化顾客演唱的音色,例如增减歌声中的高音成分或者低音成分,还可以适当增加"混响时间"。"混响时间"在专业技术上的解释是,一个声音以美化音停止发声后,音量衰减60分贝所需要的时间;在日常生活中可以简单地解释为余音。适当地为演唱歌声增加混响可以美化音色。此外,还可以增加"回声""激励声"等,这里就不一一介绍了。所有这些技术手段都为演唱者和操作人员提供了极大的方便,从而能使顾客在参与演唱中得到艺术享受,达到自娱自乐、陶冶情操的目的。

2. 卡拉 OK 娱乐的注意事项

（1）在演唱中注意不要磕碰话筒，也不要用嘴吹话筒，以免话筒技术指标降低、声音信号失真。

（2）演唱时注意不要将话筒贴在嘴边。这样，一是防止公用话筒成为疾病传染源；二是贴近话筒演唱需要一定的"气声"演唱技巧，一般顾客还不会掌握，因而可能使音色变差。

（3）注意音量不要过大，这一方面是不至于过多干扰其他人，另一方面是当音量超过 85 分贝时，会对自己和他人的听觉神经造成损害。

三、多功能厅服务制度

（一）多功能厅服务程序和服务规范

1. 主管或领班在员工到达前先去保安部值班室领取大门钥匙并打开门。
2. 服务员到岗后先签到，然后换好工作服。
3. 打扫卫生（大厅、看台、办公室）。
4. 检查各项设备是否完好，设施有无损坏。
5. 由领班召集班前会：检查仪表、仪容，总结前日工作情况，布置当日工作；
6. 下岗后及时反映岗上所发现的问题及其他一些情况。
7. 如有大型活动，岗位设置可有所变化。活动结束时，全体人员列队于门口，欢送顾客。
8. 活动结束后，及时清理场地，搞好卫生。
9. 营业结束时，经主管或领班确认无事后，方可下班。
10. 迎宾岗行为规范：

    （1）精神饱满、彬彬有礼、微笑服务；

    （2）热情、礼貌地接待顾客；

    （3）耐心解答顾客的问题，与顾客对话时眼睛要正视顾客，音量适中；

    （4）使用敬语，不与顾客争辩，更不能与顾客争吵；

    （5）站姿标准，双手轻握，自然交叉在前或者自然下垂于身体两侧，不叉腰，不抱肩，不倚靠他物。

11. 大厅流动岗行为规范：

    （1）引导顾客入座应主动热情；

    （2）打扫厅内卫生应及时干净；

    （3）在提供服务过程中不得影响其他顾客的视线。

（二）音响控制室的服务程序和服务规范

1. 到保安部值班室领钥匙。

2. 打扫控制室内卫生及喷泉池卫生(音乐喷泉的控制系统与音响控制系统安装在一个房间内,音乐喷泉的卫生也划归音响组负责)。

3. 将前一日工作日志交至康乐部办公室。

4. 做好岗前准备:检查设备情况,准备当日所需物品,了解当日活动安排。

5. 坚守工作岗位:在设备运行过程中,控制员不得离开操作间;

6. 在喷泉表演过程中,如有顾客拥至池边,应及时广播予以劝阻,协助厅内服务员的工作。

7. 如遇重大活动,工作要特别认真、负责,活动结束后,及时清理设备、器材。

8. 结束时的工作:检查设备情况并填写工作日志;将当日所用物品进行清点,并恢复原位;切断所有电源;确保安全后,方可离去。

(三) 多功能厅旱冰场服务程序

1. 做好营业前的卫生清洁工作。如旱冰场地面、不锈钢栏杆、租鞋部内部、顾客换鞋座位区、入口处服务台内外、花木植物及垃圾桶、音乐喷泉平台、小卖部内外、洗手间内外等。

2. 查对旱冰鞋数量,检修旱冰鞋。

3. 调整灯光音响设备。

4. 整理个人仪表,准备开始营业。

5. 售票人员备足入场券和备用零钱,准时到岗。

6. 门口服务员负责检票和维持入场秩序,并引导顾客到租鞋服务台。

7. 根据换鞋券每券一双发给顾客,撕下存根备查。

8. 顾客换下的私用鞋交柜台保管,服务员发给顾客取鞋号码牌。

9. 顾客进入旱冰场,服务员应随时巡视服务。

10. 每隔一小时,溜冰暂停 10 分钟,向顾客赠送一场音乐喷泉表演。

11. 音乐喷泉表演开始时应有服务员在音乐喷泉附近疏导,以保障顾客安全。

12. 音乐喷泉表演完毕后是短暂休息时间,此时服务员应尽快清理场地卫生,然后再开始溜冰。

13. 顾客溜冰结束后,门口服务员站立两旁向顾客道别。

(四) 音乐会、文艺演出、时装表演、拳击表演、宴会、鸡尾酒会等活动的服务程序

1. 对上述项目,业务上的安排应由康乐部、公关部等有关部门协调配合,必要时成立接待小组,以便安排工作。拟一份详细的方案交到管理层审批,经批准后再返回康乐部、餐饮部和其他有关部门一起统筹安排。

2. 若需要布置场地或改变其他设施,应请工程部和其他部门协助配合。

3. 当某项活动与餐饮有关系时,康乐部应与餐饮部共同协商,安排工作。

4. 迎宾服务员在门口收票并随时提示顾客注意事项,维持入场秩序。
5. 厅内服务员应有礼貌地将顾客引导到指定的座位上。
6. 注意照顾老幼或行动不便的顾客。
7. 服务员注意随时提示顾客不要在禁烟区吸烟。
8. 在节目开演前,清洁员必须不断地打扫卫生。
9. 节目演出期间,服务员应维持场内秩序。
10. 节目结束后,服务员与保安员共同协助顾客有序退场。
11. 服务员迅速清理场地,并协助卫生清洁人员搞好现场卫生,为下一次活动做好准备。

(五)夜总会服务规范

通常情况下,夜总会是按人收费,食品及饮料的品种和数量是相对固定的。因此,夜总会的服务程序与餐厅既有相同之处,又有一定区别。

1. 开始营业:服务员仪表端庄,穿着清洁整齐的制服,面容保持微笑状态,等待顾客到来。
2. 当顾客前来消费时,迎宾员要上前迎接并问候;顾客进场后,领位员要根据顾客要求和人数带领他们去适当的座位入座。
3. 服务员面带微笑,上身微向前倾,双手递上饮品和食品价目表,请顾客选择,并根据情况作简要说明。
4. 将顾客的人数通知厨房,以便厨房准备菜肴。
5. 在节目开演的同时开始上菜,每上一道菜都要报出菜名。报菜名时要口齿清楚、音量适中,不要影响其他餐桌顾客观看节目;端送酒水和菜品时要注意,切不可挡住顾客的视线。
6. 当看到顾客的饮料将要喝光时,要及时询问顾客是否添加饮料。
7. 服务员应该经常留意顾客的手势,无论顾客有什么要求,在可做到的范围,都要予以满足。
8. 如果有顾客对某个节目特别感兴趣,要求即兴表演时,服务员应立即报告领班或值班经理,由领导根据当时的情况与演出人员协商。
9. 服务员之间除了工作需要以外,不要交头接耳或者对顾客评头论足。
10. 当顾客示意要求买单时,服务员应该先回应一声,然后向收银员索要账单送给顾客(有的夜总会是在进门时购票入场,那么就没有这项买单程序)。
11. 取出热毛巾,用托盘端送到餐桌上并分送到每一位顾客的手上。
12. 服务员接过顾客所付的钱后,应当面点清钱数,然后送到收银台,将收据和找回的钱送还给顾客,并向顾客道谢。
13. 顾客离座后,服务员应该主动与顾客道别,然后尽快将桌椅清理干净。

14. 在清理桌椅的时候，应该留意是否有顾客遗落的物品。如有，应该及时送还顾客或者交给领班。

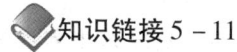知识链接 5-11

迷你电影与动感电影

有的饭店康乐部开设了迷你电影厅。这类电影厅并非全用电影机播放，有很多是激光视盘机(DVD)播放。每个放映厅的座位都比较少，有的仅能容纳 10 人以内。然而用现代技术设备播放，影像清晰度高，声音质量好，对顾客有特殊的吸引力。

此外，近来国内又引进了一种动感电影，这是一种更新颖的娱乐设施。动感电影起源于美国飞行员训练学校。为节省培训经费，科研人员运用仿真手段研制了飞行模拟器：将飞机座舱放在地面上，在其前面用宽银幕演示飞机起飞、降落、白天、黑夜、打雷、下雨和各种紧急情况，使飞行员对这些实际飞行中可能遇到的情况有所体验。这一试验成功之后，许多娱乐公司受到启发，开发了动感电影。

在普通动感电影的基础上，开发商又将立体电影与动感电影结合起来，开发出立体动感电影。立体电影是在传统电影的基础上，利用计算机立体成像技术，将一幅图像做成带左右眼视差的两幅图像，再将图像分别制成 35 毫米的电影胶片，然后用两台电影机同步放映，观众戴上偏光眼镜，就会看到十分逼真的立体电影了。再配上由计算机控制的动感座椅，就成为立体动感电影了。

随着科技的发展，电影放映技术也在不断地发展，近几年，又出现了 4D(Dimensional)电影，它是在立体动感电影的基础上发展而来的。它的座椅除了具有动感电影的功能外，还具有产生风、雾、气味、靠背触动、脚下触动等感觉的功能。能够从视觉、听觉、触觉、味觉方面为观众提供精神享受，使真实环境与虚拟环境在感觉上达到某种程度的统一，这种美妙的享受有谁不想亲身感受一下呢！4D 电影几乎把电影放映技术发展到了极致。

动感电影与普通电影的区别在于：动感电影的座椅由液压系统控制，能够在电脑发出的指令下，随着情节需要而相应摇动和振动；动感电影的声音发送是由六路立体声信号组合而成，比普通电影逼真。动感电影与虚拟现实游戏机(见本章第二节的相关内容)的主要区别在于：首先，动感电影的观赏性强，虚拟现实游戏机的参与性强；其次，动感电影可多人同时观看，且更换影片容易，虚拟现实游戏机一般每台机器只能由 1~4 人操纵，并且使用固定的软件；最后，动感电影只能被动观看，虚拟现实游戏机能够通过操纵杆实现人机交流。

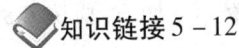知识链接 5-12

多厅影院知识

国外还有一种多厅电影影院。例如,2001 年在法国北部重镇理尔市郊区的洛姆商业中心开张营业的电影城堡就是一个代表。走近这个商业中心,一幢古老的红砖城堡就会展现在人们面前,围绕这座城堡四周的是 23 间规模不等的电影放映厅,最小的放映厅能容纳 100 人,最大的可容纳 700 人,整个电影城堡拥有 7000 个座位,是目前法国规模最大的"多厅电影院"。电影城堡内 23 个放映厅每天从上午 11 点到晚上 10 点,不间断地播放产自世界各地、风格各异的影片供观众选择。从经典作品到当今最叫座的科幻影片,应有尽有,观众可以如在自由市场选购商品那样自由选择观赏。

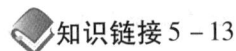知识链接 5-13

夜总会娱乐知识

很多有条件的宾馆饭店都开办夜总会。它对吸引顾客、提高饭店的知名度、增加营业收入会起到很大的作用。也有些夜总会不是由饭店开办的,而是独立经营的。夜总会是由西方引进的,原文为 Night Club,直译为"夜间俱乐部"。简单地说,夜总会是夜间吃喝玩乐的场所,其形式为顾客一边吃喝一边观看多种形式的文艺表演。演出形式为唱歌、舞蹈、杂技等。有的夜总会还有伴舞乐队和舞池,除表演节目外,顾客还可以即兴跳舞。供应的食品可以是精美的小食品,也可以是筵席大菜。夜总会的环境较为高雅,气氛较为活跃。

中式夜总会是采用西方夜总会的形式,融合了华人饮食习惯和欣赏情趣的夜总会。例如北京凯莱饭店的华夏古韵夜总会、北京康乐宫的庆燕乐舞夜总会和美好之夜夜总会、香港的海上夜总会,等等。

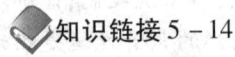知识链接 5-14

舞厅娱乐知识

(一)交谊舞的益处

交谊舞厅在饭店出现得比较早,在当时是饭店康乐部的一个重要娱乐项目。跳交谊舞对跳舞者的身心健康很有益处:

1. 可以使人消除因工作紧张而产生的不安和急躁情绪。

2. 有助于发展和谐、自然的社会关系,可以创造出一个愉快的交际环境。

3. 能使人精神兴奋,心情愉快。

4. 跳舞能促进血液循环,调节呼吸,保持身体健康。

5. 能改进身体功能,发展人体动作的对称平衡和提高动作控制能力,使体态优美。

(二)目前国际流行的交谊舞

1. 布鲁斯(慢四步)

布鲁斯起源于美国,它的乐曲采用美国黑人的忧伤曲。它是一种比较缓慢、平稳的慢四步舞蹈。

2. 慢华尔兹舞

慢华尔兹舞是英国式的带绅士风度的3/4拍舞蹈,每分钟32～34小节。

3. 快华尔兹舞

快华尔兹舞起源于奥地利民间。19世纪,经过"华尔兹之王"约翰·施特劳斯的发挥和创造,大量华尔兹舞曲先后流行于欧洲宫廷和城市,后又流传于世界各地,随之华尔兹舞也流传于世界各地。这种舞蹈富有朝气蓬勃的轻快色彩,速度约每分钟56小节。

4. 福克斯(快四步、狐步舞)

福克斯是滑稽演员哈利·福克斯于1913年创造的。因舞步平滑流畅,好像狐狸跑步,所以又称狐步舞。与布鲁斯舞相比,速度较快,因此又叫快四步。此舞节奏活泼,情绪轻柔,风格优雅洒脱。

5. 探戈舞

探戈舞起源于阿根廷的一种粗壮有力的牧人舞。探戈舞步沉重有力,走直线,转直角,有一种阳刚之美,被称为"舞中之王"。

6. 伦巴舞

伦巴舞起源于古巴。由于该地区气候炎热,不适宜做大运动量的活动,为了适应这种环境,人们创造出伦巴舞。其特点是舞步比较舒缓、温和,乐曲每分钟约40小节。

(三)迪斯科舞简介

Disco是Discotheque的简称,原意为唱片舞会,起先是指黑人在夜总会按录音跳舞的音乐,70年代实际上成了对任何时新的舞蹈音乐的统称。与摇滚相比,它的舞曲特点是强劲的、不分轻重的、像节拍器一样作响的4/4拍子。迪斯科舞是由美国黑人创造的爵士舞发展而来的,是一种富有时代风格的动作概念的舞蹈形式,其特点是节奏感非常鲜明,动作形式又比较随意。这是一种不协调性的舞蹈,由于舞者用力扭动和放松肌肉,进入一种神经半失去意志控制的状态,从而进入一种"物我混同"的境界,这种舞蹈让人感觉到一种令人心醉神迷的特殊的舞蹈魅力。

四、美容、美发室服务制度

(一) 美容服务程序

1. 签到

美容师到岗,签到并换好工作服。

2. 打扫卫生

擦拭台面、座椅,做好美容器具的消毒工作,准备好美容药品、护肤品、化妆品、毛巾、头巾、头结、脖头纸等,接通蒸汽发生器电源开关。

3. 迎客服务

顾客到来时要主动迎接,填写登记表,然后根据预约或要求安排美容,并为顾客介绍服务项目,根据顾客情况适当推荐一些项目。征询顾客是否指定某位美容师为其服务。

4. 美容细节

请顾客躺到美容床上,为其围上罩布,由专业美容师用皮肤检测仪检测顾客皮肤,根据其皮肤特点,建议选用哪些服务,或按顾客要求的项目提供服务。由于美容服务比较专业,现在许多饭店都对该项目实行了外包,美容业的发展和变化也十分迅速,各美容经营部门所使用的仪器及用品不尽相同,其服务程序也不尽相同,所以本书不再具体介绍美容程序。

5. 送客服务

先帮助顾客起身,再帮助顾客更衣,请顾客到收款台结账。结账后,提醒顾客拿好所携带的物品,向顾客道别。

(二) 美发服务程序

1. 工作开始

美发师上班时先签到,然后换工作服。

2. 打扫卫生

在开始营业前完成责任区的卫生清洁工作,擦拭座椅、镜子、盥洗台面,用医用酒精或其他规定使用的消毒液对美发工具消毒。

3. 迎客服务

当顾客到来时应该主动迎接和问候,接过外衣挂好,请顾客入座。如果顾客较多,请他们按秩序等候,并告诉顾客大约等候时间,同时为顾客提供一些报纸杂志阅读,以减少顾客等候时的烦躁情绪。

4. 男顾客服务程序

(1) 入座:顾客入座后,检查顾客发型、发质,询问顾客要求,并安排洗发,然后根据顾客具体要求提供理发服务;

(2)洗头:洗头时先搓香波,再进行头部按摩,然后揉洗,再用温水将洗发液冲洗干净;

(3)修剪:从颈部发际处开始分层次修剪;

(4)打闪镜:用手镜打闪,征求顾客对头后部发型的意见;

(5)刮脸:先打剃须膏,再按脸、鼻、眼、眉、耳的顺序刮脸;

(6)吹风:根据顾客要求擦抹摩丝,再根据顾客要求分层次分角度吹风;吹风后喷发胶以使发型固定;

(7)道别:理发结束后为顾客开票收款,帮助顾客穿衣、戴帽,提示顾客带好所携物品,然后向顾客道别。

5. 女顾客服务程序

(1)洗头:按摩式洗头,方法与男顾客服务基本相同,注意使顾客的头发保持整齐;

(2)修剪:结合顾客头型、脸型、发型,并根据顾客所要求的发型分层次修剪,采用托剪、抓剪、滑剪、去剪等方法,使层次清楚,薄厚匀称,长短符合要求;

(3)吹风:吹边、吹花、吹卷、吹整体发型,梳理发式,达到自然、美观;

(4)打闪镜:为顾客闪照头后部,征求顾客对头后部发型的意见;

(5)道别:理发结束后为顾客开票收款,协助顾客更衣,提醒顾客带好所携带的物品,向顾客道别。

6. 烫发程序

(1)检查发质:检查头发是否烫过、染过,检查头皮是否有皮肤病或者有伤,告之顾客是否适合烫发;

(2)选烫发液:根据不同的发质而选择不同的烫发液,根据不同要求选择不同发卷;

(3)洗发:用适量洗发液洗发、然后擦干;

(4)分束卷发:按照发型确定卷发棒的数量和角度;

(5)涂烫发液:头发若短于15厘米,卷发后再涂烫发液,头发若长于15厘米,在卷发前和卷发后各涂一次烫发液;

(6)烘干:使用红外线烘干机烘5~10分钟,若戴烫发帽则需8~15分钟,同时还要看头发质量适当增减热烘时间;

(7)冲洗:用温水冲洗3分钟,将头发上的烫发液冲洗干净,再用毛巾擦去水分;

(8)涂中和剂:在发卷上均匀涂上中和剂之后,小心拆开发卷,然后再涂一次中和剂,主要涂在发梢部位;

(9)冲洗:用温水再将中和剂冲洗干净,然后涂适量护发素;

(10)整型:吹风、梳理,以使发型美观。

7. 染发程序

（1）检查头发和头皮是否有损伤，以确认能否染发；

（2）根据顾客的发质和要求选择染发膏；

（3）如果顾客头发较干净，可以直接染，否则应该先冲洗干净，然后擦干再染；

（4）将头发分区分束涂覆染发膏；

（5）过 10~15 分钟后用温水和洗发液洗去染发膏，冲洗干净后涂上护发素；

（6）吹风和梳理整型。

8. 焗油程序

（1）用洗发液将头发洗干净；

（2）将焗油膏均匀地涂在头发上，然后在焗油机里焗 30 分钟；

（3）用温水将残留于头发上的焗油膏冲洗干净；

（4）吹风、梳理、整型。

9. 送客服务

美发结束后为顾客开票收款，协助顾客更衣，提醒顾客带好所携带的物品，向顾客道别。

五、桑拿浴室服务制度

（一）桑拿浴室服务程序

1. 顾客光临时，前台服务员应面带微笑，主动上前迎接顾客并问候，主动向顾客介绍服务项目和收费标准（如果是常客则不必介绍）。

2. 如果是住店顾客，应该请顾客出示房卡，核对姓名、房号、入住日期并进行登记。然后将消费单和毛巾交给顾客。

3. 若是非住店顾客，则应在消费单上登记姓名、住址、消费项目等内容，然后将消费单和毛巾交给顾客。

4. 服务员应指引顾客到相应的更衣室更衣。

5. 更衣室服务员应向顾客问候并接过顾客的消费单，然后引领顾客到相应的更衣柜前，协助顾客打开更衣柜。

6. 顾客更衣后，更衣室服务员应引领顾客到淋浴室并告知如何自行调节淋浴器水温。

7. 顾客淋浴后，引领顾客到桑拿区并介绍浴室种类和其他设施设备的位置及其使用方法。

8. 顾客进入桑拿房时，应询问是否需要饮料和其他用品。

9. 顾客进入桑拿房后，注意房内情况，以防顾客发生不适或意外。

10. 顾客离开桑拿房时，服务员应介绍冷、热按摩池的位置。

11. 顾客结束桑拿时,应根据顾客要求引领其到按摩室或休息室。

12. 当顾客将要结束消费时,服务员引领顾客到更衣室,更衣室服务员应协助顾客打开更衣柜并协助更衣。更衣后应提示顾客不要忘记所携物品。

13. 当顾客离开更衣室时,服务员应检查更衣柜,如发现顾客遗落的物品,应及时上交。同时打扫更衣柜,以便下一位顾客使用。

14. 顾客到服务台结账时,服务员将消费单交给收银员以办理结账手续。

15. 顾客离开时,前台服务员应将顾客送到门口并与其道别。

(二) 按摩室服务程序

1. 顾客光临时,前台服务员应面带微笑,主动上前迎接顾客并问候,主动向顾客介绍服务项目和收费标准(如果是常客则不必介绍)。

2. 如果是住店顾客,应该请顾客出示房卡,核对姓名、房号、入住日期并进行登记,然后将消费单和毛巾交给顾客。

3. 若是非住店顾客,则应在消费单上登记姓名、住址、消费项目等内容,然后将消费单和毛巾交给顾客。

4. 服务员应指引顾客到相应的更衣室更衣。

5. 更衣室服务员应向顾客问候并接过顾客的消费单,然后引领顾客到相应的更衣柜前,协助顾客打开更衣柜。

6. 顾客进入按摩室后,按摩师应引领顾客到准备好的按摩床前,请顾客躺在床上,为顾客盖上按摩布,然后开始计时。

7. 按摩师一边进行手部消毒一边询问顾客是否有不适合按摩的病症或不适合按摩的身体部位。

8. 将按摩油或按摩乳涂抹于按摩师的双手和顾客身体上(这是指港式按摩或欧式按摩的程序,如果是其他按摩方式,则可略去此程序)。

9. 实施按摩前,按摩师应先征询顾客希望的手法力度,然后开始按摩。

10. 在按摩过程中,按摩师还应再次征询顾客的意见,了解顾客的感受并调整力度以适应顾客的要求。

11. 按摩结束时,需用毛巾顾客身上的按摩油(针对港式或欧式而言)。

12. 按摩完毕后,按下计时钟并告知顾客按摩用时,再递上热毛巾给顾客。

13. 当顾客离开按摩室时,应提醒顾客不要忘记所携物品(如手机之类)。

14. 当顾客离开按摩室后,按摩师应及时更换按摩床单以准备接待下一位顾客。

15. 顾客到前台结账时,服务员应协助办理。

16. 当顾客离开前台时,服务员应送顾客到门口并礼貌道别。

友情提示

上面列举的桑拿浴室的服务程序和按摩室服务程序，其中前五条是完全一样的。这是因为大多数康乐部的桑拿浴室和按摩室是建在一起并共用一个接待前台的。这样既便于顾客消费也便于接待服务。如果是单独经营的按摩室，则不存在前台服务程序重复的情况。

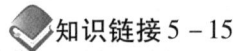 知识链接 5-15

桑拿浴沐浴知识

（一）桑拿浴简介

桑拿浴是一种蒸汽浴，浴者在气温高达 70℃~100℃之间的房间里用蒸汽沐浴。桑拿浴的英文名称是 Sauna，原意指芬兰式的蒸汽浴，现在则泛指蒸汽浴，桑拿浴分干桑拿和湿桑拿两种。干桑拿起源于芬兰，也叫芬兰浴；湿桑拿起源于土耳其，也叫土耳其浴。继传统桑拿浴之后，又出现一种新的沐浴方式——光波浴。光波浴是利用远红外线发生器发出的红外光线照射人体，与人体内的红外线发生共振，产生内热，使人体在 40℃的环境温度下大量出汗。光波浴又称红外线桑拿浴，它与传统桑拿浴的区别在于，浴者不必置身于高温、高湿的环境中，因此，不会产生胸闷、心慌、头晕等感觉。

洗桑拿浴对人体有很好的功效：能够促进血液循环，增强心血管系统的功能；能够减少脂肪堆积，控制体重；能够帮助排除体内的毒素及矿物质垃圾；能够提高人体免疫系统的功能；能够减轻关节疼痛或僵硬；能够改善皮肤质量，使皮肤光润亮泽；能够减少因工作和生活紧张带来的压力和疲劳。

洗桑拿浴时要注意自己的身体状况，患有较重的急性、慢性疾病者，如患高血压、低血压、心脏病、皮肤病和其他严重内脏疾病的人，不宜洗桑拿浴。

桑拿浴健体强身的作用现在已被越来越多的人所接受，受到越来越多的人的青睐，因此在三星级以上的饭店中，这个项目几乎已成为必设的项目。

（二）洗桑拿浴的方法

桑拿浴是一种特殊的沐浴方式，洗桑拿浴的方法和程序如下：

浴者更衣之后，先到淋浴室淋浴，以洗去体表的浮尘和皮屑；然后，可以根据习惯先到按摩池内泡浴，也可以先到桑拿房内蒸桑拿。水按摩池分冷水和温水两种，冷水池的水温为 4℃~8℃，温水按摩池的水温为 37℃左右。按摩池中装有水流喷口，可喷出急速的水流，能起到按摩肌肤的作用。

在芬兰浴室，浴者坐在木结构的浴室内根据自己的需要向桑拿炉内被烧得灼热的石头上淋水,水迅速蒸发成灼热的蒸汽,在这灼热的蒸汽环境中,浴者体内水分迅速变成汗液排出体外。

在土耳其浴室,可以根据需要调节专用的蒸汽发生器的开关,使浴室内充满浓重的湿热蒸汽,其湿度极大,浴者可以根据需要用容器舀少许凉水浇在自己的头上。在这又湿又热的浴室里,只需很短的时间,浴者就会大汗淋漓,浑身轻松。

为了减少呼吸道的灼热憋闷感,可在入浴前带一块冰毛巾捂在口、鼻处。蒸桑拿的时间视每个人体质和耐受力不同而不同,短者可两三分钟,长者可达一二十分钟。一般桑拿房中设有沙漏计时器或者钟表,顾客可自行掌握时间。从桑拿房中出来后,应在淋浴室将汗水淋去,再进按摩池泡浴。也有的顾客直接泡浴,但这样不太卫生。经常洗桑拿的人往往是蒸得大汗淋漓后,离开桑拿房立刻进入冷水池,然后再回到桑拿房,如此反复几次,使肌肤在骤冷骤热的刺激中得到锻炼,从而提高免疫力。沐浴后,肌肤会感到十分轻快舒适。此时可换上短衣短裤到休息室的沙发上休息或做按摩。

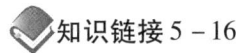知识链接 5-16

按摩消费知识

一般情况下,饭店康乐部的按摩室都是与桑拿浴室连在一起的,因为它们都属于被动式的健身项目,顾客也往往愿意两个项目一起消费。但二者又有区别,因此分列标题予以介绍。按摩服务是由按摩师运用推、拿、揉、按等手法对客人身体的不同部位或经络进行按摩,从而达到促进血液循环、经络通畅、消除疲劳、增进健康的目的。

(一)按摩的分类

1. 中医保健按摩

中医保健按摩是以中医理论为基础的保健按摩;以经络穴位按摩为主,其手法渗透力强,可以放松肌肉、解除疲劳、调节人体机能,具有提高人体免疫能力、疏通经络、平衡阴阳、延年益寿之功效。

从严格意义上讲,医疗部门提供的中医保健按摩与饭店提供的中医保健按摩是有所区别的,医疗部门的保健按摩以全身经络为主;饭店的中医保健按摩以脊柱两侧的经络为主。中医保健按摩是康乐部最常见的服务项目。全面的中医保健按摩是从头到脚将全身的主要穴位都按摩到,但现在经营者又将头部按摩和足部按摩单分出来,成为独立项目。通过按摩,能使顾客消除疲劳,全身轻松。

2. 传统泰式按摩

传统泰式保健按摩是流行于泰国的一种按摩方式,是由我国的传统按摩手法演变而来,它以活动关节为主,手法简练而实用,是保健的较佳手法之一。它以活动关节为主,无穴位之说,不同于中式按摩。难易适中,实用性强。泰式按摩非常注重背部、腰部的舒展。按摩师从脚趾开始一直作业到头顶才算结束一套动作,从足部向心脏方向进行按摩。手法几乎涵盖了按、摩、拉、拽、揉、捏等所有动作。且左右手交替动作,用力柔和、均匀、速度适中、顺序进行。泰式保健按摩可以使人快速消除疲劳,恢复体能,还可增强关节韧带的弹性和活力,恢复正常的关节活动功能,达到促进体液循环,保健防病,健体美容的功效。

传统泰式按摩与现代泰式按摩在内涵上有本质区别,后者是一种带有色情倾向的按摩方式。

3. 足部反射区按摩

简称足按摩。这是中医保健按摩的一个分支。这种按摩是通过对两脚及小腿的按摩,达到消除疲劳、解除病痛、健体强身的目的。这种按摩在国内已很普遍。

足按摩分足底、足两侧、足背、小腿等120多个反射区,它们分别与全身脏腑器官相对应。采用不同手法按摩这些反射区,根据它们的反应,就能初步诊断客人的身体状况。然后,再进行有针对性的按摩,就能起到疏通经络、促进血液循环、恢复脏器功能、增强免疫力的作用,达到健体强身的目的。

4. 头部穴位按摩

这也是中医保健按摩的一个分支,这是近些年比较流行的按摩服务项目,按摩部位以头部为主。头部分布着十分丰富的血管、神经和经络,头部按摩对解除疲劳,醒脑提神很有效果。有的康乐部在做头部按摩的同时还提供吸氧服务。

5. 中医治疗按摩

这种按摩服务须经医疗管理机关许可才能提供,主要在医院里开展,这里不作进一步介绍。

6. 西式按摩

也称欧式按摩。其手法轻柔,以推、按、触摸为主,搭配使用多种芳香油,沿肌肉纤维走行方向、淋巴走行方向、血管走行方向进行按摩,这种按摩以肌肉按摩为主,无经络按摩手法及内容给人轻松、自然、舒适的感受。可放松肌肉、缓解酸痛。

7. 日式按摩

日式按摩是以拇指推按脊柱两侧经络和穴位为主,因流行于日本,故称"日式按摩"。

8. 推油按摩

这种按摩流行于欧洲和香港,最早是欧式按摩的方式之一。推油按摩是在接受按摩者的后背适量涂抹植物精油、橄榄油、婴儿油或薄荷油等有益皮肤的油剂,然后再用推、揉等手法按摩。这种按摩对治疗风寒感冒、腰背寒凉及增强体质有良好效果。

9. 热石按摩

热石按摩是将热石按摩与天然植物精油相结合的一种新型按摩方法。按摩师手持热石以深层肌肉按摩手法进行按摩,能使享受按摩者感觉温暖舒适,能使肌肉放松。有助于释放压力、恢复元气、加速脂肪代谢。

10. 金箔按摩

这是近几年来在瑞典出现的一种新式按摩,它是先在人体表面的某一部位贴覆面积约5厘米×10厘米的金箔,再在金箔表面及其周围涂上植物精油,然后再用推油手法进行按摩。据说对缓解疲劳很有益处。但该方式是否真像商家和媒体宣传的那样有效,尚待验证。

(二)按摩保健知识

按摩是指按摩师通过各种手法服务于顾客,使之达到疏通经络、放松肌肉、解除疲劳、健体强身的目的。同时,它还能对一些疾病起到很好的治疗作用。但像其他保健和治疗方法一样,按摩也有其适应症和禁忌症。

1. 按摩适应症:

(1)神经衰弱、失眠、健忘等症;

(2)轻度感冒及消化不良;

(3)急性软组织损伤及慢性劳损性疾病而无皮肤破损者;

(4)骨关节间的滑膜嵌顿和细微错动;

(5)创伤后肢体关节僵直、粘连及软组织挛缩、肌肉萎缩者;

(6)骨关节病及痹症引起的肢体疼痛、关节活动不便者;

(7)骨关节可逆性畸变者。

2. 按摩禁忌:

(1)诊断尚不明确的急性脊柱损伤伴有脊髓症状及椎体重度滑脱者;

(2)急性软组织损伤、局部肿胀严重者;

(3)可疑或已明确诊断有骨关节或软组织肿瘤者;

(4)骨关节结核、骨髓炎、老年骨质疏松症等;

(5)严重心、肺疾病患者;

(6)有出血倾向的血液病患者;

(7)患有传染病者;

(8) 按摩部位有严重皮肤损伤及皮肤病者；
(9) 妊娠三个月左右的孕妇；
(10) 有精神病不能与按摩师合作者。

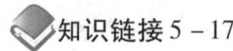
知识链接 5-17

氧吧消费知识

氧吧是近几年才出现的休闲康乐项目。氧吧经营的主要内容是为顾客提供吸氧的服务。人体是由细胞构成的，细胞的活力取决于人体吸收的碳水化合物与氧的化学反应能力。现代社会紧张的工作和快速的生活节奏，使人体的耗氧量增大，这时，就可能使人因供氧不足而疲劳或患病，其症状可能是心理压力加重、记忆力减退、神经衰弱、头痛、失眠、反应迟钝、消化不良、免疫力下降、内分泌失调、生物钟紊乱、心肺功能减退，等等。这时，应设法增加体内的氧含量，提高血红蛋白的供氧能力。较为简单有效的办法就是吸入纯氧，于是氧吧就应运而生了。氧吧提供的氧气有两种来源：一种是用氧气瓶供氧，另一种是用电动制氧机供氧。最近，在美国又出现了一种氧气喷泉吧。它乍看起来与别的酒吧没有什么两样：灯光幽暗，音乐飘逸；所不同的是，到这里来的人手中捧的不是酒杯，而是一种透明小氧气罐。这种氧气罐外接吸入器，使用者轻轻一吸，罐内所装的纯度为100%的氧气便会如喷泉般地涌出——所谓"氧气喷泉吧"因此而得名。在氧气喷泉吧，你可以一边听音乐，一边吸几口带有柠檬香味的纯氧，仿佛置身于山林或海滨，获得一种沁人心脾的清新感觉。除了供应罐装纯氧外，氧气喷泉吧还供应其他含氧制品，如"含氧滴""含氧水""含氧胶囊"等，均很受欢迎。根据顾客的需要，很多氧吧增加了头部按摩。通过按摩，既可以调节经络，促进血液循环，又可以促进氧的吸收，与吸氧相得益彰。因此，氧吧这种休闲形式一经出现，便很快流传，各饭店争相开办，以致管理机关还未来得及制定相应的规范和制度，出现了政策滞后的情况，可见其发展之快。

可以肯定地说，人脑在缺氧环境或缺氧状态下，吸氧有利于身体，对有些症状，例如由过度疲劳而引起的缺氧性头痛等，可以起到立竿见影的治疗效果。但是健康的人在不缺氧的状态下，如果吸入纯氧过多，就会加速新陈代谢，导致人体组织疲劳、细胞衰老速度加快，会给身体健康带来不良影响。因此，就像饮食不应该营养过剩一样，吸氧也不可无节制。

六、休闲游乐项目的服务程序

本教材主要是针对室内康乐项目的管理与服务而写,所以对休闲游乐项目涉及的内容相对少一些。这里只宽泛地介绍其服务程序。在知识链接5-18中对其项目设施做一些介绍。

1. 服务员按时到岗,在考勤登记册上签到,然后换好工作服。

2. 搞好所负责项目的场地卫生和设备卫生,打扫场地,擦拭设备。

3. 检查所负责项目的设备情况,对电源、动力、传动、出入口等部位要逐一检查,确认设备情况完全正常后方可转入下一工作程序。

4. 营业时间到点后,打开围栏门。当顾客来消费时服务员应该主动问好并请顾客出示票券,在票券上打上本项目使用标记后请顾客进入设备。

5. 需要顾客坐下的设备,服务员应该引导入座,然后提示顾客系好安全带,服务员要再检查一遍,确认顾客的安全带系好后再关上仓门并别好门闩。不要求顾客坐下的项目(如蹦极等),应该帮助顾客系好保险绳等安全设备,经检查确认无误后进入下一程序。

6. 服务员离开即将运行的设备,控制人员启动设备。

7. 设备开始运行后,服务员应该注意观察,一方面观察设备运行情况,另一方面观察顾客反应,如有异常,应该立即钦按紧急滞动按钮。如果有的顾客出现明显的不适应,如剧烈呕吐、休克等现象,应该主动搀扶顾客,并送到医务室诊治。

8. 设备运行结束后,服务员主动为顾客打开仓门,解开保险设备,引导顾客离开项目活动场地。

9. 顾客临走时,服务员应该主动与顾客道别。

10. 营业结束时,应该再次清理卫生并检查和保养设备,为下一日的营业做好准备。

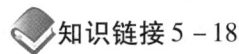
知识链接5-18

游乐项目知识

室外游乐园占地面积都很大,比较正规的可达几十公顷。通常,人们认为室外游乐园的项目完全是室外康乐项目。但就目前国内的情况看,它是以室外项目为主、以室内项目为辅的康乐场所。例如有的室外游乐园经营的电子游戏机、吃惊房屋、动感电影、激光枪战等项目都属于室内项目。游乐园的室外项目的特点是体积很大,富于刺激性,且多为顾客被动式参与运动的机械设备。室外项目的种类很多,下面先列举一些项目名称,然后选几个具体项目进行介绍。这些项目有河面漂流、碰碰船、惊险冲浪、激流勇进、大型水滑梯、神峰大峡谷滑道、矿山车、过山车、小赛车、疯狂老鼠、观光缆车、脚踏观览车、观光魔天轮、蜗牛爬树、仿真野战、机械章鱼、勇敢者转盘、超级太空船、空降伞兵、浪卷珍珠、旋转飞碟、旋转木马、太空战机、飞荡转椅、超级秋千、摇荡滚摆、意大利飞毯、海盗船等。还有一些与上述项目名称不同但机械原理差不多的项目，这里就不一一列举。

本节主要阐述室外游乐项目设施设备的一般使用知识和保健知识，通过学习，使学生熟悉和掌握这些项目的活动要求，为进一步掌握相应项目的服务与管理知识奠定基础。下面较具体地介绍几个项目。

一、过山车的乘坐

过山车是一种轨道车，它的车厢相对固定在轨道上，游人坐在车中，会随着车厢快速运动、上下翻飞。能使人得到超快速前进、失重、离心力、倒向悬吊等方面的感受，会使乘坐者感到惊险刺激、回味无穷。

过山车的轨道蜿蜒起伏，落差很大，高的地方有二三十米，低的地方紧贴地面，有的地方以较小的半径做垂直180度运行，有的地方又做水平180度运行，还有的地方以很大的角度倾斜运行。过山车在上坡时靠铰链带动缓慢上行，下坡时靠惯性以能使人产生失重感的速度极快地向下滑行，瞬时最高速度可达每分钟8000米以上。就像坐超音速飞机的感觉一样，在1~2秒的时间内使身体承受5个重力的压力，使心跳速度很快从每分钟60~70次上升到150次，使人激发出逃跑的欲望和战斗的激情。各个游乐场的过山车轨道长度不一样，一般在500~1500米之间。一条长约600米的过山车，每次运行时间约2分钟。乘坐过山车及类似的游乐设备要特别注意系好安全带，否则一旦发生事故，就很可能是恶性事故。另外，老人、儿童、高血压及心脏病人等都不宜乘坐过山车。

二、观光魔天轮的乘坐

有的地区把观光摩天轮叫大观览车或者简称摩天轮。它的主要功能是用一个极大转轮上的座仓把顾客带到高空，并不停地缓慢运转，以便顾客饱览四周的美好景色，使顾客轻松愉快、悠闲自在地度过一段美好的时光，它能使人放松情绪、忘掉疲劳和烦恼，产生一种超凡脱俗的愉悦快感。位于英国伦敦泰晤士河南岸的"伦敦之眼"是2006年前世界上最大最高的观光摩天轮。它重达1500吨，高135米，比伦敦圣保罗大教堂及美国纽约的自由女神像还高。坐在上面可以将整个伦敦城的景色尽收眼底。事物是在不断发展的，总是新的超过旧的，总是后来者居上。到2010年，全世界最高的摩天轮建在中国，它坐落在南昌市红谷滩新区，建成于2007年。这座摩天轮高为160米，比前面所述的"伦敦之眼"高出25米，是南昌市的标志性景观。它的转轮直径为153米，运转一周约需30分钟。

观光摩天轮主体是一个垂直转动的巨大的钢制转轮，转轮的外圈等距离地悬吊着几十个观光仓,每个观光仓内可面对面地坐4个人。观光仓由金属骨架和有机玻璃构成,坐在里面的人可以透过有机玻璃向四周观看。观光摩天轮的转动速度很慢,每转一周约需10~35分钟(视转轮大小决定转动一周的时间),对于处在转轮外圈的观光仓来说,每分钟的运行速度为12米左右,这种速度能够使顾客在不停地运转中从容自如地从底部出入观光仓。

乘坐观光摩天轮时应该注意关好观光仓门,以免发生事故。

三、飞荡转椅的使用

飞荡转椅是通过不同的旋转和飘荡产生的离心力来刺激人的感官,使人产生旋转不定、迷离恍惚的感觉,从而"忘却天下烦心事,不知身前身后名",达到放松身心、解除疲劳的目的。

这套设备是在一个约30米高的垂直主轴顶端,向水平方向伸出三个悬臂,悬臂外端的旋轴上悬吊着六套双人座椅。飞荡转椅的运行规律就像天文学中卫星与行星之间的关系,卫星在自转的同时围绕行星转动。飞荡转椅的悬椅围绕旋轴自转,同时旋轴在悬臂的支撑下围绕主轴旋转。乘坐飞荡转椅时,应该特别注意系好安全带,以避免发生事故。

四、碰碰船的使用

碰碰船是通过圆形船体无规律的撞击、震荡、颠簸来刺激人的感官,使人飘忽不定,难以驾驭,常常产生出乎意料、令人发笑的相撞情况,使人们在笑声中忘掉疲劳和烦恼,达到放松身心的目的。

碰碰船的船体是一只圆形的充气橡皮船,船上装一台发动机,发动机带动螺旋桨以推动船体行进。小型的碰碰船可坐1~2人,大型的可坐5~6人。驾驶碰碰船的人很难使船按照指定的方向行进,因而让人捧腹大笑的情景频频发生,乘坐者能够在这种欢乐中得到愉悦。

乘坐碰碰船时要注意坐稳,以免由于船的惯性把人甩出去;如果带小孩乘坐的话,切记扶好孩子,以避免发生意外事故。

五、自由落体的使用

自由落体的主体是一座高达70米、直径1米多的金属塔。在塔顶端向外伸出的悬臂上悬挂四组或六组吊椅,每组吊椅可坐4人。顾客坐好之后,缆绳就将吊椅沿轨道吊至塔顶,然后快速松开刹车,吊椅一下子以加速度沿轨道垂直滑落下来,在滑到离地面还剩1/4距离时下滑速度被控制住,由快速下滑、加速下滑变为缓慢下滑,然后着陆。虽然整个过程不到30秒,但坐在吊椅内的人,几乎完全处于失重状态,紧张得呼吸都似乎要停止了,心脏也好像要跳出胸口。这种项目带给人的刺激是强烈的,尽管有的人在玩的时候吓得脸色惨白,但是仍然要再次体验,足见其具有很强的吸引力。

乘坐自由落体时,应该注意系好安全带。另外,老年人及心脏病、高血压等患者不宜乘坐。

室外游乐项目很多,这里恕不一一介绍。

案例分析1

康乐部的管理制度必须不断完善

随着康乐业的不断发展,康乐管理的理论和实践也在不断发展,康乐部的日常管理制度也随之日臻完善。现在很多企业的康乐部都制定了比较完善的规章制度,这些制度的制定不是一蹴而就,而是很多康乐管理者花费了大量心血从实践中总结、归纳之后,又经过不断修改或者增删,才使其越来越符合实际,发挥其应有的作用。

北京某大型康乐企业规章制度的制定和完善就有这样一过程。例如,原来的员工纪律中规定不许私自倒汇换汇,那是针对1990年时的情况制定的。由于当时的社会、经济、汇率等方面的原因,非法换汇、倒汇的现象经常出现,大型康乐企业经常有一些顾客使用外汇消费,也有个别员工借机倒汇,为了杜绝这种现象,因而制定了上述纪律。但是到了1999年前后,外汇市场上的官方汇率和黑市汇率已经比较接近,而且,根据市场的发展趋势,中国汇市也将要与国际接轨,并且近几年也未发现员工倒汇现象。因此,在2000年修改管理制度时就将这条纪律删去了。

再如,该企业1990年制定员工仪容及言行规范时,规定女员工发型不得散乱披肩,长头发必须扎束或者盘起来,没有规定头发最短的限度。1998年时出现了一位追赶时髦的女员工,她把自己的头发理成光头,当她穿上工作服时,从背后看,分不出是男是女(该公司戏水乐园男、女员工的工作服是同样的),结果当她进入女更衣室时,女顾客以为闯进一位男服务员,闹出一场误会,让顾客感到很不愉快。按当时的情况,该员工并没有违反规定,不应该受到指责。问题出在该公司所制定的员工仪容及言行规范上。于是公司将该规范关于女员工发型的规定又增加了两条,即不得梳理怪异发型及染怪异发色,女员工不得理男式发型。这样就杜绝了类似事件的发生。

简单的两个例子,说明规章制度需要不断修改完善的重要性。除此之外你还遇到过其他类似的例子吗?(另需说明,某些西方国家的康乐企业不强制规定员工的发式,认为梳理什么样的发式是员工的个人自由,企业无权干涉。)

☞ 案例分析 2

管理者及服务员都应该熟练掌握康乐项目的使用知识

在 20 世纪 90 年代初期，北京借举办亚运会的大好时机，创建了国内第一家、当时亚洲最大的室内康乐场所。在试营业期间，由于很多项目是人们以前从未见过的，管理者和服务员都是在"摸着石头过河"，谁也不知道怎样管理和怎样服务，于是便全盘照搬了饭店的管理模式，并且模仿饭店的规章制度制定了最初的规章制度。员工以前从未接触过这些新奇好玩的康乐项目，都希望亲身体验一下这些项目，并希望熟悉这些项目以便于服务，纷纷要求进行项目使用方法的业务培训。可是当时由于企业刚刚开张，规章制度还很不完善，如何开展培训，由谁来培训，什么时间培训等问题都没有解决，于是企业领导便决定先集中主要精力进行规章制度方面的培训，只用较短时间对员工进行关于项目使用方法的口头培训。出于好奇心的驱使，一些服务员也包括少数管理者还是千方百计地找机会体验那些新项目，员工违规享用客用设施的现象屡禁不止。为了扭转这种难以管理的局面，也许是出于"矫枉必须过正"的考虑，企业领导决定在较短的一段时间内停止一切关于项目使用方法的培训，违者处以"重度过失"。结果，私自动用客用设施的现象被制止了，关于项目的使用方法也未能及时培训。在正式营业期间，顾客如潮。但是真正会使用这些设备的顾客却很少，很多顾客只是来"开洋荤"的。有的顾客不会使用设备或者不懂运动规则，便随意使用设备，例如在保龄球馆，有的顾客用两只手捧着球抛掷，有的顾客将球抛得很高，使球道受到损坏。这些在今天看来有些可笑的现象在当时却经常出现。由于当时还没有使用电脑记分设备，人工记分的规则又比较复杂，大部分顾客还需要服务员帮助记分，然而服务员未经过系统的运动技能和记分规则的培训，有一部分还不能满足顾客的需要，出现了尴尬的局面，顾客意见很大。

看来，管理者和服务员都应该重视各项目设备使用方法及规则的培训。技能培训和加强管理二者不可偏废。

本章小结

本章介绍的康乐管理的基本原则和基本方法适用于康乐管理的全过程。

康乐部的日常管理制度是康乐部经营管理最常用的制度。本章介绍了制定这些制度的方法，参照其方法可以自行制定康乐部的制度。

本章还列举了一些较常见的项目的日常管理制度。这些制度都是经过一些康乐企业在实践中检验过的成熟制度，因此，可供新建的康乐企业根据需要直接引用。

 友情提示

责、权、利三者之间的关系

责、权、利三者之间应该是有机联系的,不可偏废。在委以责任的同时,必须赋予同责任相关的权力,还应该给予相应的劳动报酬——利益,三者是不可分的。如果只强调责任而忽略其他两者,就会失去履行责任的手段和积极性;如果只强调权力而忽略其他两者,容易引发权势欲望膨胀,增加随意性,会使经营管理混乱;如果只强调利益而忽略其他两者,就容易使人利令智昏、贪欲膨胀,会使经营出现漏洞。因此,必须将三者有机地结合起来,再配合实施强有力的督导机制,才能使员工很好地完成工作任务。

 思考与练习

一、名词解释

1.以人为本的管理原则 2.目标管理 3.全面质量管理
4.现场指导的管理方法 5.康乐部的日常管理制度

二、选择题

全面质量管理的四个步骤是下面哪一项?( )

①实施阶段,检查阶段,计划阶段,处理阶段。
②检查阶段,计划阶段,处理阶段,实施阶段。
③计划阶段,实施阶段,检查阶段,处理阶段。
④计划阶段,处理阶段,实施阶段,检查阶段。

三、简答题

1.简述制定康乐部的规章制定的依据。
2.简述康乐管理的基本原则。
3.简述康乐管理的基本方法。

四、论述题

1.康乐服务员的岗位职责有哪些?
2.康乐服务员的行为规范有哪些?
3.有顾客投诉某康乐企业前台服务员接听电话太慢,有时铃响七八声都没有人接听。请你分析一下出现这种现象的原因,并且谈谈应该采取怎样的改进措施。
4.有一家康乐企业因设计方案考虑不周,致使员工去餐厅吃饭时必须经过大堂,顾客反映大堂比较乱。你认为应该制定怎样的规定才能改善这种状况?

第六章 康乐部的服务质量管理

课前导读

为顾客提供优质服务是所有饭店和与饭店相关的企业在竞争中生存和发展的关键。同样,康乐部的优质服务也是康乐部管理和服务的关键,这已经成为共识。每个饭店和康乐企业都在积极探索提高服务质量的有效途径,都把为顾客提供优质服务作为管理和服务人员时刻高度重视并付诸行动的首要工作。康乐服务是康乐企业在经营过程中向顾客提供的设备和劳务等方面活动的综合体现。康乐服务贯穿于康乐经营的全过程,良好的服务质量是康乐经营的关键环节。为顾客提供优质服务,这是所有康乐企业的经营性质所决定的。因此,康乐企业的所有管理人员和服务员都应该掌握优质服务的理论,并把这些理论运用到服务的实践中去。

学习目标

- 了解康乐部服务质量的含义
- 掌握提高服务质量的方法与途径
- 认识优质服务的概念和特征,理解优质服务的内涵
- 掌握提供优质服务的方法

第一节 康乐部服务质量管理的内涵

一、康乐部服务质量管理的内容

康乐服务质量的内容包括广义的服务质量和狭义的服务质量。广义的康乐服

务质量是由多项因素构成的综合概念,其中主要包括饭店(康乐企业)康乐设施、设备的质量,劳务质量和企业整体质量三方面;狭义的康乐服务质量通常专指劳务质量。

(一)康乐设施、设备的质量

康乐设施是指为满足康乐经营需要而建造的建筑物及相关的系统。康乐设备是指为康乐经营而购置的成套器材。康乐设施、设备质量是指康乐设施、设备能够满足顾客一定需要的自然属性和物理属性。具体表现在以下几个方面:

1. 设施、设备的功能

要求设施、设备的功能齐全又便于操作,并且具有本企业特点。既指单项设备的性能,如健身房的多功能训练器;也指由不同功能的设备所构成的功能的齐全性,如电子游戏厅的游戏机。

2. 设施、设备的可靠性

这是指设施、设备在正常使用条件下和设备保质期间,能够正常运行而不发生故障的可靠程度(一些企业使用无保质期的二手设备,或超负荷使用设备,就谈不上可靠运行)。

3. 设施、设备的安全性

这是指在使用中,设施、设备对外界环境的影响和对顾客的人身安全保证。设备应该装有防止发生事故的各种保护装置,如自动报警、自动断电、自动停止等自动保护装置,能够最大限度地保障顾客的安全。

4. 设施、设备的外观

要求设施、设备的外观新颖美观。既包括饭店或者康乐企业建筑设施的造型、款式、色彩等方面的美学特点,也包括康乐设备在外观方面的美观、新颖、高雅,符合时代潮流,与经营环境协调一致。

(二)劳务质量

劳务是指不以实物形式而以提供活劳动的形式满足顾客某种需要的行为,是服务人员为顾客提供服务时的行为表现。我们通常所说的服务质量大多专指这种劳务质量,是狭义的服务质量。

康乐部提供的劳务质量的要素主要包括:

1. 服务员个人的形象及素养,即他们的仪容、仪表、谈吐和礼节礼貌;
2. 服务员的服务技能和服务态度,即提供劳务的能力和热忱度(服务过程中始终如一的热情和勤奋的程度);

3.服务员的服务效率和应变能力,即服务员在单位时间内所能提供的劳务数量及这些劳务的效果,以及当服务对象、时间、场合等条件发生变化时所能表现出来的随机应变能力。

(三)企业整体质量

这是指康乐部所在的饭店或康乐企业的综合质量水平。构成整体质量的因素有很多,包括:

1. 饭店的等级;
2. 企业的规模和所处的环境;
3. 康乐项目的数量和质量;
4. 除康乐服务外所能提供的其他方面服务的数量和质量等;
5. 饭店内部各部门之间协调配合的默契程度。

企业整体质量水平对康乐服务的质量能够产生较大影响,是评价康乐服务质量的较重要因素。

二、提高服务质量的方法和途径

这里所说的服务质量,是专指在经营中向顾客提供劳务的质量。劳务质量在康乐管理中占有非常重要的地位,是中、低层管理者的主要工作内容。因此,提高劳务质量具有很重要的意义。提高服务质量方法和途径主要有以下四方面:

(一)建立规范化的服务程序

规范化的服务程序是指在本行业内约定俗成的基础上,在把方便最大限度地提供给顾客的原则下,设计出最优的并且具有较强的可操作性的服务顺序和作业方法,并把它们相对固定下来形成制度。

制定规范化的服务程序首先要确定服务的环节和工作任务,其次要确定服务时的先后次序,最后把它们用文字形式固定下来并贯彻执行。规范化的服务程序能使一些无固定形态的服务工作达到相对一致,便于管理人员和顾客对服务工作的检查、评定,有利于保持服务质量的稳定。

(二)制定量化的服务标准

服务标准是指提供服务时所依据的准则和尺度,是衡量服务水平的准绳。量化的服务标准是指将抽象的服务标准转化成能够用较具体的数量或者尺度进行检查和衡量的条款。

为了使康乐服务质量具有可衡量性,要制定出符合实际的服务标准,并且要将这些标准尽可能地量化。康乐服务往往是与康乐活动同时进行的,因此其质量标准应该规定出服务人员在每个环节的动作、形态、语言规范、时间限制等方面的内容。例如,要求服务员站姿端正,就不能只提一句口号,应该提出具体的站姿要求,要具体确定从头到脚每一部分肢体的姿势和位置。这样既便于培训和指导,又便于衡量和检查。

(三)建立严格的服务质量管理制度

服务质量是经营管理水平的集中体现,服务质量的水平对康乐经营会产生直接影响。为了保证服务的高质量,有必要建立服务质量管理制度,以便根据服务质量标准及时监督、检查、衡量、评估服务质量水平,并对不符合质量要求的服务行为提出改正要求,制定改进措施。

(四)开通顾客意见反馈渠道

顾客对服务质量的评价,是最客观、最权威的评定。顾客对服务所反馈的信息,是改进服务工作、提高服务质量的主要依据。管理者应当开通顾客意见的反馈渠道,并保持畅通,这是提高服务质量的有效途径之一。顾客反馈的信息中有正面肯定的,也会有否定的和抱怨情绪的。对于前者应当继续坚持,对于后者则应当立即改进。顾客反馈信息的渠道有以下几种:

1. 主动渠道,是指康乐服务员和管理者在服务过程中主动征求到的顾客的意见和感受到的情绪。

2. 被动渠道,是指在经营管理中被动接受顾客提出的意见和建议,包括口头的和书面的,也包括各种形式的投诉。

3. 间接渠道,是指通过顾客的同事、朋友转达,通过员工的亲属、朋友反馈,通过服务员的上级或者其他部门反馈的意见。

第二节 康乐部的优质服务

康乐部的经营管理是一项系统工程,它由接待服务、项目服务、管理服务、营销服务等构成。"服务"体现在整个康乐部经营的各个环节。服务质量的高低优劣直接影响饭店康乐部或康乐企业的声誉、形象和经济效益。康乐部的优质服务应该从两个大的方面去把握,即硬件部分和软件部分。硬件部分主要是指设施的建设和设备的配置,这是由企业决策者决定的,这里不作深入探讨;软件部分主要是指由服务员提供的具体服务,这与企业的管理者及服务员都有非常密切的关系。为顾客提供优质服务是管理者和服务员时刻都应高度重视并付诸行动的重要工作。

一、优质服务的概念及特征

康乐部向顾客提供的服务,以其特定的内容创造使用价值,参与商品交换,因而具有商品的一般特征。提供优质服务是商品经济中价值规律的客观要求。要想提供优质服务,就应该弄清其概念及特征,认识优质服务的本质。

(一)优质服务的概念

1. 什么是服务

谈到优质服务,首先要认识什么是服务。国家技术监督局的有关文件为服务所下的定义是:"为满足顾客的需要,供方与顾客接触的活动和供方内部活动所产生的结果。"它包括接待服务业、交通与通信、医药、维修、公用事业、贸易、金融、行政管理、技术、采购、科学等,也包括工业企业中的服务。这个定义属于推荐性国家标准,适用范围很广。为了更有针对性,也为了论述的方便,本书在上述定义的基础上将康乐服务的定义进行提炼。

康乐服务的定义:在一定的场所和时间内,供方以提供活劳动的形式满足顾客合理需求的单向供应过程。

这个概念中所说的"在一定的场合和时间内"是指在营业场所和营业时间内,否则就不会发生一般的服务与被服务的关系了,例如餐厅服务员与公共汽车的司机售票员,如在不同的营业场合和时间内,服务与被服务的角色就会被置换。概念当中的"供方"是指提供服务的企业,具体的提供者就是服务员。"合理需求"是指顾客在购买服务产品时应与供方建立在等价交换的原则基础之上,而且,顾客的需求还应符合国家的政策法令和社会道德规范,假如有个别顾客要求提供赌博或色情服务,这就不属于合理需求,应该予以拒绝。

2. 什么是优质服务

优质服务的定义:顾客在消费过程中,认为其满意度达到了期望值的那部分服务。

对顾客来说,当满意度达到或超过他的期望值时,顾客就会认为是优质服务;当满意度接近期望值时,顾客会认为是一般服务;当满意度距离期望值较远时,顾客会认为是劣质服务。在一定条件下,期望值有时候是动态的,它会随着条件的变化而变化。

(1)什么是期望值

广义的期望值指一个人对某目标能够实现的概率估计。康乐顾客的期望值是指顾客对饭店或康乐企业所提供的服务可能达到的水平的概率估计。期望值的产生见图6-1。

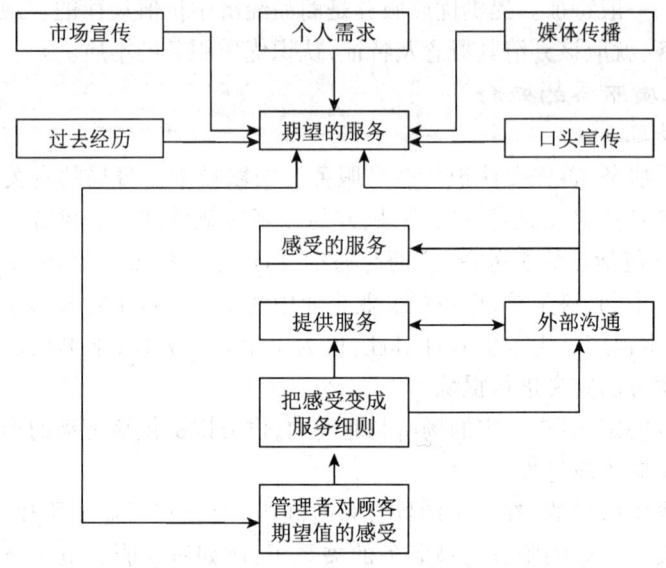

图6-1 期望值的产生

人们对不同事物的期望值是不同的,例如对工作的期望值、对生活的期望值、对婚恋的期望值、对饮食的期望值、对康乐的期望值等,各不相同。期望值是个变量,它因人、因地、因事不同而有所不同,并且会随着时间的推移而不断变化。

(2)什么是满意度

满意度是指顾客对所感受到的服务的评价与其期望值一致的程度。满意度是衡量服务质量优劣的动态标准,并且是最主要的标准。

(二)康乐部优质服务的基本特征

优质服务的基本特征是:建立在规范化服务基础上的个性化服务。

规范化服务亦称标准化服务,它是对服务中反复出现的常规性事务,以业内的共同认可的标准而提供的服务。规范化服务是具有共同特征的服务,一般情况下,它可以满足大多数顾客的要求。

个性化服务是指为顾客提供与众不同的、有针对性特征的服务。它是规范化服务的发展和延伸。个性化服务包括情感服务、特色服务、超常服务。

1. 情感服务

情感服务是指在尊重和理解顾客的基础上,为使顾客在精神上、情感上得到满足而提供的服务内容和服务行为。例如,很多饭店都建有顾客档案,并且要求服务员熟悉回头客的情况,当顾客第二次来消费时就不得简单地称呼"先生""小姐",而应在前面加上姓氏,即"×先生""×小姐",或姓氏加职务,"×经理""×总"。

有时,根据顾客档案还可以在顾客生日那天向其道贺或赠送生日礼物。又如,当企业的管理者举办联谊会时请顾客参加,在重大节日向顾客赠送一些礼品,如新年时赠挂历,圣诞节赠小玩具。通过这种服务,可以使顾客感到企业的管理者或服务员时刻都在想着他们,从而增进他们与企业的管理者及服务员的感情。当顾客与服务的提供者的感情比较融洽时,顾客的期望值更容易得到满足,即使在服务中偶尔出现一点小的失误,也会得到他们的谅解。

2. 特色服务

特色服务是指向顾客提供具有本企业特点的服务内容和服务行为。

服务内容主要与项目设置有密切联系,例如夜总会的项目特色就非常鲜明:西安唐乐宫饭店和唐华宫饭店曾推出过仿唐乐舞夜总会,北京康乐宫曾推出过历代歌舞夜总会,北京大铁塔娱乐城推出过仿法国红磨坊特色的夜总会,北京锡华俱乐部推出过阿拉伯风情夜总会。这些夜总会都以各自典型的风格和鲜明的特色为顾客提供服务。

服务行为特色是指在具体的服务过程和服务细节方面所表现出的本企业的特点。如某网球场为打网球的顾客免费提供按摩服务,以解除顾客运动后的疲劳;某保龄球馆对初学打保龄的顾客免费提供基础知识和技能方面的培训;某健身房免费为顾客提供专业水平的健身训练指导服务;某桑拿浴室为顾客提供订餐服务;某美发室免费为顾客提供头部按摩服务。这些服务都在不同程度上强调了某企业或某项目具体服务的特色。

3. 超常服务

超常服务是指企业在经营过程中向顾客提供超过常规服务标准和服务范围的服务行为。

超常服务能够满足一些顾客的特殊需求。通过超常服务,饭店或康乐企业往往会收到意想不到的效果,这会对提高自身的声誉起到很好的作用。超常服务这个口号是根据"尽量满足顾客的一切正当需求"的原则而提出的。提供超常服务要经企业管理者授权,并需要服务员具备良好的素质和较强的能力。1970年成立的国际"金钥匙"协会,就是一个倡导超常服务的民间组织,截止2002年,"金钥匙"协会已在34个国家拥有"金钥匙"服务员3152名,北京已有9名服务员荣膺"金钥匙"称号。这里举一个"金钥匙"服务员提供超常服务的例子。一天,北京王府饭店的一个"金钥匙"接到一个电话,一位法国顾客让"金钥匙"帮助购买一盘摄像机用的磁带,第二天就要用。接下来的一句话却把这位服务员难住了:"我正在朝鲜,急用!"原来,这位顾客前不久入住王府饭店时,曾在北京某商场买了一盘摄像磁带,当他到朝鲜后发现不够用,而当地又买不到,抱着试试看的心情,他给王府饭店的"金钥匙"打了电话。接电话的这位"金钥匙"按照顾客的要求买到了这种型号的摄像带,并随即与朝鲜航空公司联系,请朝航的工作人员转交。第二天中午,这位法国顾客就收到了磁带。

这样的超常服务不只"金钥匙"能提供,现在其他服务员也能提供。一次,一个婚庆机构在北京某康乐企业举办由 500 对新郎新娘参加的婚礼。喝过交杯酒之后,有几位新人向服务员提出:"小姐,我可以把这个酒杯拿走留作纪念吗?"按照常规,这种要求会被拒绝,但这一次却没有,服务员将酒杯赠给了顾客,顾客非常高兴。

在国外,这种超常服务的例子早已很多。下面是笔者亲身感受到的一次超常服务:1984 年,笔者随中国代表团赴西欧卢森堡访问。一天,代表团在一家华人经营的"孔夫子酒店"用餐。吃过饭以后,我们想去看电影(借机开开眼界),于是找来餐馆的服务员,请他指示去电影院的路径,这位服务员说:"我已经到了下班时间,等我换下工作服带你们去电影院。"于是他换好衣服,又开着自己的私车把我们送到电影院。由于我们不会讲卢森堡语、法语、德语(当地通用的三种官方语言),这位服务员帮忙在前台咨询电影名称及票价,又自己掏钱为我们买了电影票,并执意不收我们还给他的电影票钱。时隔 30 多年,当时看过电影的我们早已淡忘了,但对那位提供了超常服务的餐馆服务员却记忆犹新。

现在,提供超常服务已越来越受到企业管理者和服务人员的重视并付诸实践。如某游戏厅的一个服务员得知一位顾客正在寻找丢失的飞机票,便不顾自己已到下班时间,连续翻找三个垃圾桶,终于找到了顾客丢失的飞机票;某保龄球馆的服务员在球馆未向顾客承诺提供免费培训的情况下,利用业余时间教会了初学打保龄球的顾客。类似的例子还很多,不胜枚举。

二、优质服务的要素

优质服务的关键是顾客对服务所感受到的满意度是否能达到或超过期望值。那么,从哪些方面去考查和评估满意度呢?本节将介绍评估优质服务的五要素。如果读者能够举一反三,在具体服务项目上为这些要素制定出量化指标,就可以形成优质服务的衡量标准。

(一)服务产品的内涵

服务是一种特殊的产品,它是不可贮存的、边生产边消费的产品。服务与一般产品之不同体现在其内容、特色和技术含量等方面。

1. 内容与特色

不同的服务项目所能提供的服务会有较大区别。从大的方面看,不同行业所提供的服务不相同,如餐饮业、运输业、商业、康乐业,虽然同属于服务行业,但它们在所提供的服务的内容方面都有很大的差异。从小的方面看,同一个行业内不同企业的服务内容和特色不尽相同。即使同一行业内的不同项目,其内容和特色也各不相同,如康乐业中的游泳池、卡拉 OK 歌厅、保龄球馆、电子游戏厅等,它们的服务之间就存在着差异。因此,评估优质服务要首先注意这些服务的内容及特色的区别。例如,某保龄球馆提供的服务内容除了必备的保龄球道机器和球之外,还提供公用保龄鞋、滑石粉、毛巾、茶水、贵宾存球柜,并提供其他特色服务,如记分服务、培训服务、洗私用球服务、打孔及修球服务等,充分体现服务全面性的特色。

2. 专业和技术

这是指顾客能意识到的服务员所提供的服务中的专业知识和业务技能。例如保龄球服务员的所提供的服务中的裁判知识、运动知识及示范能力、排除机器故障能力和其他较强的专业技术。这里说的知识和能力不仅包含在看得见的服务,还应包含看不见的服务。例如保龄球机器设备的维修和保养,都是在顾客看不见的时间和地点进行的,如果服务员在这方面的能力差,机器设备的故障率就会增高,由此会引起顾客的抱怨。其他服务项目也存在类似的问题。

(二)服务态度与服务行为

服务态度与服务行为是直接为顾客提供劳务时的具体表现。这是个比较敏感的问题,受到业内管理者的高度重视。

1. 服务态度

服务态度是指服务员在提供服务的过程中所呈现的表情和情绪。

它能够使顾客感知到提供服务的员工是否友好、自愿地为他们解决问题,并将他们的利益放在首位。顾客需要的态度是热情与诚恳、礼貌与尊重、亲切与友好、谅解与安慰。这些需要的产生是因为被服务者是有思想、有感情的人,而人的思想感情是复杂的、发展变化的,而且因人而异。这就要求管理人员和服务员通过细致的观察和分析,用心理学和统计学的理论和方法进行探讨,找出其中的一般规律,指导服务工作。

2. 服务行为

服务行为是指提供服务时的动作表现,是提供服务时的主要活动。

这些活动是为满足顾客的实际需要而提供的,是使顾客的满意度达到期望值的主要因素。它对服务质量的好坏起到至关重要的作用。服务行为的优劣主要体现在服务过程中服务员的主动精神的发扬和服务规范的落实。例如,在游泳池或戏水乐园,发放更衣柜钥匙的服务员是很恭敬地将钥匙递给顾客还是很随意地扔给他们;顾客的游泳圈充气不足时能否主动帮助充气;当顾客发现丢失物品时,能否主动帮助寻找;当顾客发生溺水事故时,救护员能否及时有效地救护等。这些服务行为的优劣决定着一个康乐企业的服务档次,也能反映出一个服务员的素养水平。

（三）可参与性与灵活性

顾客购买的康乐服务产品是在参与的过程中享受到的,但这种参与不是在一成不变的条件下完成的,应该具有一定的灵活性。

1. 可参与性

可参与性是指在某些项目中,能够让顾客体验到参与的乐趣,并在参与中得到锻炼和陶冶的属性。

大部分康乐项目的参与性都很强,如只有打保龄球才能体验到保龄球的魅力;电子游戏机非常有趣,它的趣味性在参与中才能体会到;卡拉 OK 歌厅之所以发展极快,遍及各地,也是因为它具有极强的参与性,而且这种参与性还在发展,过去的卡拉 OK 设备都是由歌厅的调音师来调整参数,现在有很多豪华歌厅,特别在歌厅贵宾间内,都配备了客用的卡拉 OK 调音台,顾客可直接参与调试,根据自己的需要和喜好来调整参数。越来越多具有较强参与性的康乐项目涌现出来而且很受人们的欢迎,如陶艺馆(顾客可以自己动手制作陶器)、布艺馆等。顾客参与这些康乐活动中的满意度在很大程度上反映出我们的服务质量水平。

2. 灵活性

灵活性是指在不违反国家法规和企业规定的前提下,本着尽量让顾客满意的原则,为顾客提供随机应变的服务的属性。

顾客不仅有物质需求,而且有精神需求,并且这些需求又因人而异、因地而异、因时而异,这样就要求所提供的服务具有灵活性。这些灵活性表现在以下几个方面:

(1) 营业制度方面

现在康乐企业在营业制度上的灵活性越来越大了,例如某游戏厅在开业初期发现顾客参观的多而消费的少,根据分析发现这是由于一部分顾客对新项目不太了解所致。于是灵活处理,决定拿出一部分游戏币免费赠给顾客试用,让顾客体验新项目的趣味性,以引导消费,此方法立刻产生了促销效果。再如,一些卡拉 OK 歌厅采用了多层次打折收费的制度,制定多种打折标准,有的折扣服务员就能做主。这些灵活的做法对刺激消费、促进销售起到了很好的作用。

(2) 营业时间方面

例如某康乐宫的戏水乐园在旺季采用分场次营业的方式,这样做是因为这时候来戏水的顾客特别多,以致服务员没有时间吃饭和打扫卫生,分场次便于在场间休息时能够集中清理场地搞好卫生工作,同时在两场之间的时间段可以引导客人消费其他康乐项目,也给服务员腾出了吃饭的时间;在营业淡季则采用计时收费或不限时间收费的经营方式,因为这时顾客较少,卫生工作也不需集中时间进行,无须对顾客加以限制。再如有很多康乐场所采用弹性营业时间,某康乐宫平时在午夜0:00停业,但此时如果顾客兴致正浓,则营业时间将随顾客的要求适当延长。这种弹性营业时间制度能够满足大部分顾客对营业时间的需求。

(3) 服务方式

服务方式也存在着灵活性,服务方式在不同的时间、不同的场合,根据不同的服务对象应该有所不同。这与前面所说的规范化服务并不矛盾,二者的关系是:规范化服务允许一定的灵活性,灵活性以规范化服务为前提。主动服务是整个服务行业的共识,很多康乐企业的管理者都要求服务员主动服务,但是这种服务并不是任何时间和情况下都能收到好的效果,例如几个生意人正在桑拿浴的休息室内谈生意,而服务员一会儿主动问要不要按摩,一会儿又主动问要不要鲜榨果汁,没两分钟又主动问要不要刮痧或拔罐,这样反复干扰反而可能会惹恼顾客。再如有些卡拉OK或夜总会采用立式服务,有些采用跪式服务,有些则采用蹲式服务,我们不能武断地说哪种服务方式好,哪种服务方式不好,而应该灵活处理。如果是餐厅兼营卡拉OK,则应与餐饮服务方式接近,立式欠身服务就可以了;如果歌厅不太拥挤,服务员又穿着旗袍或长裙,则服务员可采用弯腰或半蹲式服务;如果歌厅里的沙发比较矮,服务员采用立式可能会遮挡顾客的视线,此时服务员如果穿着领口较低的上衣和紧身短裙,则不宜弯腰或蹲下,此时可采用跪式服务。但我们不提倡为了给顾客营造一种至高无上的"上帝"的感觉而采用跪式服务,因为它违背了顾客花钱购买服务产品的公平交易的原则。

(4) 服务对象

服务是一个动态过程,动态过程本身就存在灵活性。这是因为:第一,被服务的顾客之间存在需求的差异;第二,顾客消费过程存在着随机性;第三,康乐消费过程中会出现一些突发事件。所以,康乐服务应该随机应变,要求在不损害顾客利益的原则下,灵活得体地提供服务。例如初次来的顾客与经常来的顾客,懂得运动规则的与不懂运动规则的,青年顾客与老年顾客,男士与女士,普通顾客与VIP顾客等,都要视情况灵活服务,以满足他们的不同需求。另外,对一些特殊顾客的服务,则更应区分情况,灵活处理,如遇到突然发病或受伤的顾客、醉酒的顾客、丢失物品的顾客、恶意捣乱的顾客、要求超范围服务的顾客、无成人带领的儿童顾客等,不宜采用某种僵硬死板的服务模式,而应灵活处理。这种灵活性能反映出一个服务员在基本素质、服务技能、应变能力、服务经营等方面的综合水平。为了能让服务员掌握灵活服务的尺度和能力,应该加强对服务员培训,提高他们的素质和能力,并适当授权给服务员,使他们拥有灵活处理问题的权力,从而使他们能在各自的服务岗位上做出应有的贡献。

(四) 可靠性与可信赖度

这是指顾客在消费过程中无论出现意料之中的情况还是意外情况,都相信并依赖服务机构及其员工在以顾客最高利益为重的前提下,履行承诺并提供相应的服务。

1. 可靠性

可靠性是指顾客相信康乐部所提供的设施、设备和劳务在安全、卫生等方面的承诺真实可靠的程度。

康乐部如果通过管理和宣传,使顾客对企业产生很强的信任感,相信企业的设备质量和员工的服务能力及安全保证体系都是可靠的。这就为提高顾客对整体服务质量的满意程度奠定了心理基础。在设备方面,如果顾客知道某保龄球馆的球道平整度非常好,且机器设备的故障率很低,那么他们将很愿意到这个球馆打球。在卫生条件方面也是如此,曾有某大型室内戏水乐园在1992年前后客流量不足,因为当时有些中国人对该园水的质量没有信任感,他们片面地认为,该乐园的外国顾客较多,担心通过戏水池水传染上艾滋病之类的传染病。后来该乐园一方面加强了水质过滤和消毒工作,使水质指标达到了饮用水的标准;另一方面通过新闻媒体展开宣传工作,不久就消除了人们的顾虑,来戏水的顾客逐渐多了起来。

安全是人类的五大基本需求之一,在康乐经营中,安全工作尤为重要。只有加强管理,建立较完善的安全制度和安全保证体系,才能最大限度地降低事故发生率,消费者才能放心地进行康乐活动。

2. 可信赖度

可信赖度是指顾客相信在消费过程中如果出现异常情况时,康乐部能够有效地控制事态,并据有尽快使营业恢复正常的能力。

康乐部门或企业要让顾客相信,无论何时出现任何差错或发生一些始料不及的事情,服务提供者都能迅速主动地控制事态,并且能找到一个新的、让人接受的解决方法。尽管人们都不希望发生意外事故,但完全杜绝意外事故几乎是不可能的。要注意的是,当事故发生时,服务提供方要能有效地控制和妥善地处理,稳定顾客的情绪,减少事故所造成的损失和影响。

(五) 物有所值

物有所值是指顾客在康乐部消费时所支付的货币的数量与他们所购买的服务产品价值相符。

当顾客感到康乐企业提供的服务物有所值时,才会在价格方面认为是满意的。当其认为物美价廉、物超所值时,就会感到很满意。因此,绝大多数企业都千方百计地设法让它们的顾客对自己的产品包括服务感到物美价廉。康乐企业出售的设备使用权、场地、人员的服务等,都是物质性的,都是我们所说的"物"。物美和价廉是相对的,物美是建立在一定价格成本之上的。对企业和顾客来讲,都不能一味地去追求绝对的物美价廉,因为企业不可能不计成本地追求物美价廉,否则企业将无法生存;消费者也不应奢望以低价来购买高档产品,如果打算在二星级饭店享受到五星级饭店的服务,那是不现实的。也就是说,应该以合理的费用得到满意的产品,得到相应的消费条件和服务档次。对于企业来说,其经营的根本目的在于赢利,因此不可能也不应该一味地靠增加成本以求物美,也不可能一味降价竞销。

企业为追求物有所值可能会在价格的制定上作很多文章,除了采用常规的定价方法,如全部成本定价法、资本报酬定价法、成本系数定价法、投资成本回收定价法、倒向研究定价法等方法,还常常采用另外的方法定价,如撇油定价法。形象地说,撇油定价法就像从汤锅里撇取浮油一样,从少数高消费者或先睹为快者那里撇取高额利润。例如中国刚开始放映美国电影《狮子王》和《泰坦尼克号》时,票价曾卖到100元一张;台湾歌星张惠妹的个人演唱会票价曾被炒到2000元一张;更有甚者,2001年世界三大男高音歌唱家(帕瓦罗蒂、多明戈、卡雷拉斯)在北京的演出,最高票价2000美金一张,当时折合人民币16 000多元。这些高出实际价值的票价使商家从那些先睹为快的顾客那里赚取了利润。又如一些康乐场所实行会员制服务,就是为了从高档消费客人那里赚取利润。再如某康乐宫在开业初期曾规定,必须购买门票才可入内消费,用这种门票设置了一个"门槛",阻挡了一部分低消费的顾客,而那些买了门票再消费的顾客,虽然被企业撇取了利润,但享受了"先睹为快"的乐趣,也认为物有所值。除此之外,还有渗透定价法。这是指将某项收费明显降低,或干脆免收,而将这降低或免收的费用打入其他的收费中去。例如很多饭店宾馆对住店顾客免费提供早餐,就是将早餐的费用打在了客房费里。再如游戏厅凭门票赠送游戏币,歌厅包房免费提供一部分酒水,戏水乐园免费提供游泳圈,保龄球场免收鞋租等做法都是如此。再如垄断定价法。这是指某种项目处于独家经营的垄断时期而制定高于其价值的价格。这时虽然价格较高,但仍能吸引相当一部分顾客。它的原理与撇油定价法有点接近但又有区别:垄断价格只限于垄断经营期间采用,一旦垄断经营的格局被打破,垄断价格的优势也就不复存在;而撇油定价法则是经营的任何时期都能采用的定价方法。上述这些方法有的虽然定价偏高,但顾客仍然会感到物有所值。

三、优质服务的提供

优质服务就是使顾客满意度大于期望值的服务过程。根据这个原理,可以推论出如何保证优质服务就是如何使顾客的满意度达到或超过期望值的问题。为了解决这个问题,首先应该将顾客的期望值量化,也就是制定出令顾客满意的服务标准,以及与之相应的程序、规范等;然后贯彻实施这些程序和规范,使顾客得到满意的服务。

（一）制定和贯彻服务制度

1. 制定和完善服务制度

康乐部所制定的服务制度不会是一成不变的，因为顾客的期望值是在发展和变化的，服务标准、服务规范、服务程序也是在发展和变化的。康乐部的管理者应该以顾客的期望值为依据，在实践中不断完善这些服务制度，使服务标准量化，使服务规范和程序细化。

诚如前面第五章所述，康乐行业的这类服务制度很多，每个项目的相关内容又不相同，因此不便一一列举。下面仅介绍针对顾客因等候时间长而容易产生抱怨情绪的问题（顾客打电话或者一走进康乐企业，就应该列入服务范围，等候期间同样应该列入服务范围）而制定的服务规范。

（1）针对电话问询的顾客对接电话慢的抱怨，规定问询台服务员必须在铃响三声之内接听。

（2）针对顾客办理交款手续时的急躁心情，规定收款和开单据应该在两分钟之内完成，比较烦琐的可适当延长时间。

（3）根据有事做的等候比孤独空耗感觉时间短的心理，采取在排队的地方增加书报、壁画等，或者在保龄球馆、台球厅增加游戏设备的方法，以便等候顾客消磨时间。

（4）根据已纳入服务程序的等候比不确定的等候感觉时间短的心理，规定为等候的顾客赠送饮料，倡导像服务模范前辈张秉贵那样，在服务前一位顾客的短暂空隙招呼后一位顾客。

（5）根据焦急的等候感觉时间格外长的心理，要求服务员对焦急的顾客设法分散其注意力，如聊天、介绍一些康乐知识，等等。

（6）根据知道结果的等候或有限的等候比不确定的等候感觉时间短的心理，规定服务员应尽量告知顾客等候的时间，要求服务员熟悉业务，掌握前面正在消费的顾客何时结束消费。

（7）根据有解释的等候比不加任何解释的等候感觉时间短的心理，要求服务员向顾客解释等候的原因，例如在节假日到戏水乐园去的人多，有的室内戏水乐园因更衣柜不够用或出于安全的考虑而限量接待顾客。

（8）根据公平的等候比不公平的等候感觉时间短的心理，要求服务人员在顾客特别多的时候注意维持顾客的排队秩序，按先后顺序服务，切忌在有顾客排队时为熟人开后门。

（9）根据多人等候比一个人等候感觉时间短的心理，要求服务员设法引导顾客相互聊天。企业管理者可考虑在顾客等候的地方摆放椅子或设置吧台。

顾客因等候时间长而产生抱怨的情况在康乐企业经常出现，原因是康乐行业的营业高峰时间比较集中。上面所述解决问题的方法可能会对康乐管理者有所启发。可以看出,仅仅为了减少顾客因等候时间长而产生的抱怨,就制定了9条规定,其他方面的规定会有更多内容。为了适应发展的需要,向顾客提供更优质的服务,管理者应该不断修改和完善服务制度。

2. 贯彻和推行服务制度

贯彻标准、规范和程序的第一步是对员工进行培训。培训工作是康乐部管理者的重要工作。关于如何做好培训工作,可参考本书第三章的相关内容。在贯彻服务制度的过程中,管理者应该经常检查和督导,并对员工的执行情况定期作出评价。对于达到标准的服务员应给予肯定和表扬。对于未达到标准的现象应找出问题的原因,并针对原因制订新的实施方案。为了保证制度的执行,员工的报酬应与达标的情况挂钩。

(二) 服务质量的评定和非优质服务的改进

1. 服务质量的评定

服务质量的评定对康乐部的经营和管理具有重要意义。因为只有通过评定,才能分辨出哪些是优质服务,哪些是非优质服务;只有通过评定,才能保持优质服务,改进非优质服务。

(1) 评定标准

评定服务质量标准的核心是顾客的满意度。这个满意度来自于顾客对服务的期望值和对所感受到的服务的比较。在评定过程中,服务质量的标准不应该是抽象的,而应该是具体的、量化的。这就要把顾客的期望值和要求具体化,对每项具体的服务工作制定出衡量标准。在一般情况下,每项服务工作的衡量标准不会只有一条,有些衡量标准可能多达十几条。

(2) 评定主体

康乐部服务质量的评定者与饭店的其他服务部门一样,主要由四部分人组成。

第一部分人是顾客。这是评定者当中最有发言权者,也是最终的评定者。但是这部分人的评论往往带有个别性,不够系统。因此,需将这部分人的评论加以归纳,从而对服务质量作出全面的评定。

第二部分人是服务员。这部分人与顾客接触最多,能较具体地了解顾客的期望值,因此他们的评定是很重要的。但因他们本身又是服务的具体提供者,所以容易受自身能力和个人喜好的影响,使评定缺少客观性。

第三部分人是管理者。管理者因所处的地位不同,所以对服务质量的评定可能是较系统的和全面的。但因接触顾客少于普通服务员,所以他们的评定可能不够具体和细致。

第四部分人是管理机关或者行业协会指定的专职调研员。这部分人一般由资历较深的业内专家组成,他们是专门到各企业检查和评定服务质量的,因而具有相当的客观性和权威性。但这部分人的数量有限,一般只能顾及一些较有代表性的企业,而且在一个企业调研的时间不可能太长,因而也存在着局限性。

(3)评定方式

顾客评定采用的主要方式是填写评定卡、现场投诉、写意见信或表扬信以及顾客之间的议论等。其中,填写评定卡是康乐部主动征询意见的方式。评定卡的设计要简单、明了,容易填写。

服务员评定的方式主要有两种:一是自我评定,可采用填写评定卡或口头评定的方式;二是互相评定,例如在保龄球馆,球道服务员、收银员、维修员之间都可互相评定,这些评定可以是口头表达的,也可以是以其他方式表达的,但这些评定是客观存在的。

管理者的评定是通过某种方式的调查了解,再结合客观条件而作出的评定。根据评定结果找出原因,并针对原因制订新的实施方案。为了保证制度的执行,员工的劳动报酬应与达标的情况挂钩。管理机关或者行业协会指定的专职调研员的评论多是采用暗访的形式,他们往往以普通顾客的身份出现,也如同顾客一样进行消费,只是在消费过程中所问的问题比较多,他们的观察也比较细致。他们作出的评定结论代表管理机构或者行业协会,因而具有权威性。

2. 非优质服务的改进

服务质量可分为优质服务、一般服务、劣质服务。这里所说的非优质服务是指一般服务和劣质服务。康乐部为了更好地经营,就应该不断地改进非优质服务并使其转化为优质服务。另外,优质服务的评定标准也不是一成不变的,它会随着时间、场合、顾客的变化而变化;优质服务的标准也是在实践中不断修正的,因此优质服务也存在着需要改进的要求。非优质服务的改进过程实际上就是在经营管理当中不断地发现问题、解决问题的过程,是不断有所发现、有所发明、有所创造、有所前进的过程。具体地说,就是不断地按照全面质量管理方法中的 PDCA 循环的规律改进工作的过程。关于全面质量管理的方法,可参阅本书第 5 章第一节的相关内容。PDCA 循环是一切管理,包括服务质量管理的重要方法和工作程序,是改进非优质服务的重要手段。

友情提示

关于 PDCA 循环管理方法的原理,请参阅本书第五章第一节的内容。在本章后面的案例分析 1 和本教材的第八章案例分析 1 的内容中,将会对 PDCA 循环工作方法的实际应用加以具体介绍。

案例分析1

运用 PDCA 方法减少顾客在更衣室丢失物品的事故

某戏水乐园是国内第一家室内戏水乐园,营业面积较大,项目较新,在其辉煌时期营业效益非常好。但有一段时期,在这个戏水乐园的更衣室里经常发生顾客丢失物品的事件,引起顾客的极为不满。

为了减少这类事件的发生,管理者根据 PDCA 循环规律的理论,采取了一系列的改进措施:针对刚开始营业时使用的投币式更衣柜锁质量不太好,容易出故障,而且顾客对投币开锁的方式不太满意,认为增加了消费费用的情况,将投币锁全部更换为用钥匙开的更衣柜锁。这是第一个 PDCA 过程。

在这个过程的 C 阶段,发现新换的专用柜锁在出现故障时没有维修配件,出现一点小故障就必须更换整套锁具,这种锁具的价格较贵,增加了不少物耗费用。于是在这种锁损坏后,就换上了小抽屉锁,因为这种小抽屉锁价格低廉,只有前面那种锁具的十分之一,大大降低了费用。这是第二个 PDCA 过程。

在第二个过程的 C 阶段,发现小抽屉锁的重号概率很大,约 30 把锁中就有一把是同样的钥匙;而且这种小锁的钥匙小而薄,易折断。所以又将这批小抽屉锁换成大抽屉锁。这是第三个 PDCA 过程。

在第三个过程的 C 阶段,发现这种大抽屉锁也存在着较高的重号概率,约为四十分之一(锁具质量问题)。为此,戏水乐园又决定购买名厂抽屉锁,而且大、小两种锁具混合使用,以减少重号概率,这是第四个 PDCA 过程。

在第四个过程的 C 阶段,发现顾客丢失物品的现象虽已经大大减少,但仍然不够理想。于是开展了对更衣室服务人员增强责任心、完善服务程序、提高维修技能的培训工作。这是第五个 PDCA 过程。

在第五个过程的 C 阶段,顾客丢失财物的事件较第一个 PDCA 过程时已经大大减少,而且锁具的故障率也明显降低,顾客的满意度有了很大提高。

戏水乐园更衣室的非优质服务的改进工作需要如此多次反复,其他服务工作的改进也不会一蹴而就。我们的服务质量就是这样在不断克服困难、解决问题的过程中不断提高的。

你遇到过类似的问题吗?你是怎样解决的?

案例分析2

想顾客之所想

殷先生随旅游团住进了海口的一家饭店,晚上,他兴致勃勃地与几个同伴到卡拉OK表演厅去欣赏表演。该厅表演的节目有很强的互动性，经过主持人一番鼓动之后，观众的情绪被调动起来，很多人被请上舞台参与表演。殷先生也跃跃欲试，主持人恰到好处地把他请上舞台，他很高兴，唱了一首他最喜欢的歌曲。台下的观众回报以热烈的掌声，他也异常兴奋，对着话筒激动地说："我今天很高兴，结识这么多新朋友。我的歌声又受到朋友们如此热烈地欢迎，真让我激动。但很遗憾，不能把这精彩的时刻带回家。这也没关系，我愿意再为大家演唱一首《天上人间》。"台下又报以一阵热烈的掌声。

消费结束，殷先生正要起身时，一位面带微笑的服务员礼貌地走过来，递上一张CD唱片并对他说："十分感谢您为大家带来如此动听的歌声，我们的音响师已经将您刚才演唱的《天上人间》录制下来，让您能够把欢乐带回家去。"接过这张CD唱片，殷先生十分感动，惊喜之情溢于言表，非常感谢歌厅的员工送给他的这个珍贵的礼物。

不同顾客的期望值往往是有区别的，商家如果能够根据顾客不同的需求，提供有个性特征的服务，将会使顾客的期望值和满意度趋于统一，这才是优质的服务。

本章小结

本章对什么是优质服务和怎样提供优质服务进行了重点论述。特别是从理论上对康乐部的优质服务进行了论述，这部分内容可作为本章的重点。

作为康乐业的管理人员，其主要工作职责就是通过管理手段，带领所属员工为顾客提供优质的服务，并使他们的服务尽量达到或者超过顾客所期望的水平，让每一个顾客能够在康乐场所度过一段美好的时光。

思考与练习

一、名词解释
1. 服务 2. 期望值 3. 满意度
4. 情感服务 5. 特色服务 6. 超常服务

二、简答题
1. 提高康乐部门服务质量的途径有哪些？
2. 康乐部优质服务的概念是什么？
3. 康乐部优质服务的基本特征有哪些？
4. 优质服务是通过怎样的方式评定的？

三、论述题

1. 怎样改进非优质服务?
2. 你怎样认识"顾客就是上帝"这句口号?

 参考提示

从前些年开始,在服务行业流行一句很让人心动的口号——顾客就是上帝。相关的行业纷纷效仿,商业、餐饮业、修理行业、旅游行业、康乐行业等行业的一部分管理人员争先恐后地大力提倡这句口号,一部分消费者也常常以上帝自居,一时间,在中国这个绝大多数人都不信奉上帝的国家,却有上帝满天飞的感觉。直到目前,有些论述管理的书籍仍然沿用这种观点。

为了弄清这个问题,首先应该认识什么是上帝。上帝在基督教的教义中,是无所不知、无所不能、创造万物、主宰一切的神,不是现实中的某一个人或某一个群体。有人把顾客比作上帝,有一定的积极意义,它是告诉提供服务的商家,要像尊重上帝一样尊重顾客,这样才能赚取更多的利润。但这句口号不排除有哗众取宠之嫌。更有甚者,有人把"顾客就是上帝"这句口号一步一步发展夸大为:"顾客是真正的上帝""顾客永远是上帝""顾客永远是真正的上帝",这种现象有点像文化大革命中的口号一样,越喊越"左",但谁也做不到。

毋庸置疑,顾客是商家利润的来源。但如果把能给商家带来利润的顾客比作上帝的话,商家就要千方百计地把钱从顾客——上帝的口袋中掏出来,那么上帝岂不成了商家的钱袋,这种经营理念没有提及真诚服务,只剩下了逢迎和揣摩。从这个层面来评论,这种比喻非但不是尊重上帝,简直就是对上帝的亵渎了。

那么到底顾客和商家之间应该怎样定位呢?本书认为,顾客和商家都应该共同遵守市场交易的基本原则——公平交易。如果有任何一方违背这个原则,都可能导致交易失败。例如,很多康乐场所都曾经遇到过不守规矩的顾客、寻衅滋事的顾客、酗酒闹事的顾客、故意毁坏设备的顾客等。试问,对这样的顾客,有哪个商家愿意把他们当作上帝一样去侍奉?

因此本书认为,顾客不是上帝,顾客是商品交易中的买家。商家当然应该尊重顾客并满足顾客的合理需求;顾客也应该尊重商家所付出的劳动,这样才能营造出一个和谐的交易氛围,才能维持正常的交易。只有这样,顾客才能得到良好的服务,商家才能得到相应的利益。

第七章 康乐部的设备管理和营业收入管理

课前导读

　　康乐部的设备管理和营业收入管理都属于资产管理的范围,其中设备管理属于固定资产管理的内容,营业收入管理属于流动资产管理的内容,所以本章将这两部分内容归到一起进行论述。

　　设施和设备是康乐部提供服务的物质基础,也就是说,康乐部是以设施和设备为服务载体,如果没有相应的设施、设备,康乐服务就是一句空话。康乐设备的运行情况直接关系康乐部的服务质量,也关系到康乐部的工作效率和经济效益,更关系到顾客以及员工的安全。因此,康乐部的全体工作人员都应该对本部门的设备管理给予应有的重视。康乐设备的质量水平除了取决于采购环节外,还取决于包括保养维修在内的管理环节。所以,加强设备管理对康乐企业具有很重要的意义。

　　营业收入是康乐部经营的最主要和最直接的目标,营业收入管理对康乐部的经营水平具有非常重要的影响,必须引起管理者的重视。

学习目标

- 明确康乐设备管理的作用
- 熟悉康乐设备管理的任务
- 了解康乐设备管理的特点
- 掌握康乐设备管理的程序和基本方法
- 熟悉康乐部营业收入的分类
- 掌握营业收入控制的手段

第一节　康乐设备管理概述

康乐设备是指属于康乐部固定资产的机器和用具。这是康乐部提供各种康乐服务、开展经营活动的生产资料。做好设备管理工作是康乐企业取得成功的基础,具有很重要的意义。本节将就康乐设备管理的作用、任务、特点等基础知识展开讨论。

一、康乐设备管理的作用

(一)提高服务质量

康乐企业是以出售设备的使用权和服务人员的劳务为主要经营方式的企业。康乐设备是员工为顾客提供服务产品的物质条件,是康乐服务的质量的物质基础。没有完好的设备,康乐服务就无法正常提供,设备的完好程度对康乐服务质量会产生重大影响。

(二)促进企业经济效益的增长

一方面,康乐企业的收费水平是建立在相应的设备条件和劳务条件之上的。只有提供完好的设备和令人满意的劳务,才能保持较高的收费水平,从增加收入方面促进企业经济效益的增长;另一方面,设备维修费用是康乐企业的一项重要支出,做好设备管理工作,可以节约设备维修费用支出,降低营业成本,增加利润,从减少支出方面促进企业经济效益的增长。

(三)树立良好的企业形象

豪华、舒适的消费环境,完好、安全的康乐设备,是顾客进行正常康乐消费的必要条件。如果做不到这一点,顾客的消费需求就得不到满足,这将直接影响康乐企业的声誉和形象。因此,做好设备管理工作,为顾客提供舒适、安全的康乐消费条件,是增加客源、树立企业形象的重要手段。

二、康乐设备管理的任务

(一)合理配置康乐设备

康乐设备的配置应和饭店或康乐企业的档次、规模、客源层次相匹配。康乐经营是受市场规律影响的,其设备的使用性能、科技含量、豪华程度、完好状况是影响企业等级的重要指标,企业等级越高,其设备越豪华、先进,顾客的消费水平也越高。因此,要根据企业的等级和规模、目标市场的需求和顾客的实际支付能力以及企业发展的要求,合理地选择、配置康乐设备。

(二)保证设备正常运行

由于康乐设备种类多、数量大、涉及面广,其管理的工作量比较大,康乐企业要建立科学的管理体系,制定完善的管理制度,培养优秀的服务和维修人员,以保证设备在营业时间内能正常运行。一般采用分级管理、分工协作、专人负责的方法。

(三) 制定科学的保养维修制度

康乐设备的保养和维修是保障其正常运行、延长其使用寿命的重要环节,应该引起管理人员的重视。在管理中,还应该制定相应的制度。制度的内容主要应包括:要求设备管理人员加强责任心,经常对设备进行检查,及时发现和解决出现的问题;提倡钻研精神,熟悉设备的性能、特点、使用方法、操作规程;制订出小修、中修、大修的计划并规定具体的时间安排。通过制度管理,促进员工做好设备保养维修工作,为康乐经营的正常进行提供良好的物质条件。

(四) 加强设备的更新改造

随着社会的进步和经济的发展,人们对康乐活动的需求不断提高。康乐企业必须不断地对原有项目和设备进行更新改造,以适应市场的变化,提高企业的竞争能力,否则,企业的经营就可能面临被动局面。迪斯尼乐园是当今世界最有名的康乐企业,但其欧洲分部在1999年至2000年的经营却出现数千万欧元的亏损。经营的决策者把亏损的原因归结为项目更新改造不力。因此,迪斯尼公司在2001年加大了项目更新改造的投入。他们的做法为相关企业提供了借鉴。

三、康乐设备管理的特点

(一) 要求管理效率高

康乐设备由于使用频率很高,导致设备容易损坏,使用周期缩短。这就要求设备保养维修管理效率高,否则会影响经营。

如保龄球的公用球和公用鞋、台球的球杆和台呢、框体式电子游戏机的按钮和摇把、碰碰车的活动电源线和电动机等,因为使用频率高,损耗较快,而且往往是在使用当中出现故障,应该及时维修或更换,要求管理效率要高。有些设备虽然不是易损设备,但由于长期运行,随着累计使用时间的延长,其损坏的概率越来越大,而且这类设备修理难度也比较大,例如保龄球的球瓶复位系统、台球桌的石板部分、电子游戏机的电脑板、桑拿浴室的水处理系统等。这类故障应该尽快排除,更要求管理效率要高。

(二) 设备更新周期短

康乐企业的设备在经营过程中的损耗有两种情况:一是有形磨损,即在使用时造成的机械磨损;二是无形磨损,即经过一定时间的经营,有些设备已经陈旧过时,虽然没有任何故障,但其使用价值已经降低。上述两种损耗达到一定程度时,设备就应当更新。康乐设备的更新周期比较短,以电子游戏机为例,国外的游戏厅每年更换三分之一的设备,也就是说,它们的更新周期大约是三年。这就要求管理者随时分析设备的投入产出率,及时更新那些磨损严重、投入产出率低的设备。

(三)设备管理和维修涉及面广

一方面,康乐设备的种类多、数量大,各类设备的使用方法又有很大差别,设备及其零件的更换频率比较高。这不但要求维修人员懂技术,而且要求管理人员懂技术;设备生产和使用所涉及的技术门类比较多,包括机械原理、自动控制、电子线路、电脑技术、电视技术、音响技术等,所涉及的知识面比较广,因此需要较多的、有较丰富经验的技术人才来管理和维修。

另一方面,康乐设备用于经营活动的全过程,设备管理和维修随之贯穿于经营活动的始终。

第二节 康乐设备管理的程序和方法

康乐设备是康乐经营必须具备的物质条件,管理好这些设备是经营工作的一部分。要管理好这些设备,除了需要有较强的专业技术人员以外,还应该制定一套合理的程序和科学的方法。本节就对设备管理的程序和方法进行论述。

一、康乐设备管理的程序

按设备管理的不同阶段,管理程序可分为设备更新、技术改造、设备报废三部分。

(一)设备更新程序

这是指从设备更新的计划、决策、选型、订购到日常管理的运行过程。

1. 由康乐部制订设备更新计划;
2. 申报、审批;
3. 由康乐部和采购部共同收集资料,选定型号;
4. 由采购部联系商家,订购设备;
5. 设备到货,入库保管;
6. 由康乐部办理出库手续;
7. 由工程部安装调试;
8. 由固定资产管理组办理设备的移交、入账和建档手续;
9. 由康乐部进行使用方法的培训;
10. 转入日常管理。

(二)设备技术改造程序

1. 收集整理在设备使用中所发现的结构、配套、安装等方面不适应经营需要的问题;
2. 召集由管理人员、使用人员、工程技术人员参加的设备改造研讨会,制订设

备改造方案;

3. 设备改造施工;

4. 康乐部验收并转入日常管理。

(三) 设备报废程序

1. 制定设备报废的原则

(1) 国家指定的淘汰产品;

(2) 损坏严重,无法修复的设备;

(3) 已经超过使用期限,修理费用昂贵的设备;

(4) 因事故损坏,且修理费用接近或超过原价值的设备;

(5) 虽能运行,但有严重隐患,且修理费用昂贵的设备;

(6) 虽能正常运行,且未超过使用期限,但赢利水平很差的设备。

2. 办理设备报废手续

(1) 使用部门提出报废申请;

(2) 由工程部会同有关部门进行技术鉴定和确认;

(3) 价值较高的设备,报请总经理审批;

(4) 将设备移出经营场地;

(5) 到固定资产管理组办理销账手续。

二、康乐设备管理的基本方法

(一) 建立设备技术档案

康乐设备的种类和数量都很多,使用范围广,维修量大,各类设备更新周期不一致。为加强管理,便于维修,降低损耗,延长使用寿命,必须建立设备档案。这项工作应由工程技术部、康乐部的相关人员共同负责。建立设备档案的工作分两步。第一步是对设备进行分类编号,一般采用三节编码法:第一节表示设备种类,第二节表示使用部门,第三节表示设备序号。例如,电子游戏厅的某台游戏机编号为 D-Y-16,其中:D 表示电器类,Y 表示游戏机;16 表示设备序号。这样的编号便于检索和查对。第二步是将相关的技术资料整理归类,即将设备的品种、名称、规格、价值、数量、生产厂家、购买日期、使用部门、技术数据及使用说明书等有关资料按编号整理保存。

(二) 制定科学的使用、操作、保养、维修规程

在设备管理中,可以采用按类归口,分片包干,将责任落实到班组和个人的办法。还应当制定统一的使用、操作、保养、维修制度。一般由康乐部负责日常养护、一级保养和小修;工程部负责二级保养、中修和大修。有的企业规定,工程部只负责电源、水处理、场地等基础设施的维修,设备维修则完全由康乐部负责。孰优孰劣,可依据企业的具体情况而定。

(三) 定期考核设备管理效果

康乐部的设备管理水平,对企业经营活动的开展和经济效益的提高会产生很重要的影响。因此,应该定期考核设备管理和使用效果,以评定康乐部的设备管理水平。主要考核内容有:

1. 设备完好率

康乐设备必须随时处于完好状态,可以用设备完好率来考核设备管理的效率。如果用 Z 代表设备的总台数,用 W 代表完好设备数量,则设备完好率 H 的计算公式为:

$H = W \times Z \times 100\%$

设备完好率的最佳值是 100%。但是保持最佳值是很难的,因此,设备完好率应该趋向于 100%。当完好率明显小于 100% 时,就需要加强维修管理,以保证设备正常工作。

2. 设备维修费用率

设备在使用过程中,每年都需要支付一定的维修费用,一定的经营条件下和时间内,维修费用越低,说明设备管理越好。设备维修的费用情况,可以用年度百元营业额的维修费用率来考核。如果用 X 表示年度维修费用,Y 表示年营业额(单位为百元),则年度百元营业额的维修费用率 F 的计算公式为:

$F = X \div Y \times 100\%$

第三节　康乐设备的保养与修理

设备的保养与维修是两个既有区别又有联系的概念。保养是在设备尚未出现问题时就对其进行养护,以使其保持正常状态;维修是当设备出现问题时对其进行维护修理。在实践中,保养与维修通常是交织在一起的。康乐设备的保养与维修是设备管理的重要组成部分,直接决定着设备的完好率和使用寿命,也影响企业的经营成本和整体经济效益。因此,康乐部的管理者要重视设备的保养与维修。本节就如何做好这方面的工作作一些简单的介绍。

一、康乐设备的保养

(一) 制订和实施设备保养计划

这是指按照设备的使用说明书所要求的保养项目和时间制订保养计划。要科学地安排保养时间和保养内容,并落实到具体工作人员。内容有以下三个方面:

1. 以文字形式提出具体设备的保养要求

每启用一台设备,就应该在设备登记卡上的维护保养栏内写明该设备的保养要求。如果是进口设备,则应及时将这部分外文翻译成中文,为日后保养维修提供方便。

2. 制订每日、每周、每月、每季、每半年、每一年的维护保养计划

一般日常保养和每周保养都由服务人员、使用人员承担,每月、每季、半年、一年的保养由专业维修人员承担。

3. 利用工作单落实保养计划

由主管或领班填写工作单。工作单上应写明保养设备的名称和保养内容。要将保养计划落实到具体人。保养工作完成后,填写所用材料、工时和保养情况记录,然后把工作单保存备查。

(二)三级保养法

三级保养法就是根据设备保养工作量的大小及难易程度,把设备保养划分为日常维护保养、一级保养、二级保养三个级别,并规定出相应的工作内容。

1. 一级保养(日常维护保养)

(1)保养工作人员:设备操作人员(大部分是服务员)。

(2)保养部位:主要部位是设备的外部。

(3)保养时间:每天进行例行保养。

(4)具体工作内容:检查设备的操纵机构、变速机构及安全防护装置是否灵敏可靠;检查设备润滑情况,并定时、定点、定量加注相应的润滑油;检查设备易松动脱落的部位是否正常,检查附件、专用工具是否齐全;搞好设备及其周围的卫生。

2. 二级保养

(1)保养工作人员:以设备操作人员为主,维修人员为辅。

(2)保养部位:部分内部装置。

(3)保养周期:设备连续运转500小时进行一次一级保养,一般每月进行一次。

(4)具体工作内容:根据设备使用情况,对部分零件进行清洗;适当调整零件的配合间隙;清扫、擦拭设备表面和电器装置;清洗附件和冷却装置。

每次一级保养或二级保养之后,都要填写保养记录卡,并将保养卡存入设备档案中,以备查阅。

3. 三级保养

(1)保养工作人员:以专职维修人员为主,以设备操作人员为辅。

(2)保养部位:设备内部结构。

(3)保养时间:设备累计运转每5000小时进行一次,一般每年进行一次。

(4)具体工作内容:根据设备使用情况部分解体检修;对各种传动箱、液压箱、冷却箱清洗换油;更换易损部件;检修电器箱、电动机,清理电路板接插件;检查需要调整的零部件和电子器件使之恢复精度。

下面是一张设备保养记录卡样本,以供参考。

表 7-1 设备保养记录卡

部门:　　　　　　　　　　　　　　　保养级别:

设备编号	设备名称	型号规格	使用场所	保养定额	停机情况	备注
保养实施人			保养日期			
保养内容						
提请下次保养的应注意的问题						
验收意见						

　　　　　　　　　　　　　　　　　　　设备负责人:_____日期_____
　　　　　　　　　　　　　　　　　　　经理:_____日期_____

二、康乐设备的修理

设备的维护保养和修理是两项既有联系又有区别的工作,但其目的是一致的,都是为了使设备正常运转,以满足经营需要。它们的工作内容是有区别的,维护保养是指设备尚在正常运行时,对发生的较小变化进行处理;修理一般是指更换可能发生故障的零部件和修复已经出现故障的设备。在设备运行过程中,即使维护保养工作完全按规定、按计划进行,也难免发生故障。一些零部件、电器元件随着设备的运行和时间的推移会出现磨损、消耗、老化;另外,使用条件发生变化,如电压突然升高、剧烈震动、违反规定的操作等,都可能引发故障。当设备发生故障时,应该尽快修理。

(一)按确定修理日期分类修理

1. 标准修理法

又称强制修理法或主动修理法。这种方法是根据设备零件的使用寿命,在修理计划中明确规定修理日期和调整、更换零部件等修理内容。设备在经过规定的一段运行时间后,不管零部件的实际磨损及运转情况如何,根据标准工艺要求,都要进行强制修理,零件也须强制更换。这种修理方法的优点是,便于在修理前做好准备工作,组织工作简化,停机时间短;缺点是修理成本偏高。这种方法一般适用于必须严格保证安全运转和特别重要的设备的修理,如大型室外设备、桑拿设备、按摩设备、水处理设备等。

2. 日常检修法

康乐设备在运行过程中,零部件的磨损都有一个从量变到质变的过程,故障的产生一般是先有苗头的。康乐部的专业维修人员在设备运行过程中应当经常巡查检测,即时发现解决问题和消除事故隐患。这种方法的优点是,对保证设备的安全运行、防止事故的发生能起到很好的作用,而且所需要的工作量也相对较少。适用于一般设备的修理,如电子游戏机、台球设备、网球设备等。

3. 被动修理法

这是指设备发生故障,不能正常工作或完全停止运转后而进行的修理。康乐设备发生故障是很难避免的,故障发生后应当及时查清产生故障的原因并尽快修复。修理工作结束后,必须认真填写修理记录表单,同时应由管理人员对修理工作进行检查、验收。这种修理方法虽然是一种被动的方法,但在现实中却是一种经常使用的方法,也确实能解决一些问题。但是这种被动修理法不如前两种主动修理法的效果好,因此,如果能用主动修理的方法解决问题时,尽量不采用这种被动方法。

(二)按修理内容的复杂程度分类修理

1. 部件修理法

即将需要修理的部件拆下来,换上事先准备好的部件。这种方法可以明显缩短停机时间,但需要储备一定数量的部件用于更换,占用一些资金。因此,这种方法适用于修理一些数量不多但属于关键性的设备。

2. 局部修理法

即将整体设备划分成几个独立的部分,按顺序修理,每次只修理其中的一部分。这种方法的优点是,可以把修理的工作量化整为零,以便利用较分散的时间,从而提高工效和设备利用率。它适用于具有一系列构造上相对独立的部分的设备或修理时间比较长的设备。

3. 同步修理法

这是将若干台在功能上相互紧密联系而需要修理的设备,安排在同一时间段内修理,以减少分散修理所耗费的时间。这种方法常用于配套设备的修理,如保龄球的自动记分系统、回球系统、升瓶系统、置瓶系统,因为它们之中无论哪个系统出了故障,都会影响整条球道的运行。

(三) 修理步骤

第一步,查找设备故障原因;第二步,确定修理方法;第三步,修理施工。

其中第二步的内容在前面已经讲过,这里不再重复。第三步是实施过程,是做决定和实际操作的过程。因此,这里主要讲第一步,即查找设备故障的原因。

通常情况下,查找故障原因主要依靠维修人员根据经验和直觉进行判断。这种方法虽然简单、直观、迅速,但也有很大的局限性,在遇到一些新型设备、一些不常见的故障、一些软故障(时有时无的故障)时,维修人员往往难以应付,有时甚至感到束手无策。这时如果单靠经验和直觉去判断的话就会显得软弱无力。

这里介绍一种相对比较科学而又简单的分析方法,管理和维修人员可以借助这种方法对一些疑难故障的原因做出分析和判断,进而排除故障。

现在就让我们介绍这种分析方法——鱼骨图形分析法,先做概要介绍,然后用案例分析的方法介绍其在实践中是如何应用的。

鱼骨图形分析法简称鱼骨图,又名因果图,是一种发现问题"根本原因"的分析方法,现代工商管理教育行业将其划分为问题型、原因型及对策型鱼骨图等几类。

顾名思义,鱼骨图有些像鱼骨的形状,应用时将某项事务的问题或缺陷标在鱼头(箭头)外,将按出现概率罗列出的产生问题的原因标在鱼骨部位,再根据图形由大到小逐一查找原因和解决问题。

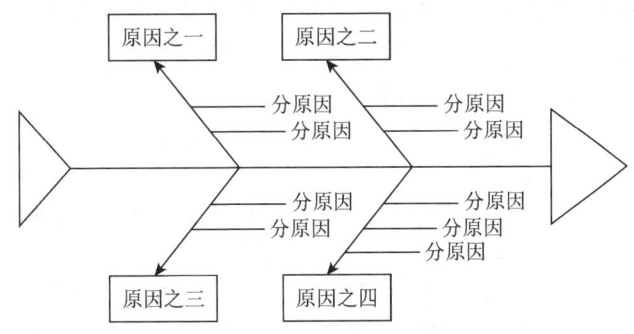

图 7-1　鱼骨图形分析法的模式图
(图形援引自因特网)

☞ 案例分析 1

运用鱼骨图形分析法维修保龄球机扫瓶板故障的启示

20 世纪 90 年代中期,某保龄球馆在经营过程中经常出现扫瓶板无规律地自动落板的故障。当维修人员到现场修理时,故障现象又消失了,经过反复掷球检验,也没发现故障根源,于是继续投入使用。但过一段时间后,又会发生无规律的自动落板故障。这种软故障(时而正常时而不正常的故障)引发了两个问题:一个问题是有的顾客酝酿好了情绪正要掷球时,扫瓶板却自动落下,顾客无法掷球,破坏了顾客的情绪,引起顾客的抱怨。有的顾客为此要求调换球道,但有时新调换的球道也出现了同样的故障,顾客认为其原因是机器质量太差,并为此要求退款,使经营受到影响。另一个问题是顾客抛掷的球撞在扫瓶板上,使扫瓶板受到损害,有的甚至将扫瓶板撞断。按照规定,顾客违规操作使机器损坏的,应该由顾客负赔偿责任。但这时顾客却能辩解:"我是正常打球,是你们的机器不正常落板。"由于机器存在着不正常落板的故障,服务员有时也无法判断是顾客的问题还是机器的问题,常常为此遭到顾客的投诉。

该保龄球馆使用的是 20 世纪 80 年代的美国产品 BRUNSWICK - GS - 10 型保龄球机。这种产品的自动控制系统比较复杂,维修人员经过多次检查维修,调校了扫瓶板的位置,更换了控制扫瓶板的红外线发射器和接收器(俗称电眼),甚至更换了电源箱和电脑板,也未能解决问题。后来,他们从《服务质量全面管理》(中国标准出版社出版)的书中,看到了鱼骨图形分析方法的介绍,于是按照这种方法的原理照葫芦画瓢地绘制了图形(参见图 7 - 2、图 7 - 3),将可能引起故障的问题逐一排除,终于解决了问题:是接插件出现了软故障。

上面的例子给我们两个启示:一是维修工作的重要性,如果维修工作跟不上,将会影响服务质量,甚至引起投诉;二是解决问题的思路和方法的重要性。案例中鱼骨图形分析方法就是查找问题根源的有效方法之一。

这种方法也可用于解决其他问题。

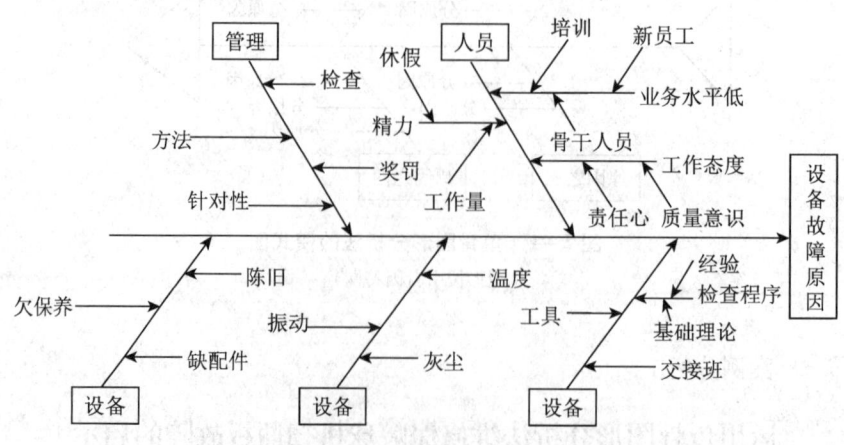

图 7 - 2　运用鱼骨图形分析法查找设备故障原因

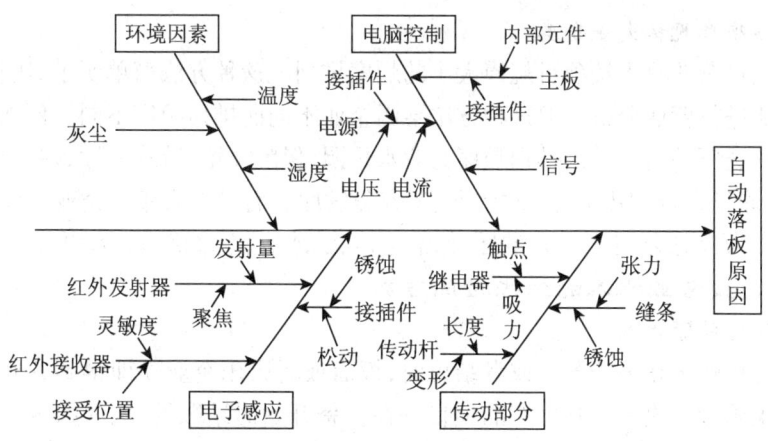

图7-3　运用鱼骨图形分析法查找保龄球机无规律下落扫瓶板的原因

第四节　康乐部的营业收入管理

一、康乐营业收入的分类

各康乐企业或者饭店康乐部的营业收入管理因店而异,各有特点,按不同的分类方法可以分成很多种。为便于营业收入的管理与控制,现将这些分类介绍如下:

(一)按经营项目分类

这是一种比较直观的分类方法。这种方法又可细分为三种形式。

1. 按项目的重要等级分类

这是将经营收入分为主营项目收入和辅助项目收入,将具体项目分别列于这两个大项目之下。由于各企业的主营项目不同,收入分类也不尽相同。

例如某单一经营桑拿浴的康乐企业的收入分为主营收入,包括桑拿收入、按摩收入、搓澡收入、吸氧收入;辅助收入,包括酒水饮料收入、自助餐收入。

2. 按项目的活动方式分类

这是将营业收入分为康乐项目收入、娱乐项目收入、保健及美容项目收入、室外项目收入,再将具体项目分别列于这四个大项目之下。这种方法不会因企业不同而使收入分类不同,所以便于横向比较。

例如某综合康乐企业的营业收入分为康体项目收入,包括戏水乐园收入、健身房收入等;娱乐项目收入,包括电子游戏厅收入、夜总会收入等;保健及美容项目收入,包括桑拿浴室收入、美容美发厅收入等;室外项目收入,包括碰碰车、小赛车、火箭蹦极等。

3. 按项目规模大小分类

这是将营业收入按项目规模大小的顺序排列。这种方法简单明了，比较直观，便于企业进行营业分析。但这种方法会因企业不同而排列顺序不同。例如某大型室内康乐场所的营业收入排列顺序为戏水乐园、保龄球馆、游戏机厅、多功能厅、台球厅、网球场、卡拉 OK 厅、桑拿浴室、美容美发厅。而另一家康乐企业营业收入的排列顺序为夜总会、卡拉 OK 歌厅、保龄球馆、游泳池、桑拿浴室、台球厅。

（二）按营业收入的结账时间分类

1. 即时结账收入

这是指顾客在消费开始或者结束时，饭店或者康乐企业立即得到的并可即时支配的康乐营业收入。其中有的项目是在消费开始时结账的，例如顾客在玩电子游戏机时应当先购买游戏币；有的项目是在消费结束时结账的，例如桑拿浴、美容美发等项目，一般是先消费，然后结账。

2. 预收结账收入

这是指顾客在康乐消费之前预先支付一定的金额，在实际消费时冲减。如高尔夫俱乐部的会员制消费形式，其中有一种就是顾客预先付一定金额即可获得贵宾卡，持卡者在消费时不仅可以签单冲账，而且还可以享受折扣优惠。对企业来说，预收结账有十分显著的优点，即为提前利用营业收入资金提供有利条件，并有利于客源的稳定。因此，有条件的企业应当设法多采用这种结账方式。

3. 赊销签单收入

这是指允许一些特殊的顾客先欠账进行康乐消费，消费结束时再根据签单结账。这种结账方式与前面提到的即时结账有很大区别，即时结账虽然可以在消费结束时结账，但仅限当时，并且仅在部分项目实行；赊账签单可以在消费结束后结账，甚至可以延迟一定时间，并且除约定外没有项目限制。要求以这种方式结算的多为较大额度消费的客户，允许使用这种结算方式的仅限于有良好信誉的顾客或者团体客户。顾客的支付方式以转账支票或者信用卡居多。这种营业收入管理的重点在于，采取各种措施以保证顺利结账，杜绝坏账的出现，避免营业收入受损。

（三）按计价方式分类

1. 计时收入

这是按顾客消费时间收费而形成的收入。有很多康乐项目是以出售设备使用权的形式来经营的，因而采用计时收费的方式较为合理，例如麻将房、氧吧、健身房、乒乓球室、枪战城、壁球室、网球馆等，把这些营业收入归类进入财务报表，就形成了康乐部的计时收入财务报表。

2. 计量收入

这是按顾客使用康乐设备或者消费产品的数量而收费所形成的康乐营业收

入,适用于一些便于统计数量的康乐项目。例如,保龄球馆一般是以"局"为单位收费的;电子游戏机是以使用次数为计费单位的。

3. 计人次收入

这是按顾客消费的人数和次数为计费单位而取得的收入,这种计费方式适用于多人共同消费同一项目的收费。例如夜总会、舞厅、部分游泳池以及绝大部分室外游乐项目。

需要指出的是,按计价方式分类的财务统计方法会因企业或者因时间而有所不同,例如,有的游泳池是计时收费,有的游泳池是计人次收费,有的游泳池在旺季计时收费,在淡季计人次收费;卡拉OK歌厅的公共厅计人次收费,其包厢则计时收费;保龄球既可以以局为单位计量收费,也可以不限人数以小时为单位包球道计时收费。

(四)按营销方式分类

1. 常规营业收入

常规营业收入是指按平日的一般价格销售而形成的营业收入。这是康乐部营业收入的主要部分,常规收入又可分为两部分,即单项收入和综合收入。

2. 优惠销售收入

许多企业为了稳定客源、拓展市场,在特定期间实行优惠销售,如节假日的优惠活动;在平时对特定的人士或者团体实行优惠价格。为了在将这些收入纳入财务报表时便于进行成本核算,在收费的过程中应该有准确的记录。为了减少漏洞,有些优惠形式还必须在销售时请有关销售人员或者管理人员签字认可。

二、营业收入的控制

按照一般管理规律,饭店或康乐企业的营业收入管理都由专职的财务部管理,康乐部在这方面协助配合,但是在有的企业,特别是在康乐部独立经营核算的企业或外包经营企业,营业收入是由康乐部直接管理的。营业收入是衡量康乐部经营和管理业绩的主要指标,必须引起康乐部经理的重视。康乐企业在经营中应该及时确认并收纳营业款项。康乐经营获得的营业收入,应该按照实际出售价格进行核算。康乐企业的项目结构和形式不同,每个项目又由若干环节组成,在经营过程中,每个顾客的消费结构、消费过程又有很大差别,这就给营业收入的管理带来一定的难度。康乐营业收入大多是无形的服务产品的销售收入,营业收入的控制比有形的产品销售收入的控制要难一些,再加上收款人员直接接触现金,这又进一步增加了控制的难度。因此,做好营业收入控制的工作成为康乐营业收入管理的重要环节。下面将对康乐营业收入控制的几个主要问题展开论述。

（一）采取积极措施，减少收款漏洞

1. 合理设置收款岗位

在实际运行中，大型康乐企业的营业收入由财务部独立管理，设专职的收款员；小型的康乐企业由专人收款或者由服务员兼任收款员，一般的饭店康乐部因规模和管理体制不同，收款管理的方式也不同，有的设专职收款员，有的由服务员代理收款，然后再上交财务部，收款过程由财务部和康乐部共同管理。从理论上说，由财务部独立管理并设专职收款员岗位比较符合规范，管理也相对容易，但因受到种种条件的局限，有些小企业不一定能够做到这一点。

2. 认真选拔和培训收款员

选拔和培养合格的收款员是做好收入管理的关键环节。为了能使收款工作顺利进行，首先应该做好这项工作。选拔收款员的主要标准是道德观念、劳动态度、业务能力这三个条件。其中，道德观念是基本条件，劳动态度是重要条件，业务能力是可塑条件。当然，一个优秀的收款员还应该具备其他条件，如形象、沟通能力等。

3. 科学安排收款地点

康乐部营业收入管理的主要任务就是在顾客消费时收进每笔应收款，并保证如数上交到财务部。为了准确、快捷地收费，还需要科学地选择收款地点。康乐企业和向社会开放的饭店康乐部，由于活动项目多、客流量大、顾客的情况复杂，若不能及时收款，漏账的可能性就会加大，还可能出现因收款环节耽误时间太多而引起顾客抱怨的情况。因此可考虑设置多个收款台，甚至每个康乐项目都设收款台。但是这种做法也有弊端：一方面是需要的收款人员较多，会加大人工成本；另一方面是接触钱款的人员增多，出现内部漏洞的概率增大，给管理带来一定难度。在高档饭店或者度假村的康乐部，一般多采用一次性结账的收款方式。这种方式是在每个活动项目设立账台，这些账台不直接向顾客收款，而是将顾客在本项目的消费记录下来，并请顾客在账单上签字确认，然后把这些账单送到总收款台汇总。当顾客消费结束离店之时，向顾客收取全部费用。这种方式会使顾客感到方便，也适合高档顾客的消费心理。同时，由于接触收费的只有总收款台一个，出现漏洞的可能性相对较小，管理也相对容易一些。但这种方式对单项消费的零散顾客不方便，不适用于向社会开放的康乐企业。

因此，在设立收款地点时，要统筹兼顾，既要方便顾客交款，又要便于管理和节省人工。

4. 科学计收费管理单据

营业收入管理单据的设计一般包括单据的格式、内容、联数等。和其他管理表单的设计一样，在设计康乐营业收入管理表单时，应该包括所需要的全部管理内容,还应该注意简洁、明了,避免繁杂。另外,还应该注意方便填写者准确理解填写要求,避免用词模棱两可或者含义不清,尽量减少需要描述的内容,尽可能设计成只用数据来填写的形式。此外,表单的设计应该尽量规范、美观,便于保管。

5. 加强稽核管理

稽核是指对账目的稽查核对。一些大型康乐企业往往设有专职的稽核组,规模不大的康乐部则由专职或者兼职人员负责稽核工作。一般情况下,稽核人员的职责主要是监督和检查收款员的工作,负责查对核算收款员的账目,并负责票据以及代用币的清理查收。加强稽核管理能堵塞很多收款方面的漏洞,对"窃款""跑账"和错账能起到较好的预防作用。但任何单一的措施或者制度都不是万能的,稽核制度也是如此,应该与其他措施和制度结合起来进行管理。在开展稽核工作中,还必须特别注意选聘素质优秀的员工担当这项工作,并且应该经常对稽核人员进行业务方面和道德规范方面的培训。

(二)制定严格的收款制度

收款制度是收款员应该遵守的行为准则,是营业收入控制的重要手段。下面列出一些在实际应用中行之有效的相关制度,以供参考,这些制度适用于大型康乐企业,较小的康乐企业可参照制定。

1. 备用金领用制度

(1)备用金管理员应该在每天上午9:00前核对上一日的备用金收发控制表,总账份数应该等于上一日库存份数(期末库存份数)加上上一日应该退回的备用金份数。出现差错应该及时记录并向上级汇报。

(2)备用金管理员于每天上午9:00在领班的协同下打开备用金保险柜,同时还必须有监收人在场。然后清点备用金份数,核对无误后,按照早班上岗人员名单,发给各个收款员,并由领款人在备用金收发控制表上签字确认。该项工作早班应该在9:10之前结束(对9:30开始营业而言);晚班应该在16:30之前结束。

(3)备用金管理员在下班前,应该核对期末备用金份数,以便转结次日。在确认保险柜锁好后,将钥匙存入另一保险柜。此时应该由领班或者其他证明人在场并签字证明。下一日领出钥匙时同样要有证明人在场,领出证明人应该是收入保险柜二号钥匙的保管人。

(4)收款组领班、主管有权在备用金的使用、收发过程中随时抽查,发现错漏应该及时查处。

2. 现金收入清点制度

(1)收款员作为本公司康乐营业收入的收纳人,对所收到的营业款负全部责任。

(2)收款员每天下岗后应该把现金、各种代用券的数额填入资金收入统计表,并核对收入表上的数字与实际收入是否相符,核对无误后将全部收入装进交款袋内并封好,存入财务部的收入保险柜中。

(3)存放交款袋时,收款员不得单独直接操作,应该有领班在场或者同其他收款员一同存放。然后自己在监收表登记并请证明人签字证明。证明人一经签字即对此交款袋是否存入负有责任。

(4)晚班的领班在下班之前,要查对监收表的记录与实际收入份数是否一致。出现问题应该查清原因,查不清的应该马上报告主管或者财务部经理。出现特殊情况时,领班应该在监收表上备注栏内注明。

(5)开启收入保险柜的两把钥匙(必须两把钥匙同时使用才能打开保险柜),一把由出纳员随身携带保存,另一把由财务部经理委托秘书保存。

(6)每天早晨清点收入款时,由出纳员、财务部秘书共同开启保险柜。由出纳员同监收员共同清点,现金数额与收入报表的数目相符后,出纳员把实收入数填写在监收表上;如款表不符,应该及时报告主管。非财务部收款员交回的营业收入(有个别项目的收费可以委托康乐部服务员代收),出纳员应该会同交款人一同开袋清点。然后将清点数额填入收入报表,并签字确认。

3. 票据管理制度

(1)经营专用的有价票据、发票、防伪标志等,是本企业票据管理的重要凭证,由票据管理员专人负责管理。

(2)票据的保管、领用、开具和印刷都要严格按照国家关于票据的管理办法及有关条例执行。

(3)票据管理员必须准确记录票据的领取、发放和存余的数量,并要保证有价票据后期制作符合标准(盖章清晰,防伪标志粘贴牢固)。

(4)票据专用章由出纳员保管,归票据管理员使用。

(5)收款员不得私下换票。如遇特殊情况需要换票,必须经收款主管或者领班签字同意。

(6)电脑员每天录入前一天领用票据和售票分析资料,以反馈信息,对票据进行追踪监督。

(7)稽核人员要加强核查,定期对票据库及收款员保存的票据检查盘点。

(8)季节性票据过期后,票据员必须根据记录及时回收和登记,存入票据库等待统一处理。

(9)使用过的发票存根,要及时回收,随时整理登记,定期打包存放。

(10)过期的废票,经回收、登记、加盖作废章后,交由稽核组统一销毁。

4. 现金收款程序

(1)询问并查对顾客消费的项目、数量、时间、人次等情况,向顾客通报收费价格。

(2)根据顾客消费的实际情况,计算顾客应该支付的金额,清楚地通报,并将账单呈示给顾客。

(3)接到顾客交来的现金,先点清数额并向顾客唱报,然后用验钞机检验大额钞票的真伪,检验无误后将钞票放入收银箱。如需找回零钱则应该尽快找回,同时唱报找赎的数量。

(4)按照顾客的要求和交款的数额,交给顾客票据。

(5)顾客如索要收据,则应该据实开具。

(6)向顾客表示谢意,并表示欢迎顾客再度光临,然后道别。

5. 信用卡受理程序

(1)熟悉本企业接受的信用卡,如长城卡、牡丹卡、汇财卡、VISA卡、Master卡、JCB卡等。

(2)认清信用卡名称,确认是否系本企业接受的信用卡。查看激光防伪标志,并结合其他方法辨别信用卡的真伪。

(3)核对有效日期。倘若收到过期或者未生效的信用卡,则应该礼貌地交还顾客。

(4)核对注销名册。如消费金额未超过信用卡限额,则可进一步查核信用卡账号是否在最近一期"注销"名册内。如已经列上,则立即终止交易,扣留有问题的信用卡,并尽快通知财务部转告代办银行。

(5)核对签名。即核对签购单上的签名与信用卡上的签名是否一致。若不一致,可与授权中心联系,并请持卡人出示身份证,对照身份证相片与持卡人相貌是否相符。

(6)刷卡,将顾客的消费金额和消费日期输入刷卡机,将信用卡插入刷卡机操作。刷卡后将信用卡连同账单一并交给顾客。

6. 转账支票受理程序

(1)检查转账支票以确认其是否有效。转账支票必须纸质优良、印刷精美并且无折痕,还必须有使用单位财务章或者支票专用章以及私人留在银行的印鉴、骑缝章、付款章号、签发日期等内容。

(2)正确填写支票内容。要求用蓝色或者黑色钢笔或者签字笔填写,所写的大写和小写金额必须相符,并须注明用途。

(3)要求持票人出示身份证并在消费账单上签名和留下单位电话号码。

(4)将支票存根连同发票一并交给顾客。

(5)填写收入点存表。在表内填写转账支票号码、金额、付款单位名称、联系电话号码等内容。

案例分析 2

在营业收入管理中如何减少漏洞

康乐部的营业收入有很多是以出售康乐场地、设施设备的使用权为主要内容，也有一部分项目是以出售服务员的劳务为主要内容，一般是按时间、人次，或者按活动内容的单位来计价的。由于康乐消费基本上不存在实物的转移，所以在营业收入上，做到有效管理是有一定难度的。

某大型饭店康乐部经营的康乐项目有卡拉 OK 包厢、台球厅、保龄球馆和电子游戏厅。其营业收入是用以下的方式进行管理的：

对卡拉 OK 包厢和台球厅，采用计时收费，即当顾客来消费时，由服务台的工作人员安排包厢或者球台，并开始计时。顾客活动时由服务员随时提供服务。到活动结束时，由服务员通知服务台工作人员，由服务台的工作人员按活动时间对顾客的消费进行结算。

对保龄球活动，是计局收费。当顾客来消费时，由服务台工作人员通过电脑进行开道、计局。活动时如出现小故障而需要修改记分时，应该由主管认可，再由服务员进行电脑操作。康乐部有时采取积分达标奖励和幸运分的活动，即顾客累计积分达到某一规定分数时，或者单局打出某个事先确定的幸运分时，奖励一局。这时也应该由主管确认，由服务员进行电脑操作。顾客结束活动后，由场地流动服务员通知服务台，由服务台工作人员通过电脑进行结算。

在舞厅和旱冰场，收费是按人次计算。顾客需先到服务台购票，入场时，由服务员验票并撕下副券。在场内的饮料和食品消费由吧台服务员提供，并由吧台即时结算和收费。

在桑拿浴室，沐浴是按人次收费，而沐浴过程中的附加消费则是计时或计量收费，例如按摩是计时收费，饮料是计量收费。这些收费大多是在消费结束时由服务台统一结算。

在电子游艺厅，是以顾客购买游戏币进行结算的。

在以上几种收费方式中，比较容易在营业收入上出现漏洞的是哪几个环节？如何减少营业收入结算和收银环节的漏洞？

通过分析可以看到容易出现漏洞的环节：在卡拉 OK 歌厅和台球厅，要注意计时是否准确；在保龄球馆，要注意排除设备故障时的记录，例如有的顾客在设备出现故障时要求赔偿，也不排除有个别员工借排除故障自己玩球或给熟人提供方便；在舞厅和旱冰场，要防止个别人无票进入；在桑拿浴室，因为是在相对封闭状态下经营，从管理模式上看，几乎无懈可击，但也正因其封闭，也给管理带来一定难度，例如男经理不便检查女浴室，要注意个别员工私自放人进入或私下收钱；在电子游艺厅,顾客通过投币玩游戏机,管理看似简单,但这里经常出现漏洞,绝大多数游艺厅在清点游戏币时都能捡出伪币,这是收入的流失。更有甚者,有个别人在正常游戏币上打个小孔,再用细线拴上,放进游戏机的投币器内来回拉动,每拉一次,投币器就动作一次,也就相当于投了一枚币,这种做法业内称作"钓鱼"。还有时发生内部人员"切币"(截流游戏币)的现象。

关于如何减少营业收入管理中的漏洞的问题,我们留给大家讨论。

本章小结

本章关于设备管理和营业收入管理的论述对康乐部的经营和管理有很重要的意义,应当引起重视。康乐部的设备通常由康乐部自行管理,但设备管理的专业技术性很强,有些设备需要设专人负责,(如保龄球设备)。康乐部的营业收入一般由专职的财务部管理,但在一些小型饭店也有由康乐部管理的。特别是在有的企业,康乐部是承包经营,其营业收入则完全由康乐部自行管理。无论怎样管理,营业收入对康乐部的经营都会产生重要的影响,因为它是康乐部经营业绩的最主要的衡量指标。作为康乐部的管理人员,有必要熟悉和掌握营业收入的分类方法和管理手段。

思考与练习

一、名词解释

1. 康乐设施
2. 康乐设备

二、简答题

1. 在设备完好率的计算公式 $H = W \div Z \times 100\%$ 中,W、Z 分别表示什么意思?
2. 在设备维修费用率的计算公式 $F = X \div Y \times 100\%$ 中,X、Y 分别表示什么意思?
3. 康乐部设备管理的任务有哪些?
4. 康乐部设备管理的基本方法有哪些?
5. 简要说明按日期分类的维修方法和按修理内容的复杂程度分类的维修方法。
6. 按结账时间分类,可以把康乐营业收入分成哪几类?

三、论述题

1. 为减少康乐营业收入的管理漏洞,应该采取怎样的积极措施?请通过实地调查,说明某康乐企业对营业收入采取怎样的控制手段。

2. 请具体说出康乐营业收入中的现金结账程序。

3. 请用具体实例说明如何建立设备技术档案。

第八章 康乐部的安全与卫生管理

课前导读

本章的内容是针对加强安全与卫生管理工作的论述。其中安全工作主要指在康乐服务与管理中,对设施和设备的使用及服务方面的安全管理。另外,用少量篇幅论述治安管理工作和消防管理工作,这两项工作在饭店管理中通常属于安全保卫部门的专职工作,但这部分工作又与康乐部的经营有十分密切的联系,所以在这里将加以论述。

学习目标

- 认识康乐部安全与卫生管理的重要性
- 了解康乐部安全事故产生的原因
- 掌握康乐部安全事故的预防方法
- 掌握康乐部安全事故的应急处理措施
- 了解康乐部卫生工作的特点
- 熟悉各康乐项目卫生管理规定和卫生管理标准

第一节 康乐部的安全管理

随着康乐经营的发展,康乐项目的设施规模不断扩大,项目种类越来越多,康乐经营管理中的安全工作也越来越重要。在中国,有的康乐企业的投资者和管理者一味地强调只要搞好服务,其他问题就会迎刃而解。他们强调的服务是指服务员对顾客的直接服务,把直接服务与间接服务割裂开来。这种想法是片面的。须知所谓服务并非是单一形式,而是由许多环节许多内容共同作用于顾客的整个提供过程。保证顾客的安全也是服务的内容之一,而且是最重要的服务内容。

作为康乐部的管理者,不仅要加强安全意识,而且要学习和掌握安全防护知识。

一、安全事故产生的原因

安全事故产生的原因主要有五个方面:设施、设备质量方面的原因;设施、设备维修保养方面的原因;顾客在使用设备、设施方面的原因;康乐部在管理和提供服务方面的原因;消防管理和治安管理不到位的原因。

(一)设施设备质量欠佳

1. 大型游乐设备的质量问题

目前,我国生产的大型康乐设备质量参差不齐。据了解,截至2005年,全国有二百多家大、中型游戏机、游乐设施生产厂家,但只有约七十家取得了生产合格证,许多企业不具备生产条件却在进行无证生产。1999年,国家技术监督局、建设部等六个部门联合组织了对全国大型游戏机、游乐设施的大检查。检查结果表明,当前正在使用的游乐设备大部分存在着老化、陈旧的问题,另外还有很多设备属于无证产品和自制产品,存在着设计和配置不合理的现象,这些问题都影响着设备的安全运行。前几年,北京某游乐场的观光摩天轮就发生过因电器发热起火而烧死游客的事故。国外的游乐场也时有安全事故发生,据美国的消费产品安全委员会统计,仅1999年,美国游乐园就发生了6起事故,并造成4人死亡。从上面的现象可以分析出,由游乐设备而造成的事故中,恶性事故所占的比例较高。因此,一定要严格控制好大型游乐设备的质量。

2. 室内游戏设备的质量问题

存在质量问题和安全隐患的游戏设备多来自无生产许可证的生产厂家,这类厂家往往为追求利润和产量而忽视安全质量,致使产品存在安全隐患。这类产品的安全隐患主要有两方面:一方面是电器绝缘性能太差,并且电源线不带保护地线,这样的设备很容易发生漏电事故。另一方面是一些设备的外观非常粗糙,棱角处的装饰条和螺钉等有毛刺或尖锐锋利面,很容易划伤顾客。曾有顾客在跳舞机上跳舞时用手扶了一下面板上的装饰物,就被划了一个大口子,到医院缝了4针。

3. 游泳池设施质量问题

游泳池池底、池壁、地面和墙面多用瓷砖铺成,瓷砖质量和施工质量如不严格控制就可能引发安全事故。瓷砖的棱角处如果太尖锐,就很容易划伤顾客,特别是人的皮肤经水浸泡后更容易被划伤。某戏水乐园就曾发生顾客跑动时被瓷砖划伤脚面,致使脚趾的筋被划断的严重事故。另外,地面应采用具有较强防滑性能的瓷砖，否则顾客容易滑倒摔伤，而且在这种很硬的地面上摔伤很可能引起骨折等严重伤害。

4. 水滑梯的质量问题

近些年来，各地相继建起了一些戏水乐园。水滑梯是戏水乐园的主要设施之一，但是水滑梯的质量却不尽如人意，并曾造成过一些伤害事故。例如沈阳某戏水乐园开业初期就曾发生过因水滑梯设计施工问题而造成的伤害事故。该戏水乐园的水滑梯出口端的角度过陡，坐滑梯的顾客下滑速度非常快，由于惯性大，滑出的距离较远，而出口处的溅落池却较小，有的顾客滑入溅落池后撞到池壁上，发生了撞伤的事故。另外，有的水滑梯的设计者为追求刺激性，把滑梯拐弯半径设计得较小，使坐滑梯的顾客感受到较强的离心力的作用。根据运动原理，人在滑梯中会被离心力"悠"起来，在滑梯侧壁上滑动，而滑梯壁上由于没有水流润滑和散热，这种"干磨"会产生较多的热量，因而顾客的皮肤往往被烫伤或顾客的泳装被烫坏。

（二）设施设备保养维修不到位

1. 台球厅保养不当造成的事故

一般情况下，台球厅环境幽雅，设施豪华，打球的人文质彬彬，无剧烈动作，不容易出现伤害事故。但是如果保养维修不当也难免造成事故。北京某高档康乐场所台球厅的球台是从英国进口的高档球台，斯诺克球台的袋口是用铜条嵌入木框形成的，由于保养不当，袋口的铜条一端脱落，一位顾客无意中走过时被划了一下，结果他穿着的高档西裤被划了一个口子，使顾客感到十分难堪。

2. 保龄球馆保养维修不当引发的安全事故

保龄球设备每天都需要认真保养，否则容易发生故障，引发事故。按照规定，保龄球道应该每天除尘、打磨、涂油。涂油的区域和油膜的厚度都应按规定要求操作，但在发球区和发球区近端的球道是不应涂油的。可是有的保养人员操作随意，在转换球道时将油拖布或落油机很随意地从发球区拖过去，使发球区沾染上球道油，这样当打球的顾客踩上去时，就很容易滑倒摔伤，有的球馆就曾因此摔伤顾客，还造成了骨折。另外，保龄球的球体在长期使用过程中，会出现破损，如不及时维修或淘汰，也可能引发安全事故。特别是指孔边缘如果碎裂的话，会出现较锋利的碴口，很容易划伤使用者的手指。

3. 壁球厅设备保养不当引发的安全事故

现在壁球厅的四壁大多由三面硬墙、一面玻璃幕墙及玻璃门构成（也有四面玻璃幕墙的）。其中玻璃幕墙应特别注意施工质量，并需要经常检查维修，因壁球的运动量和动作幅度都较大，打球的顾客随时都可能撞到玻璃幕墙上，很容易撞裂玻璃，造成安全事故。因此要经常检查和维修玻璃幕墙，如发现松动、开胶、螺栓与玻璃间的弹性衬垫破损等现象时,一定要及时维修。对玻璃门更要经常检查,特别是合页部位和防止玻璃门反向开启的部件更要检修。如需更换玻璃,一定要更换中间夹胶的双层玻璃,以防止万一玻璃碎裂造成大的伤害事故。这里几次提到必须经常检修,并非耸人听闻,因为在有的壁球厅,确实发生过顾客打球撞碎整块玻璃而造成伤害的安全事故。此外,壁球厅的地面应保持稳固、清洁、干燥,否则,顾客很容易滑倒摔伤。

4. 游泳池和戏水乐园设施保养不当引发的安全事故

游泳池和戏水场所的保养维修工作也非常重要。水池四周的地面应保持清洁,否则细菌很容易滋生繁殖,水藻、青苔也容易生长,地面因而很滑,顾客容易滑倒摔伤。水质的保洁也很重要,否则水的透明度会降低,而服务人员可能看不清水下发生的事故。某游泳池的潜水区就曾因水浑而未能及时发现水下溺水者,造成溺亡事故。

其他设备的保养也很重要,例如戏水池的回水口。一般戏水池因有鼓浪等戏水形式,所以不会像游泳池那样将回水口设在池边岸上,而是装在较浅处的水面下。当游泳池开放多次以后,人们脱落的毛发就容易堵住回水口的水算子,如不及时清理,就会出现不良后果:一是回水量减少,水质的清洁度降低;二是容易引发安全事故。某戏水乐园规模较大,因而回水量也较大。由于毛发堵塞了回水口和算子,回水功率又较大,回水的负压很大,一位游泳的顾客无意间在回水口用臀部靠了一下,这就给本来负压很大的回水算子增加了一个外力,那耐腐蚀的塑料回水算子一下子粉碎了,这位顾客也像拔罐子一样被回水口吸住。当其他人将其救起时,他已因伤重而无法自由活动。此事虽是偶然事故,但原因确是保养不善。

5. 室外游乐场设备保养不当引发的安全事故

室外游乐场的设备都是大型设备,一般情况下,生产厂家和经营企业都比较重视设备的安全性能,同时也很重视设备的保养和维修工作。但即使是这样,也不能完全避免设备安全事故的发生。以山车闻名于世的美国六面旗乐园所做的统计和研究显示,游客乘坐过山车受致命伤的概率是十五亿分之一,远比乘坐飞机和汽车的伤亡概率低。这里姑且不去探讨这个统计和研究是否准确和客观,至少它告诉我们,游乐园可能会发生事故,而且一旦发生事故往往是恶性事故。例如,90年代初期,刚开始营业不久的北京游乐园就曾发生过一起恶性事故,该园的摩天轮观光仓在高空失火并且导致游客被烧死。类似的事故不只是在中国发生,国外也曾经发生过,2001年,国外某游乐园太空船运行到高空时突然刹车,致使顾客悬在半空中受到惊吓。近几年,关于游乐园设备安全事故的报道也屡见报端。如2005年7月,在美国加利福尼亚州迪斯尼乐园,一列过山车返回终点时,被另一列过山车冲撞,致使 15 人受伤;2006 年 7 月,在英国奥尔顿的一个主题公园,一列过山车在运行途中车卡突然脱钩,过山车前半截与后半截在自行溜动后相撞,致使 29 人受伤;2007 年 5 月 14 日,在日本大阪的万博纪念公园游乐园,一列过山车在运行中突然车轴断裂,车厢倾斜滑动并且撞倒围栏,造成 1 死 21 伤,另有 12 个目击者因受到惊吓被送到医院接受治疗;同日下午,在日本福井县的一个游乐园,又发生两列过山车碰撞的事故,造成 3 人受伤;2007 年 7 月,在美国阿肯色州热泉市的"泉水和水晶瀑布游乐园",有一列过山车行驶到最高处的时候,游乐园突然停电。失去动力的过山车顿时停下来倒挂在 45 米高的空中。在车上的 12 位游客全部头朝下脚朝上、被倒挂在高空。消防人员总共花了半个小时,才将这些游客救了下来;2007 年 6 月,香港的昂坪 360 缆车曾发生车厢坠落事故,所幸当时车厢内无乘客,因而未造成人员伤亡,但这次事故还是足以让人瞠目结舌,惊愕万分了。这里所列举的案例并非道听途说,都是引自世界各大报纸的真实报道。

上述事故都属于设备安全事故,如果采取更严格的设备检验制度和更有效的安全措施,这些事故的发生概率肯定能够再度降低。我们的管理者和全体工作人员应该尽一切努力使设备安全事故的发生率降到最低。

(三)顾客使用方法和活动方式不当

1. 准备活动不充分

有很多康乐项目是由运动项目转化来的,有些活动比较剧烈,因此在进行这些运动之前,应当先做好准备活动,否则就可能出现安全事故。例如游泳前如果没做好准备活动,就容易出现抽筋;在进行健身锻炼、保龄球运动、网球和壁球运动前,如没做好准备活动,就容易出现扭伤和拉伤。

2. 身体情况欠佳

顾客在身体情况欠佳时,应当注意不要参与危险性和刺激性强的项目,也不要参加较剧烈的运动,例如酗酒后游泳或戏水就很危险。沈阳某戏水乐园就曾发生过一位顾客酗酒后坐水滑梯,结果被他自己的呕吐物呛死的恶性安全事故。患有心血管病、脑血管病的顾客不宜参与过山车之类的强刺激项目,否则容易使病情加重,严重的甚至会由于病情突然恶化而猝死。身体不好时也不宜较长时间地洗桑拿,有一位顾客听说洗桑拿能治感冒,当她患感冒时便去洗桑拿,但她在桑拿室里待了不到 10 分钟便虚脱休克,幸亏被服务员及时发现。

3. 技术水平欠佳

有的顾客的运动水平欠佳,因而动作协调性、运动持久性都很有限,在这种情况下,出现安全事故的概率就相对大一些,再加上人们在康乐场所都比较兴奋,往往忽视安全,这使出现安全事故的概率进一步加大。例如在保龄球场,有些顾客由于动作很不协调,又用力过猛,而经常滑倒,其中个别的可能会摔伤。在游泳池和戏水乐园，往往会发生溺水事故，严重的甚至溺水而亡，而发生溺水事故的多数是游泳技术不好的人，也有的是在发生意外，如肌肉痉挛（俗称抽筋）时，因不会自己解救所致。

4. 未按操作规定控制设备

操作规定是根据机器设备的性能特征和安全要求制定的，有的顾客在使用设备时比较随意，不按操作规定去作，这就很容易引发安全事故。例如，在健身房，有很多设备都有较严格的操作要求。使用跑步机，如不按操作规定，就可能发生意外。按规定，使用跑步机时应将速度由慢到快逐渐加速，需要停止时也应由快到慢逐渐减速，当机器减到缓慢速度或停止时，运动者才能走下跑道。但有个别顾客由于某种原因从较快运行的跑道跳下，这时由于惯性很大，人特别容易摔倒。某戏水乐园淋浴室发生过一起因操作不当而造成的严重烫伤事故。某康乐部门淋浴器的水温和水量调节开关是一种扳把开关，当扳把向右时冷水多一些，扳把向左时热水多一些，一位年轻母亲带着女儿淋浴时，将水温调整适宜温度后让孩子在喷头下淋浴，她自己则在用洗头液洗头，可她无意间将扳把开关碰到了左边热水最大的位置，滚热的水突然喷出，将喷头下面的孩子的头皮、脸部、肩部烫伤。这位母亲慌忙为孩子揉伤处，结果又将孩子被烫伤的表皮揉脱了，使伤处更加疼痛，还给治疗带来很大的麻烦。

（四）康乐部管理和服务不到位

1. 保护不当

一些康乐项目的运动量很大，并且存在着一定的不安全因素。为了减少或消除这些不安全的因素，在进行这些康乐活动时，就应该采取适当的保护措施，以避免出现安全事故。例如在健身房做卧推杠铃时，就应该由教练或服务员适当保护；在游泳池的深水区，应当配备救护员，以便在发生溺水事故时采取救护措施。

2. 操作失误

有的项目需要服务员按照严格的要求操作，以尽可能地避免发生严重伤害事故。例如按照规定，蹦极运动蹦极弹跳绳按粗细分为轻、中、重三种级别，根据蹦极者体重的不同，选用不同的弹跳绳，弹跳的最大长度以蹦极者不触地或触水为准，同时还应在蹦极者的脚上系上无弹性的钢丝绳，作为第二道保险绳。但是如果体重称量不准，选择弹跳绳的规格不准，绳长计算不准，就可能发生严重事故。据报道，2000年4月，天津某公园蹦极塔就发生过一起因服务员操作失误致使两位蹦极者头部撞地造成颅骨骨折的严重事故。

3. 维持秩序不当

一般的康乐项目多为很多人共同参与的项目，这就需要制定相应的游戏规则并维持良好的活动秩序,一些带有危险性的活动更应如此,例如小赛车、水上摩托、水滑梯等项目。在水滑梯的滑道中放进适量的流水,人体会以很快的速度下滑,一般的滑速能达到每秒 5 米,因此容易发生撞伤、划伤、磨伤、溺水等事故。如果维持秩序不当,撞伤事故会较多较严重。因此在项目实际运营当中,维持秩序非常重要。滑梯的出发台和末端的溅落池都应有专人负责维持秩序。出发台的服务员要控制下滑间隔,一般一条 50 米长的水滑梯约需 10 秒下滑时间,要等滑入溅落池的前一位顾客离开溅落池上岸,这时出发台才能放行后一位下滑,否则的话,就可能出现前一位尚未离开溅落口,后一位已经滑到溅落口,导致两人或多人相撞的伤害事故。在有记录的案例中已出现过因此而导致颈椎骨折、腰椎骨折、脾破裂、肾损伤等严重事故。出发台服务员还应检查顾客是否携带尖锐硬质物品,如眼镜、露在外面的钥匙等。溅落池附近的服务员应该尽快提示并帮助溅落入池的顾客离开溅落口,以免被后面的顾客撞伤。

4. 提示不及时

在容易出现安全事故的地点或时间,应该由服务员经常提示顾客,以降低发生事故的概率。例如,在游泳池应当提示注意池水的深浅,应标出深水区,在浅水区也应该有提示牌,以防止喜欢跳水的人跳水时头部撞到池底。在北京的游泳场馆,几乎每年都会发生头撞池底的严重伤害事故。其他康乐项目也同样,凡是存在安全隐患的地方,都应该提示顾客注意安全。例如在保龄球馆,有的顾客打球的动作很不规范,如果不及时提示顾客改正动作,那么不但打不出好球,还可能因动作不规范而滑倒摔伤。

(五)治安管理和消防管理不到位

1. 打架斗殴

打架斗殴的事件在专业康乐场所时有发生,在高档饭店的康乐部发生的概率小一些。引起斗殴事件的原因有两种:一方面是来康乐场所消费的人群成分比较复杂,有时会有一些喜欢滋事的流氓混入其中,这种人有时会寻衅闹事;另一方面,顾客当中有个别人好出风头,常为一点小事与别人争长论短,出言不逊,也有的顾客酗酒后到康乐场所消费,这些人往往精神亢奋,缺乏理智,容易与别的顾客发生口角甚至斗殴。

2. 失窃事故

在康乐场所,由于顾客比较多而且复杂,很容易发生失窃物品的事故。这一方面是由于参与康乐活动的顾客在兴高采烈的时候,容易忽略所带物品,无意间将物品丢失。另一方面,这种公共娱乐场所也是小偷经常光顾的地方,他们在这里也容易"得手",因为在这种地方顾客与他们所带的物品经常会有分开的时候。例如,顾客在打保龄球的时候,一般顾客都是把手包之类的物品放在椅子上;在游泳时,顾客的衣物都放在更衣柜中,小偷经常在这种时候作案。

3. 消防事故

康乐场所由于顾客流量大,且人员成分复杂,就更应该加强消防安全管理,否则将会造成非常严重的后果。如 2000 年 3 月,河南省焦作市某歌厅发生火灾,造成 74 人被大火烧死烧伤的严重事故;同年 12 月,河南省洛阳市一歌舞厅发生大火,309 人惨遭烧死;2001 年,北京市海淀区某网吧发生火灾,造成 20 多人被烧死或烧伤;2003 年 2 月 16 日,河北省石家庄市一家歌厅失火,烧死 5 名服务人员;2004 年 6 月 19 日,深圳市福田区一卡拉 OK 厅失火,烧伤 19 人;2005 年 12 月 25 日,广东省中山市一餐厅内的非法酒吧失火,造成 20 多人死亡;2006 年初,江苏省镇江市大西路的大华电影院发生火灾,致使这座始建于 20 世纪 40 年代的标志性建筑毁于一旦;2007 年 7 月 6 日,辽宁省本溪市某歌厅因私藏的两吨炸药发生爆炸,造成 25 人死亡、33 人受伤;2007 年 12 月 14 日,广东省东莞市一咖啡厅因电线短路引发大火,造成 11 死 8 伤;2007 年 12 月 18 日,浙江省温州市一商住大厦的鲜花店失火,大火波及二楼的歌厅,造成 21 人死亡;2008 年 9 月 20 日,深圳市龙岗区一歌舞厅发生大火,造成 43 死,88 伤。

调查表明,不只是在发展中国家出现这类事故,在发达国家也曾出现过这类事故。2005 年底,著名的美国迪斯尼加州豪园饭店在凌晨突然失火,给游客造成了极大的恐慌。该饭店比邻迪斯尼加州冒险乐园主题公园,共有 745 个房间,由于当时正值圣诞节期间,旅客爆满,2300 个床位全部被承租。凌晨三点时,大堂中央一棵几层楼高的圣诞树突然起火,把旅客在乐园的梦幻烧碎;2008 年 1 月,美国赌城拉斯韦加斯的一座饭店发生大火,饭店被迫疏散所有旅客。

康乐场所发生火灾的直接原因大致有四方面:

(1)由于疏忽引发火灾。如抽烟的人乱扔未被掐灭的烟头或者尚在燃烧的火柴,引燃易燃物。

(2)由于电器过载引发火灾。引起电器过载的原因有电路老化、绝缘不良、电压或者功率不匹配等,如美国迪斯尼加州豪园饭店大堂圣诞树失火的原因就是与电力施工有关系。

(3)设备使用不当。这主要是指有些电器在使用中本身就发热,且功率比较大,如电焊机、电热风机、电桑拿炉、电取暖器等,如果在使用这类电器时未注意与可燃物品隔离,可燃物品被电器烤燃而引起火灾。前面提到的河南某歌厅失火的原因,就是工作人员使用电热取暖器时烤着了易燃物品。

(4)人为蓄意放火,如前面提到的北京海淀区蓝极速网吧失火就是因为有人恶意放火所致。

二、安全事故的预防

旅游饭店或康乐场所安全事故的预防工作显得尤为重要。预防工作做好了,可以减少很多事故,减少很多处理事故所带来的麻烦和损失,从而降低经营成本。

(一)增强安全意识,加强安全管理

1. 加强安全培训

康乐部的全体工作人员都应该强调以预防为主的安全管理原则和安全服务意识。用什么手段来提高安全服务意识呢? 首先是培训。通过培训,使服务员认识到安全服务的重要性,并熟悉安全管理制度,提高处理安全事故的能力。培训的内容应涉及设备安全、人员安全、消防安全、治安安全等方面。

2. 加强对顾客的疏导服务

安全管理涉及的重点场所和重点部位,特别是对社会开放的公共康乐场所,由于顾客流量较大,有时会出现拥挤现象,容易发生安全事故,如挤伤、踩伤等。例如,2003年北京密云举办游园会的时候,就曾出现因众多游客拥挤过桥而造成桥毁人亡的恶性安全事故。另外,人多拥挤也给小偷作案提供了方便。这时,管理和服务人员就应该特别注意加强疏导服务,维持好现场的秩序,以防止发生伤害或失窃事故。在一般情况下,人们到危险的地方会非常谨慎,但也有例外。例如让一个不太会游泳的人独自到深水区去游泳,他会有恐惧感。但当浅水区几乎没有人,而深水区人又很多时,那个不太会游泳的人也会想:"不妨到深水区玩一会儿。"他的恐惧感由此减少,这是从众心理在作祟。其实危险因素对他来说一点也没有减少,反而由于人较多,个别人出了事不容易被岸上的救护员发现,增加了危险。这种时候,服务人员就更应该注意疏导和提示,以减少事故发生的可能性。在康乐部的安全管理中,还应该注意总结经验,摸索规律,找出容易发生安全事故的地点和时间,以便及时发现引发事故的苗头,采取相应防范措施,防患于未然。

某戏水乐园总结出容易引发溺水事故的十三种现象,并用于提示服务员,对防止溺水事故的发生起到了很好的作用。这十三种现象是:

(1)坐水滑梯者落入溅落池后站立不起来;

(2)游泳技能较差的人误游到深水区;

(3)鼓浪时惊慌失措;

(4)恋人相拥在水中;

(5)大人背着小孩游泳;

(6)小孩独自游泳或独自在泳圈中漂流;

(7) 老年人独自游泳；

(8) 在水中忘情地嬉戏打闹；

(9) 体质较弱者独自游泳；

(10) 在非跳水区随意跳水；

(11) 成人仰卧在大型泳圈里漂流；

(12) 较长时间潜泳；

(13) 鼓浪时老人和儿童仍坐在鼓浪池浅水处。

对于这些现象，救护员应采取主动式服务，即主动提示顾客防止发生危险，注意游泳安全，或将其引导到安全地带。

3. 增加安全设备的投入

良好的安全设备是减少安全事故的物质基础。没有物质基础的安全工作是难以做好的。这如同没有设施、设备就无从提供服务的道理是一样的。安全设备是以减少顾客的安全事故为目的所使用的设备，如报警系统、监控系统、提示系统、广播通信系统、救护系统等。一般情况下，安全设备不会产生直接的经济效益，因而有些投资者和管理者不太重视安全设备的投入，这是短视的行为。

减少或杜绝溺亡事故是游泳池管理和服务的最重要的工作。但是，尽管游泳池的管理和服务人员尽了很大的努力，做了大量的工作，溺亡事故仍时有发生。据了解，中国绝大多数经营期超过五年的大、中型公共游泳池，几乎都发生过溺亡事故。即使在人口比较少、经济比较发达的澳大利亚，也每年都有溺亡事故发生。根据澳大利亚皇家救生协会的统计资料，1992~2002年澳大利亚公共游泳池一共发生了88起溺亡事故。相对而言，在澳大利亚这样的国家，十年内发生88起溺亡事故是比较少的概率，在中国比这个概率要高得多。

为了减少溺亡事故的发生，全世界游泳池的工作人员都在千方百计地努力。安装水下安全电子监控系统不失为一种较好的选择，这种监控系统的英文名字为POSEIDON。这是一种高科技救生拍摄报警系统，它能够较大幅度地提高游泳池的救生安全水平。该系统设有被称为电子眼的四部水底摄像机和八部水面摄像机，能够全方位全过程地拍摄游泳者在水中的活动情况。其工作原理是通过这些电子眼捕捉游泳者在水中的一举一动，并将这些数据与电脑数据库内数千个游泳者在水中遇上危险时的动作样本进行比较。若两者吻合，系统便会通知佩带传呼机的救生员作出反应。该系统现在只有法国能够生产，并且价格不菲，在2005年每套价格合人民币100多万元，目前全世界只有约1000家游泳池安装了该系统。相信这种有市场潜力的高科技产品一定会受到欢迎的。

4. 加强与饭店安保部，与公安、消防安全部门的合作

安保部是大型饭店或康乐企业专门负责安全保卫的职能部门。安保部全面负

责安全保卫工作,包括营业场所的治安管理、企业的财产安全管理和消防安全管理。安保部的工作与康乐部的工作有密切联系,康乐部为顾客提供服务的过程中需要安保部的协作与配合,在预防和处理安全事故或消防事故时应接受安保部的指导与帮助,以便共同为顾客提供安全的服务。公安部门和消防安全部门是政府的执法和管理部门,是制定治安管理制度和消防安全管理制度的权威机关,在检查治安保卫工作和消防安全工作及处理相关事故的工作中具有权威性,拥有执法权。康乐部在经营工作中经常与公安部门和消防部门发生联系,接受监督、检查、指导,这对维持正常营业秩序、搞好经营工作具有非常重要的意义。特别是歌厅、舞厅,更要搞好与公安机关的合作。

(二)建立完善的安全制度和安全管理体系

康乐部的管理人员应该特别重视安全管理,把安全工作放到重要的议事日程中,注意培养全员安全意识,并且应建立和完善各项制度,包括安全管理制度、安全值班制度、安全检查制度、安全操作规程、安全事故登记和上报制度。安全管理的最主要目的是保证顾客的生命及财产安全和员工的人身安全、企业的财产安全。在某些存在危险性的康乐活动开始前,特别是一些大型游乐项目,应该对顾客进行安全知识讲解和安全事项说明,并具体指导顾客正确使用设备设施,确保顾客能够掌握正确的动作要领。某些康乐项目对顾客的健康条件有要求,或不适合某种疾病患者参与(如桑拿浴、游泳池、按摩、过山车、蹦极等项目),应该在该项活动的入口处以"警示"方式予以公布。在康乐活动进行过程中,应密切注意顾客的安全状态,适当提醒顾客注意安全事项,及时纠正顾客不符合安全要求的行为。康乐部还应保护员工的安全,应该加强员工的安全操作技术培训,未取得专业技术上岗证的,不得操作带电的设备;应开展经常性的安全培训和安全教育活动;建立安全检查工作档案,每次检查都要填写检查记录表单,检查的原始记录由责任人签字后存档。康乐场所应该具备完善的安全设施,各康乐场所、公共区域均应设置安全通道,并时刻保持其畅通无阻;在游乐场各游乐区域(封闭式的除外),均应按国家技术监督局 GB8408 的规定设置安全栅栏;严格按照消防规定设置防火设备,配备专人管理;安装报警设施,并按 GB13495 设置警报器和火警电话标志;露天水上康乐场所应设置避雷装置;配备处理意外事故的应急救护设施设备。安全管理工作还必须做到组织落实,要建立完善的安全管理体系,包括安全操作保证体系、安全维护保证体系。这些体系的具体结构见图 8-1~图 8-3。

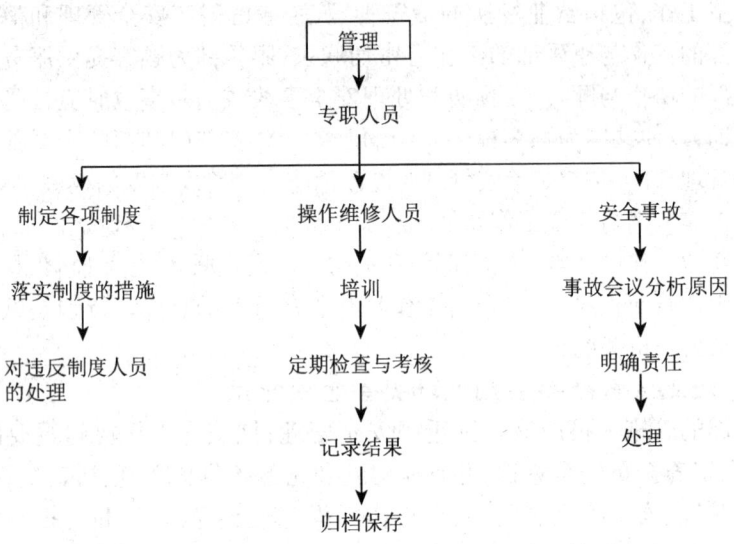

图8-1 安全管理体系

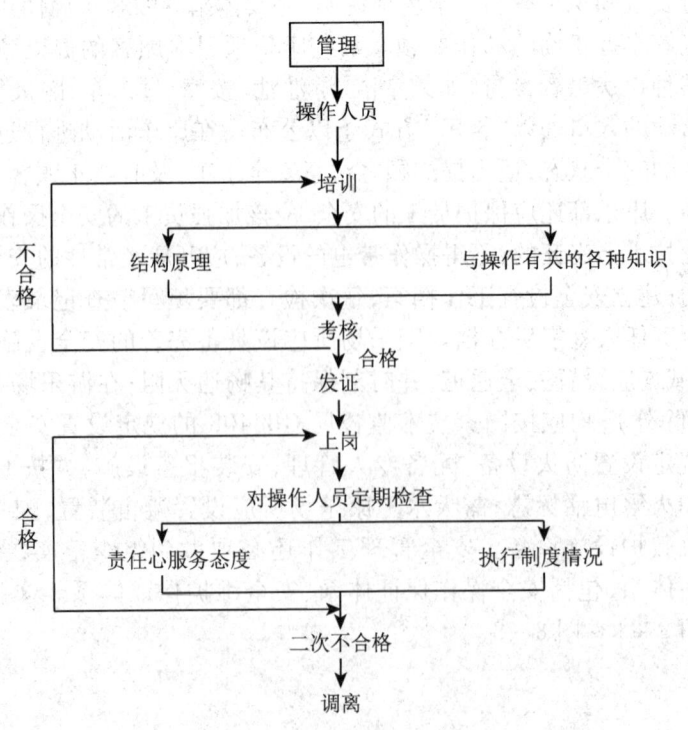

图8-2 安全操作保证体系

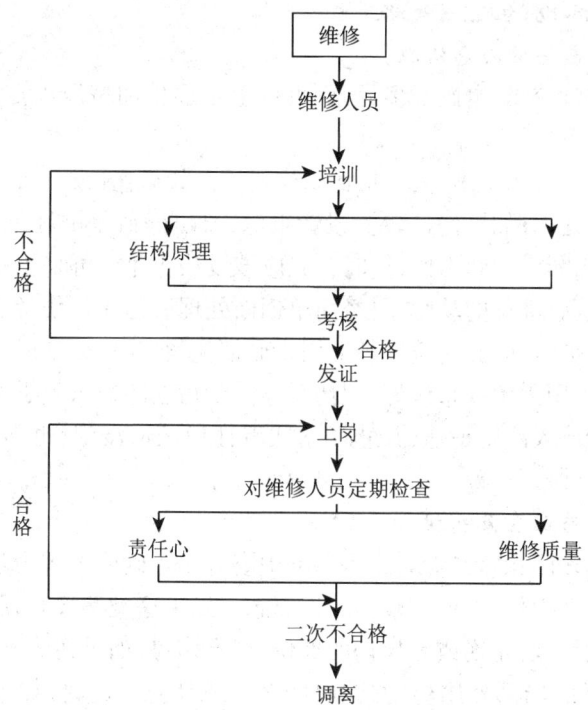

图 8-3　安全维护保证体系

三、安全事故的处理

这是指安全事故发生后应该采取的处理措施。对安全事故的处理虽然属于被动管理，但是在康乐部的运行过程中，这种被动管理也是必要的。对安全事故的恰当处理，能避免事态扩大，有利于减少事故所带来的损失。

（一）处理安全事故的原则

1. 以国家的法律法规和企业的规定为准绳

处理安全事故应该以国家的法律法规为准绳，同时还应该依照本企业的有关规定。这二者并不矛盾，因为企业的规定必须以国家法律法规为依据而制定。

2. 以人为本

本着以顾客为本的原则。在处理安全事故时应该首先考虑顾客的利益，特别是顾客的生命和财产的安全，还要考虑顾客的感受和心情。

3. 兼顾三方面利益

在以顾客为本的前提下，兼顾本企业和员工的利益。

(二) 一般外伤的应急处理

1. 擦伤和切割伤的应急处理

擦伤一般伤口较浅，出血不多，因而可用卫生棉稍加挤压以挤出污血，然后再用创可贴或者纱布包扎。

切割伤多为锋利物所伤，其伤口比擦伤要深。如果伤口较浅，可参照擦伤的应急处理办法进行处理；如果伤口较深或者很深，流出的血是鲜红色且流得很急，甚至往外涌，则可判断为动脉出血，这时首先应该设法止血。可采用压迫止血点的方法，即压住伤口近心部位的动脉，再经简单创面处理后迅速将伤者送医院治疗。如果手指或者脚趾被全部切断，应该马上用止血带扎紧伤口，或者用手指压住受伤的部位止血，将断趾用无菌纱布包好，把伤者连同断指立即送医院手术治疗。注意在夏天最好将断指放入冰筒护送，禁止用水或者任何药液浸泡，也不要做其他处理，以免破坏再植条件。

2. 扭伤和拉伤的应急处理

扭伤和拉伤多因顾客在参与康乐活动中姿势不正确或者用力过猛所致。由于肌肉或者韧带已经损伤，会伴有较强的疼痛感。发生这类事故时，服务员应该马上扶顾客坐下，然后查看扭伤或者拉伤的部位，观察伤势：如果伤势不严重，可以喷一些"好得快"之类的局部外用药，并嘱咐顾客注意休息。此时，如果顾客决定终止消费，服务员应该协助办理相关手续；如果伤势较重，服务员在对伤者进行简单护理后嘱咐其马上去医院治疗。同时应该立刻将事故逐级上报，由康乐部经理决定是否派服务员陪同顾客一起去医院。

3. 烫伤与烧伤的应急处理

发生烫伤事故时，首先要设法局部降温。一般情况下，皮肤出现红肿的为轻度烫伤，这时可用冷水冲洗几分钟，再用纱布包好即可；如果局部已经起水泡，并伴有剧烈疼痛，则为重一些的烫伤，这时应该立即用冷水做较长时间的冲洗，注意不要碰破水泡，以防止细菌感染。如果烫伤的局部很脏，可用肥皂水清洗，但要特别注意不可揉搓擦洗，以免碰破表皮，否则，不但不利于以后的治疗，而且会增加伤者的痛苦。清洗之后，蘸干表面的清水，盖上消毒纱布，用绷带包好，送到医院作进一步治疗。

烧伤一般是由火灾或者电击引起。应急处理时，可先用生理盐水冲洗一下，如果伤口被脏物污染，可先用清洗烫伤的办法处理，然后再用生理盐水冲洗，要保持伤口及其周围皮肤的清洁，再盖上消毒纱布，用绷带包扎，并尽快送医院治疗。

4. 骨伤的应急处理

若骨伤伴有出血现象时，应该先止血再包扎，然后再固定骨骼，不要试图自己扭动或者复位。固定时，可用木板、纸板、杂志甚至雨伞等可应急找到的物品作支撑物,固定夹板应该托扶整个伤肢,在骨突处用棉花或者纱布等柔软物品垫好,以减少伤者的痛苦,然后再用绷带包扎。包扎的绷带要松紧适度,并要露出手指或者脚趾,以便观察血液流通情况。包扎后应该立即送医院治疗。在康乐服务中,有可能遇到颈椎创伤的情况,这时更要认真对待,切不可掉以轻心。应急处理时,应该尽快将伤者平移至担架或者床板上,并迅速送医院治疗。

(三)溺水事故的应急处理

溺水事故是戏水乐园、游泳场馆容易发生的事故,严重的往往导致溺水者死亡。一旦发生溺水事故,及时进行现场救治十分必要。其过程如下:

1. 清除呼吸道杂物

立即清除溺水者口鼻内的污物并检查溺水者口中是否有假牙,如有,则应该取出,以免假牙堵塞呼吸道。

2. 施行人工呼吸

使溺水者俯卧,并垫高其腹部,压迫其背部,使吸入的水从口、鼻流出。这个过程要尽快,不可占用过多时间,以便进行下一步抢救。检查溺水者是否有自主呼吸,如没有,应该马上进行人工呼吸,其方法是:使溺水者仰卧在硬板上或者地面上,一只手托起其下颌,以打开气道,另一只手捏住其鼻孔,口对口吹气,每分钟16~18次。

3. 体外心脏按摩

在做人工呼吸的同时,检查溺水者颈动脉,以判断其心跳是否停止。如心跳已经停止,则应该同时进行体外心脏按压,方法是:双手叠加对溺水者心脏部位进行挤压,每分钟60~80次。

4. 送往医院

迅速将溺水者送医院急救,在送医院的途中不要中断抢救。

(四)火灾事故的应急处理

在发生火灾时,员工应该立即采取措施,以防止火灾扩大或者蔓延。应急措施如下:

1. 及时报告

当发现煳味、烟味或者不正常热度时,应该马上寻找产生上述异常情况的具体部位,同时将发生的情况逐级上报。紧急情况可越级上报。

2. 拨打报警电话

当火灾情况紧急时,应该马上拨打报警电话。报警时要讲清火灾的具体地点、燃烧物质、火势大小、报警人的姓名、身份和所在的部门。

3. 关闭电器设备

关闭所有电器、通风、排风设备。

4．组织疏散

组织顾客有秩序地疏散。疏散时注意关上房间门，并且不要使用电梯。

5．自救灭火

如果火灾情况十分紧急，应该立即打碎附近墙壁上的报警装置报警，同时拿起附近的灭火器进行自救灭火。

6．保护现场

在扑救过程中应该注意保护现场，以便事后查找失火原因。

在确认火情时应该注意：不要轻率开门，可先用手试一下门体的温度，如无温升可开门察看；如温度已经升高，则可确认门内有火情，开门时注意不要把脸正对开门处，以免烧伤。此时如房间内有顾客，应该设法救人。如果房间内无人，则应该设法扑救。

（五）治安事故的应急处理

在康乐服务过程中，对治安事故应该采取以下几项措施：

1．主动巡视，注意疑点

服务员在服务中应该经常巡视，仔细观察，发现可疑对象时应该采取继续观察、主动服务等方式，以进一步了解和掌握情况。

2．出现事故，尽快报案

一旦出现治安事故，服务员应该立即向本部门报告，情况严重时，可立即向保安部报案，同时向本部门汇报。

3．紧急情况，及时处理

有些紧急事故，例如发生打架斗殴、流氓滋扰、行凶抢劫等，应该立即采取紧急措施，以免事态扩大，造成更大损失。

4．采取措施，保护现场

遇有重大案件发生，服务员在报案后应该注意保护现场，以便于保安部或者公安部门侦破案件。在公安部门侦破案件过程中，服务员应该实事求是地主动反映情况，提供线索。

5．善后工作，积极处理

在事故处理结束时，康乐部的员工应积极做好善后工作，并尽快恢复正常营业。

（六）停电事故的应急处理

1．坚守岗位

当班员工坚守在各自的工作岗位。

2．稳定顾客的情绪

及时告知顾客发生了停电事故并且正在采取积极措施恢复供电。

3. 帮助顾客

设法帮助滞留在电梯中的顾客转移到安全地带,并且帮助走廊中的顾客转移到咖啡厅等可休息的地方。

4. 防止连带事故

加强公共场所的巡视,防止失窃等连带事故的发生。

5. 检查电器设备

恢复供电后应检查各电器设备是否恢复正常。

(七)顾客报失财物的处理

1. 逐级上报

员工接到顾客的报失报告后,应逐级上报,如果是较大的失窃案件,由康乐部经理通知保安部介入处理。

2. 请保安部介入

保安部接到报告后,应立即派人了解情况。在了解情况时,应详细登记失主的姓名、房号、国籍、地址及丢失财物的名称、数量、规格、特征等。

3. 查找失物

尽量帮助顾客查找失物。如果找到失物,在核对无误后交还给顾客,并请顾客在"失物招领登记册"上签名确认。

4. 登记备案

如果一时查找不到顾客的失物,应请顾客在"顾客物品报失登记册"上登记备案。

第二节　康乐部的卫生管理

康乐部的卫生管理关系顾客的卫生安全,也关系企业的声誉和形象,在很大程度上影响康乐部的经营。

康乐部卫生工作的特点是工作量大,重复率高,各项目要求存在差异。工作量大是由于康乐部项目种类多、设备数量大,设施设备与顾客接触多;重复率高是由于顾客流动量大、设备使用频率高,有的设备每换一位顾客就要搞一次卫生(如按摩和美容美发设备),同样的卫生工作每天都要多次重复;各项目要求存在差异是由于各项目在康乐内容、设备结构、使用方法等方面都存在很大差异,卫生要求和工作内容也不一样,有的地方需要对水质消毒,如游泳池;有的地方需要对器具消毒,如更衣室的坐垫、游戏机的手柄;有的地方需要对地面吸尘,有的地方需要用拖布擦拭,有的地方需要专用工具除尘和打磨,如保龄球道。下面,将介绍不同项目的卫生管理制度。其中的卫生管理要求是规定服务员或专职的保洁员应该做什么和怎样做;卫生质量标准是要求做到什么程度和水平。本节的内容是将上述规定和标准分别制定,这样在检查卫生情况时便于掌握标准。在实际应用中,有的企业是将这两部分内容合并在一起。

一、保龄球馆的卫生管理制度

(一)保龄球馆的卫生清洁规定

1. 发球区:用尘拖除尘,然后用地面抛光机打磨,每天一次。使用频率不高时可只用尘拖除尘,不必每天抛光打磨。

2. 球道:用专用除油拖推除旧的球道油,然后用打磨机打磨,再用涂油机涂新油,无涂油机的球馆可用油拖人工上油。

需要说明的是,上述两项清洁要求是对美国 BRUN SWICK – GS – 10 硬质合成球道而言。如果是其他品牌或型号的球道,其清洁要求会有所区别。

3. 置瓶区:每天用除油拖除油,然后用除尘拖擦净。

4. 球沟及回球道盖板:每天用半干拖把除尘。每周做一次彻底清洁。

5. 回球机:每天用抹布擦拭。每周做一次彻底清洁。

6. 球员座椅:每天擦拭椅面和靠背。每周做一次彻底清洁,包括擦拭椅腿及清理座椅附近的角落。

7. 记分台及电脑显示屏:每天擦拭。

8. 公用球及球架:每天擦拭,由晚班员工下班前做。

9. 服务台:每天吸尘、擦拭,每周四做彻底清洁。

10. 公用鞋:每用一次喷一次消毒除臭剂,每晚下班前再统一擦拭、消毒一次。

11. 大厅地面:每天开业前用半干拖把擦拭,营业期间发现污迹随时清理,每周请绿化卫生管理部彻底清洗一次。

12. 布景板:每周五用尘拖除尘,然后用抹布擦拭。

13. 保龄机房:每天用拖布擦拭一次,每周做一次彻底清洁。

14. 维修工作间:每天打扫卫生一次。

15. 置瓶机:每天擦拭机台总数的 1/15,即每台机器每半个月擦拭保养一次(此安排是对大型球馆而言)。

16. 保龄球瓶:每月用清洁剂擦洗一次。

(二)保龄球馆卫生标准

1. 发球区:平整光亮,无粉尘,无油迹(主要指球道涂油时不要把球道油遗落在发球区)。

2. 球道:平整光亮,无粉尘,球道油的油膜厚度符合要求。

3. 球沟及回球道盖板：整洁无尘，无杂物。
4. 回球机：干净无尘，无污渍，无油污。
5. 球员座椅：整洁干净，无污迹，座椅及其附近无杂物、无烟头、无饮料渍。
6. 记分台及电脑显示屏：保持干净，无静电吸附的尘灰，无手迹。
7. 公用球及球架：光洁整齐，无尘，无汗迹或污迹。
8. 服务台：台面干净整洁，台下无乱放的杂物和垃圾。
9. 公用鞋：鞋面无污迹，皮面颜色新鲜，鞋内无杂物，无脚臭味。
10. 大厅地面及墙壁：整洁无尘，无污迹，无杂物及垃圾。
11. 布景板：整洁干净，用手拂拭无明显灰尘，色彩鲜明。
12. 保龄球瓶：整洁干净，无污迹。
13. 维修工作间：整洁干净，井然有序，地面无垃圾。
14. 置瓶机：无明显油污和灰尘，无杂物。

二、台球厅的卫生管理制度

（一）台球厅的卫生清洁规定

1. 台呢每天用背负式吸尘器吸尘，吸尘后用呢刷将台呢的绒毛刷顺。
2. 台边及台脚：每天用抹布擦拭干净。
3. 球杆、架杆、记分牌：每天用干布擦拭。记分牌的铜字和架杆的铜头如有锈迹，可用擦铜油擦拭。
4. 台球：每天用干净的软布擦拭。
5. 高椅、沙发、茶几：其木质部分和玻璃部分用抹布擦干净，其布质部分或沙发面用吸尘器吸尘。
6. 球台照明灯泡及灯罩：每周用半干抹布擦拭一次。
7. 服务台及吧台：服务台每天擦拭、整理。吧台应每天擦拭并消毒，酒具和饮料杯每使用一次都要消毒一次。
8. 大厅地面及墙壁：地面每天吸尘，墙壁应视质地不同而采用相应的清洁方法。

（二）台球厅卫生标准

1. 台呢：无污迹，无尘土，色泽鲜艳，绒毛柔顺。
2. 台边及台腿：光洁无尘，无污迹。
3. 球杆、架杆、记分牌：球杆、架杆光洁滑润，无汗迹。记分牌无尘土，铜质部分无锈斑、无汗迹。
4. 台球：球面光洁，色彩鲜亮。
5. 高椅和沙发、茶几：木质部分光洁无污迹，布质和皮质部分无灰尘、无污迹、无退色。

6. 服务台及吧台：台面干净整洁、无杂物，玻璃和石质部分光洁明亮。吧台用具除直观干净外，还应符合卫生检疫标准。

7. 灯泡和灯罩：保持光洁，无灰尘。

8. 地面和墙壁：墙面壁饰整洁美观，无蛛网、灰尘、污迹，无脱皮现象。地面洁净，无废弃物和卫生死角，地毯上无污迹。

三、健身房的卫生管理制度

（一）健身房的卫生清洁规定

1. 服务台及接待室：服务台台面擦拭干净，服务台内物品摆放整齐，地面用拖布擦拭，墙面除尘。沙发、茶几清理、擦拭干净。

2. 更衣室：地毯吸尘，更衣柜用抹布擦拭，然后喷洒清新消毒剂，更衣坐凳每天用消毒药液擦拭消毒，拖鞋每天用药液浸泡消毒。

3. 健身室：地毯吸尘，墙面除尘，器械用抹布擦拭，器械与身体频繁接触的部分如手柄、卧推台面等，每天用消毒药液擦拭。

4. 淋浴室：每天冲洗并消毒，淋浴器手柄擦拭干净。

5. 卫生间：每天冲洗地面、墙面、马桶，然后用消毒药液擦拭消毒，镜面、马桶盖、水箱手柄、洗手池手柄等都要用干抹布擦净。

6. 休息室：地面吸尘，墙壁除尘，沙发吸尘，电视柜、电视机、茶几擦拭，烟缸清洗，垃圾桶内的垃圾随时清除。

（二）健身房卫生标准

1. 服务台及接待室：天花板光洁无尘，灯具清洁明亮，墙面干净、无脱皮现象，地面无污迹、无废弃物。服务台面干净整洁，服务台内无杂物。沙发、茶几摆放整齐，烟灰缸内的烟蒂及时清理。

2. 更衣室：地面干净无尘，无走路留下的鞋印。更衣室内无卫生死角、无蟑螂等害虫。更衣柜表面光洁、摆放整齐，柜内无杂物。为顾客提供的毛巾、浴巾等物摆放整齐。

3. 健身室：天花板和墙面光洁无尘，地面干净，无灰尘，无废弃物。健身设备表面光洁、无污迹，手柄、扶手、靠背无汗迹，设备摆放整齐。光线柔和，亮度适中。

4. 淋浴室：墙面、地面无污迹，下水道通畅，室内无异味，淋浴器表面光洁，无污迹，无水渍。

5. 卫生间：墙面、地面光洁。马桶消毒符合要求，无异味，镜面无水迹，光洁明亮。水箱手柄、洗手池手柄光洁。

6. 休息室：墙面、地面无灰尘、无杂物，沙发整洁干净，茶几无尘，用品摆放整齐。电视机表面干净无尘，荧光屏无静电吸附的灰尘，遥控器无灰尘、无汗迹。室内光线柔和，亮度适中，空气清新。

四、游泳场馆的卫生管理制度

（一）游泳池及戏水乐园的卫生清洁规定

1. 打扫迎宾服务台卫生：擦拭台面、镜面，整理抽屉、票箱，清理服务台附近地面及垃圾箱。

2. 打扫更衣室：营业前冲洗地面，营业中发现卫生情况不良随时擦洗，营业结束后清理更衣柜，清理垃圾桶。

3. 打扫泳池周围场地卫生：清理地面及垃圾桶，冲洗地面防滑砖；擦拭沙滩椅、茶几，清理烟灰缸。

4. 打扫强制喷淋通道和浸脚池卫生：刷洗强制喷淋通道，清理下水道箅子；浸脚池换水冲洗干净后放入新水，并按规定的剂量投入消毒剂。

5. 打扫淋浴室卫生：营业前用清洗剂刷洗地面和墙面，然后用清水冲洗。经常清理下水道箅子；随时补充浴液。

6. 打扫卫生间卫生：冲洗地面，刷洗马桶和小便池，刷洗洗手池，并对马桶、小便池、洗手池进行消毒，擦拭镜子。补充手纸和洗手液。

7. 打扫周边卫生：洗刷台阶、假山，擦拭窗台、通风口。

8. 做好水质卫生处理：每天营业前用水下吸尘器吸掉水下污物，为加药泵添加消毒剂，清除回水口的毛发和污物。

（二）游泳池及戏水乐园卫生标准

1. 迎宾服务台：台面清洁干净，无灰尘、无杂物，台内及周围无垃圾、无散乱的废票根。

2. 更衣室：地面干净，无污物，无鞋印、无水迹；更衣柜内外整洁，柜内无杂物、无顾客遗落的物品、无蟑螂等害虫。镜面光洁明亮，无水印、无手印。

3. 淋浴室：墙面和地面的瓷砖光洁，无污渍；下水道流水通畅，水箅子无堵塞现象；浴液补充及时。

4. 强制喷淋通道和浸脚池：墙面、地面无污迹，喷头喷水通畅，下水道口无堵塞现象；浸脚池壁无污迹，池水无污物，消毒液浓度符合要求，余氯含量保持在 $5 \sim 10 mg/L$。

5. 游泳池四周场地：地面无垃圾、无积水、无青苔；茶几、沙滩椅整洁干净，无污迹；营业前烟灰缸内无烟头，营业中烟灰缸内的烟头不得多于4个；垃圾桶外表干净、无污迹，桶内垃圾经常清理。

6. 卫生间:地面无积水、无污迹,马桶内外无污迹,小便池无尿渍,洗手池无污迹、无水垢。镜面光洁明亮,无水迹、无手印;卫生间内无异味。

7. 游泳池内:游泳池壁无污迹、无水垢;水质清澈透明,无污物、无毛发;消毒药投放及时、剂量准确,余氯保持在 0.3～0.5mg/L,pH 值保持在 6.5～8.5 之间。(如果用其他消毒方法和药剂,检测标准会有不同。)

五、游艺厅的卫生管理制度

(一)游艺厅清洁卫生的规定

1. 室内环境卫生:每天营业前清扫并拖擦地面,营业中随时清扫地面,每周墙面除尘,每月天花板及其角落除尘,每天营业前将门、窗擦净。

2. 售币服务台卫生:每天清理、擦拭服务台面和玻璃围栏,将服务台抽屉内的物品摆放整齐,并将服务台下面清理干净。

3. 游戏机设备卫生:每天将游戏机外表擦拭干净,带荧光屏的游戏机的屏幕要用除静电液擦拭,游戏机的手柄应该每天用消毒剂擦拭,凳子和座椅用抹布擦拭,烟灰缸冲洗干净。

4. 麻将房的卫生:地面、墙面清扫并吸尘,麻将台面及椅子面吸尘,烟灰缸冲洗干净,麻将牌每天擦拭并消毒,自动洗牌麻将机除台面吸尘外还应对机器内部吸尘。

(二)游艺厅卫生标准

1. 室内环境:天花板、墙面光洁,无蛛网,无灰尘,无污迹。地面平整光洁,无污迹。边角无废纸、杂物,无卫生死角。

2. 售币服务台:台面光洁平整,无印迹。玻璃光洁明亮,物品摆放整齐。服务台下干净整洁,无杂物,无垃圾。

3. 游戏机设备:表面光洁,无尘土,无污迹。屏幕上无静电吸附的灰尘,手柄消毒后符合检测要求。

4. 麻将房:天花板、墙壁清洁无尘、无污迹,地面无垃圾、无痰迹,麻将台面平整干净,无灰尘、无污迹。麻将牌无油污、汗渍,消毒后符合检测要求。

六、桑拿浴室的卫生管理制度

(一)桑拿浴室的卫生清洁工作规定

1. 前厅及服务台:地面每天吸尘,墙面及天花板每月除尘,服务台内外每天擦拭,皮面沙发每天擦拭,布面沙发每天吸尘,茶几每天擦拭,摆放的绿色植物经常喷水。

2. 更衣室:地面经常擦拭,更衣柜每天营业前消毒一次,营业中每使用一次就整理一次,更衣凳每天消毒一次,客用拖鞋每天刷洗并消毒,梳妆台和梳妆镜经常擦拭,梳妆用品摆放整齐。

3. 淋浴室:冲洗墙面和地面,擦拭淋浴隔断,整理、擦拭洗浴用品台,擦拭喷头开关,清理下水道箅子。

4. 桑拿浴室:营业前浴室通风换气,木质桑拿台每天营业前擦拭消毒,擦拭墙面,清理地面,对墙面、浴台、地面及浴台下面冲洗消毒。

5. 水按摩池:每天营业前对循环过滤的沙缸和碳缸进行返洗,放掉池水,刷洗池底和池壁,清理排水口和进水口,然后放入新水并开始加热,同时向水中投放消毒剂。

6. 卫生间:刷洗墙面、地面、马桶、洗手池,然后给洗手池和马桶消毒,擦拭镜子及水龙头和水箱开关。

7. 按摩室:墙面除尘,地面吸尘。整理按摩床,将用过的浴巾、毛巾、按摩布放入布草车中待洗。擦拭茶几,擦拭踩背的把杆。

8. 休息室:墙面除尘,地面吸尘。沙发清理干净并摆放整齐,换上新的垫巾。擦拭茶几和电视机,擦拭电视遥控器。

(二)桑拿浴室卫生标准

1. 前厅及服务台:墙面及天花板整洁,无灰尘,无蛛网。地面地毯无灰尘、无废弃物。服务台面干净光亮,服务台内整洁、无杂物、无垃圾。沙发上无灰尘,茶几干净、光亮。

2. 更衣室:地面干净,无污迹,无灰尘,无积水。更衣柜摆放整齐,柜子内外擦拭干净,柜内无杂物、无蟑螂。为顾客提供的毛巾、浴巾须经过消毒处理,整齐地摆放在柜内。

3. 淋浴室:墙面、地面无污迹,下水道通畅,室内无异味。淋浴器开关表面光洁,无水垢。洗浴用品台整洁,无污迹。

4. 桑拿浴室:墙面、地面无污迹、无灰尘,桑拿室内无异味。

5. 水按摩池:池底无沉积的污物,池壁光洁,池边无污迹。台阶无污迹,扶手光洁。池水消毒符合要求,游离性余氯 $0.3 \sim 0.5 mg/L$,pH 值 $6.5 \sim 8.5$,细菌总数 ≤ 1000 个/ml。水温符合要求,冷池 $10℃ \sim 12℃$,温池 $25℃ \sim 30℃$,热池 $40℃ \sim 45℃$。

6. 卫生间:无异味,墙面、地面光洁。马桶、洗手池消毒符合要求。金属手柄光洁,无水迹、汗迹,镜面光洁明亮。

7. 按摩室:室内无异味,墙面、地面干净无尘,茶几整洁,把杆光亮,无汗迹。按摩床整洁,按摩布、浴布、毛巾都经过消毒,并且一客一换。

8. 休息室:墙面、地面无污迹,无灰尘。沙发和茶几的木质部分和玻璃擦拭干净、无灰尘、无印迹,沙发面无灰尘、无污迹。电视柜和电视机无污迹、无灰尘,电视屏幕无静电吸附的灰尘,电视遥控器无污迹、无汗迹。

案例分析1

运用PDCA方法减少顾客在戏水乐园水滑梯的撞伤事故

戏水乐园的水滑梯是容易发生安全事故的地方,某戏水乐园在开业初期的一年中,在水滑梯曾经连续发生多起安全事故。其中较小的事故是划伤顾客的泳装或者划伤皮肤。较大的事故是顾客之间相撞,使被撞的顾客造成脾破裂,险些危及顾客的生命安全。

为减少这类事故的发生,管理者运用全面质量管理中PDCA循环的理论(关于PDCA循环的理论,请参阅第5章第一节),采取了两方面措施:对水滑梯的滑道补缝和抛光并打蜡;改进系在顾客手腕上的钥匙牌,使钥匙完全被包藏在钥匙牌中。这是第一个PDCA过程。

这个措施明显减少了顾客被划伤的事故,但撞伤事故仍未减少,于是管理者要求滑梯出发台的服务员控制顾客下滑的间隔(并挂上醒目的大钟),要求顾客每间隔15秒下滑1人。这是第二个PDCA过程。

在这个过程的C阶段,发现仍然有顾客自行缩短下滑间隔时间,相撞事故仍然时有发生。为此又安装了自动间隔报警装置,该装置能在前一位顾客进入溅落池后发出允许后一位顾客下滑的声、光信号。这是第三个PDCA过程。

这个过程的C阶段,相撞事故有所减少,但仍有发生。原因是有些初坐水滑梯的顾客在进入溅落池后不能及时上岸,而是站在水中回味刚才坐滑梯时快速下滑的兴奋感,倒致后面滑下的溅落者撞伤。于是又要求溅落池的救护员加强提示,让顾客及时上岸,并在溅落池壁贴上醒目的提示标语(不仅有中文,还有英文、俄文),同时加装了提示顾客及时上岸的自动广播系统。这是第四个PDCA过程。

在这个过程中,还是偶然有相撞的事故发生。于是戏水乐园加强培训和检查,要求溅落池救护员在口头提示顾客无效时,下到溅落池中去疏导顾客,并要求救护员处理好为顾客打捞失物与坚守疏导岗位的关系。有时顾客的贵重饰物滑落在溅落池中,会很焦急地要求救护员潜入水中帮助寻找,这样就会影响救护员疏导顾客。通过培训,救护员明确了服务工作应该以人为本,为顾客打捞贵重物品固然重要,但疏导工作是关系顾客身体安全的更重要的工作。因此,在二者发生冲突时,要把维护顾客的人身安全摆在第一位,在清场时或者有其他救护员替岗时才可以入水打捞失物。这是第五个PDCA过程。

通过这五个 PDCA 过程,该戏水乐园基本上避免了因在溅落池相撞而引发的伤害事故,使顾客在安全方面的满意度又提高了一步。

通过这个案例能够使我们认识到戏水乐园安全管理的重要性,如果这项工作做不好的话,就可能频繁发生事故甚至是恶性事故,从而给康乐部的经营和管理带来很大的负面影响。同时,案例中应用的解决问题的方法也很值得借鉴,该方法的论述,可参阅第五章中关于全面质量管理的内容。

案例分析 2

游泳池水消毒剂的投放剂量应该认真控制

某戏水乐园在接受卫生防疫站的例行检查时,发现池水消毒剂的含量未达到要求。该园是采用化学药品次氯酸钠作为消毒剂,检查时检测水中余氯含量是每升 0.1 毫克(按规定应该是每升 0.3~0.5 毫克)。如果不能尽快改变这种现象,戏水乐园就有可能被停业整顿。

戏水乐园的管理者认为可能是由于次氯酸钠为水状物,溶解和挥发速度都很快,致使投药的短期内氯含量较高,过一些时候氯气挥发掉,余氯含量就会降低。经过咨询,他们将消毒剂改用优氯净,这是粉状的含氯消毒剂,这种药的溶解速度比次氯酸钠要慢。为了保证氯含量,管理人员还关照操作人员:加药量宁多毋少。经过一段时间的运行,发现水中余氯的含量已达到或超过了规定数值,并且有时是大幅度超标。与此同时,服务员和顾客都纷纷反映,戏水池及其周围有强烈的漂白粉的气味,而且还有呛眼睛的刺激感。经测试证明,这些气味和刺激感都是由于水中的消毒剂投放量过大所致。大量消毒剂会产生过多的氯气,氯气过多就会对人体器官产生刺激,而且还会对身体健康造成损害。但为了保证池水消毒要求和维持营业,管理者还是要求照此数量投药。又过了一段时间,检查发现戏水池壁的水平面处每天都产生棕黄色的黏稠污迹。为了解决这新的问题,管理者一方面组织人员每天擦拭池壁,另一方面请来环保局的科研人员研究这种污迹的产生原因,经科研人员确认,这种污物是由消毒剂——优氯净的副产物带来的。原来优氯净是由一种有机物作为载体吸附大量的氯而形成的。大量使用这种药剂后,氯挥发成气体被释放出来,作为载体的有机物漂浮在水面附着在池壁上,使戏水池的卫生情况变差。

为了保证水中的余氯含量达到标准,又不致含量过高对人体健康造成危害,还不出现副产的污物,经研究决定,将原先由人工每天多次投药改为自制一种加药泵持续缓慢投药。经过一段时间的试验,戏水池的投药量得到有效控制,各项指标达到了理想状态。

本案例充分说明,卫生管理工作也应该高度重视并投入较大精力才不至于影响正常经营。

本章小结

就康乐部整体工作而言,安全和卫生是日常经营的两项辅助工作,但它们与经营有密切的联系,会影响康乐部整体经营工作能否正常进行。

本章所提到的安全管理方面的案例,都是在现实经营当中确实发生过的真实事故,并非耸人听闻。列举这些案例的目的,是为了引起读者的高度重视。

 思考与练习

一、简答题

1. 产生安全事故的原因有哪些?
2. 安全事故表现在哪几个方面?
3. 从哪几方面预防安全事故的发生?
4. 康乐部卫生工作的内容包括哪几个方面?
5. 康乐部卫生工作的特点是哪几方面?

二、论述题

1. 长期在公共康乐场所工作的人,能大致上分辨出混在顾客中的小偷嫌疑人,如果您发现这样的嫌疑人时,打算怎么处置?
2. 按照规定,游泳池水应当进行消毒。您知道有哪几种消毒方法?国内通常采用含氯的消毒药剂,它的投放标准是怎样规定的?这种药如果投放过量会出现怎样的现象?

第九章　康乐部的营销

课前导读

本章将从三个方面对康乐部的经营展开讨论,分别是康乐部的经营特点,康乐部的协作与康乐产品的销售。这里讲的康乐部的营销,是指与康乐部营业有直接联系的事务性工作,即市场开发和销售方面及相关的工作内容。

学习目标

- 了解康乐部的经营特点
- 熟悉康乐部的协作与营销
- 掌握康乐部竞赛活动的运作

第一节　康乐部的经营特点

在管理学的传统概念中,经营含有管理的内容,是指筹划并管理的意思。但在当前的饭店管理理论中,经营与管理是两个既有联系又有区别的概念。《现代旅游饭店管理》(中国旅游出版社)一书就认为经营与管理有不同的内涵,是两个相互联系的概念。本教材认同这个观点。

经营的定义是:经管办理经济事业。

管理的定义是:负责某项工作,并使之顺利进行。

经营必须通过管理去实现目标,管理是经营的重要手段。经营是主导,管理是措施;经营离不开管理,管理围绕经营;经营和管理是一件事情的两个方面。经营的侧重面是"眼睛向外",针对市场、针对需求;本节着重对康乐部经营的特点展开讨论(关于经营和管理这两个概念之间的关系,详见本教材第4章第一节第三标题后面的"知识链接")。

一、经营的随机性和服务的灵活性

经营的随机性是指在经营的过程中,随着情况的变化,掌握时机,拓展业务。

服务的灵活性是指在提供服务的过程中,不拘泥于某种固定的格式,善于灵活变化。

服务的灵活性与前面强调的规范化服务是对立统一的关系。灵活性强调的是在服务内容方面能够根据顾客的特殊需要灵活处理;规范化服务强调的是具体的服务形式应该符合规范。这两方面的统一点在于,它们的出发点都是尽量满足顾客的需求。

在传统的饭店管理中,康乐部与客房部、餐饮部相比,是出现比较晚的经营部门。在一般饭店当中,客房部和餐饮部的重要性处于突出位置,康乐部的地位不及前两者突出。但在一些以休闲娱乐为主的度假型饭店,康乐部的重要性则更为突出,如美国拉斯韦加斯的所有饭店,澳大利亚墨尔本的皇冠饭店(比邻皇冠赌场)和布勒山滑雪场饭店,中国黑龙江省的亚布力滑雪场饭店。因为这些饭店都是以接待康乐顾客为主的。

康乐部与客房部和餐饮部相比,还有一个特点,那就是康乐服务的随机性和灵活性很强。康乐经营的接待人数和销售水平,不像客房部和餐饮部那样规律鲜明,它往往受到社会条件、自然条件甚至政治条件和消费者个人条件的影响而产生很大变化。特别是在中国的北京,这种影响就更明显。例如1995年世界妇女大会在北京召开期间,北京康乐宫因接待会议而谢绝了对散客的接待(上级的行政命令,并非市场行为),其当月的营业额就比上年同期减少了一半;气候的变化也能对康乐项目的营业产生影响,如1997年夏季,北京出现了百年未见的炎热天气,北京各游泳场馆的营业额因此大大超过了较凉爽的1996年夏季;人们消费热点的变化也会对康乐项目的营业情况产生很大的影响,1990年北京刚刚出现保龄球馆,人们对这项康乐活动还不太熟悉,保龄球馆的客流量比较少,但到了1996年,北京的保龄球市场已经被培养成熟,人们的康乐消费热点转移到了保龄球这个项目上。

另外,康乐项目的销售水平还会受到顾客兴趣、爱好、年龄、身体状况等多种因素的影响。如游泳池、健身房、网球场等项目,中青年顾客参与者较多;棋牌室则以中年人和老年人居多;参与门球运动的则是清一色的老年人;城市高尔夫运动适合体弱者;迪斯科舞厅又是清一色的年轻人。室外项目的消费群体也有区别,过山车、蹦极等刺激性很强的项目只有年轻人喜欢,而中老年人则喜欢坐观光缆车、观光摩天轮。因此,康乐部门的经营和服务要根据这种随机性的特点,对不同顾客提供不同的、有个性化特点的服务,使顾客的期望值和满意度达到统一,以促进康乐部经济效益的提高。

康乐部经营的项目很多,各项目之间在运行规律方面的表现又各不相同,其服务的灵活性表现也不同,下面将分别介绍几个具体康乐项目经营的灵活性。

(一)游泳池经营的灵活性

游泳池主要表现在营业时间和服务特色上。游泳池的营业大体上有三种形式:第一种是不限时制,即顾客进入游泳池后不限制时间,想游多长时间就游多长时间;第二种是计时收费制,即按每位顾客消费时间的长短不同而收取不同的费用;第三种是分场次收费制,即每天分若干场次开放,顾客须按规定的场次时间游泳。采用不限时收费制对顾客很方便,也省去关于"限时"的管理环节,但游泳池的利用率会降低,在高峰时期的客流量会比限时制要少;采用计时收费制对顾客和商家都比较公平,但需要投入一整套计时设备,同时增加相应的管理和服务环节;采用按场次收费制对商家比较有利,但对顾客不太方便,会引起一部分顾客的抱怨。另外,不同的游泳池还可增加不同的服务项目,例如增加培训服务(可以是有偿的,也可以是无偿的,可以是集体的,也可以是个别的),增加小卖部、快餐店,增加桑拿浴室、按摩室等。

(二)保龄球馆经营的灵活性

保龄球是运动量适中而趣味性较强的项目,在经营中,要注意设法提高顾客的兴致。可以根据顾客的需要增加技术指导、陪打、裁判等服务内容;可以向顾客赠送茶水、球袜;可以提供洗球、修球服务;还可以组织比赛,如顾客之间的比赛,或者由顾客与服务人员共同组队参加球馆之间的比赛。另外,还可以设置排行榜,张榜公布当日单局最高分、当月单局最高分的获得者,并给予适当的奖励;或者设置若干个幸运分,对获得幸运分的顾客赠送一些纪念品。这些做法可以灵活运用,它对稳定客源、提高营业收入会起到促进作用。

(三)夜总会经营的灵活性

夜总会是综合性较强的项目,既提供餐饮服务,又提供观赏性的娱乐服务,因此在服务上更具有灵活性。一方面要随时掌握顾客的情况,根据客流量准备饭菜的数量和配备服务人员。还要根据顾客的口味调整菜品,例如澳大利亚悉尼情人港游艇夜总会在接待一个韩国旅游团时,特地设法准备了正宗的韩国泡菜,受到了顾客的赞扬。另一方面舞台文艺表演的节目要灵活调整,如果外国顾客多时,就应该安排以中国民族特色节目为主,适当穿插外国风格的节目。例如北京某康乐企业的庆宴乐舞夜总会在接待一个日本旅游团时,穿插表演了一个日本舞蹈,使日本游客兴高采烈,即兴跳起舞来。如果是饭店或者夜总会自己经营管理艺术团,则更应该根据其特点和规律,采用灵活的管理方法,因为艺术团的管理规律和饭店的管理规律有很大区别,要特别注意灵活掌握。

二、经营的适应性

经营的适应性是指在康乐经营中,在经营的理念、策略、方式、手段等方面都应该顺应客观条件的属性。

(一) 适应消费者的习俗

饭店康乐项目除了中国传统项目外,还有许多国外引进的项目,另外还不断出现新的项目。如此众多的康乐项目,一般的旅游饭店很难设置齐全,那么究竟经营哪些项目呢?这要根据客源构成和市民喜好来确定。换句话说,对顾客要投其所好。例如,来自俄罗斯的游客喜欢惊险刺激的水上娱乐项目,接待这些游客的场所可设置水滑梯、鼓浪池等项目;广东中山地区的市民喜爱打乒乓球,那里的富华娱乐城就设置了二十多张乒乓球台,使热衷于乒乓球运动的游客得到了满足。

(二) 适应地理区位特点

每个旅游地区旅游景点都有各自的特点,那里的康乐项目也应尽可能地烘托和利用这些特点,以使这些项目更具吸引力。草原地区的娱乐项目多与毡房、骑马等内容联系在一起;山区的康乐项目多与滑雪、狩猎有联系;海边城市的康乐项目多与游泳、帆板、冲浪、垂钓有联系;少数民族地区的项目多与民族风俗、民族歌舞有联系,例如海南岛的康乐项目多与海南岛及黎族、苗族民俗有关。

(三) 适应季节特点

我国地处温带,四季分明,气候宜人,各地的不同季节又各具特色。很多旅游饭店都善于利用季节特点推出康乐项目。例如,云南西双版纳在春季泼水节期间推出的康乐项目、哈尔滨在夏季期间推出的哈尔滨之夏旅游节的康乐项目、北京在秋季香山红叶节期间推出的康乐项目、吉林市在冬季雾凇节期间推出的康乐项目、广东从化流溪竹笋节推出的康乐项目等。从小的范围讲,北京某康乐企业推出的暑期城市高尔夫家庭友谊赛、北京英特尔公司推出的冬季游泳培训班、各大饭店每年年底推出的圣诞狂欢晚会等,都是按不同季节特点推出的康乐节目。此外,各地兴建的室外戏水乐园、滑雪场等,也都带有很明显的季节特点。

(四) 适应顾客不断发展变化的需求

康乐项目以其趣味性强、参与人多、赢利丰厚的特点吸引了众多的经营者和消费者。但康乐项目和康乐设备的发展变化很快,顾客的需求也在不断更新变化,因此经营者只有认真研究市场,不断适应市场的变化,才能立于不败之地,否则就必将被市场所淘汰。

首先,不断提高服务质量。随着人们生活水平的提高,顾客的消费需求也在不断提高。以游泳池为例,20世纪80年代最好的室外游泳池的淋浴设施一般只有冷水淋浴喷头,再有几个更衣长凳、有个简单的存衣处就会使人感到满意了。而现在,顾客普遍希望能有冷水和热水喷头,还要配有浴液、拖鞋等,希望有独立的更衣间和能存放贵重物品的存放柜,并希望得到服务员热情、细致、周到的服务。

其次,不断更新设备。由于客流量大,康乐设施使用频率高,所以设施损坏、老化的速度也快,设施更新的周期也相对较短。如台球桌上的台呢、网球场的球拍和球等,都属于易损物品,需要经常维修更新。有些设备虽未损坏,但使用时间太长,会使顾客产生陈旧感,因此也需要定期更换。例如电子游戏机,应该每年按一定比例更换新设备或新软件,这样才能使顾客不断产生新鲜感,常玩常新,从而保持较稳定的客流量。

最后,不断更新项目。康乐活动是一种非常活跃的服务项目。随着社会的进步和顾客需求的变化,在康乐市场上总不断涌现出新的项目。例如,很多饭店原先没有保龄球项目,近几年都在纷纷修建保龄球馆;过去只有传统的高尔夫,现在出现模拟高尔夫、城市高尔夫;过去有些大饭店只有舞厅,后来出现了卡拉OK厅,现在国外又出现了电影OK厅;过去只有普通电影院,后来相继出现了立体电影院、录像厅、全景电影厅、动感电影厅;过去有酒吧,现在氧吧也成了时髦的享受场所;过去很少人知道地掷球,现在在中国香港地区已有很规范的地掷球场,中国内地也开始有人经营该项目。不断地更新康乐项目是稳定老客源、增加新客源的有效方法之一。

三、开发的风险性

康乐行业是随着我国改革开放的步伐而出现的新兴行业,其发展和变化的速度很快,这些发展和变化带来了巨大的经济利益,同时,也带来了一定的风险。由于发展变化快,一些经营者跟不上变化的形势,看不准发展的趋势,以至于使决策失误。另外,由于发展变化快,一些管理机关来不及制定相关的政策,出现了政策滞后的局面,使经营者无法可依,只能"摸着石头过河"。由此可见,康乐行业的经营存在比较大的风险,主要表现在以下几个方面:

(一)康乐需求的发展变化的风险

康乐业经营活动很容易受到消费者追新潮、赶时髦的影响。一方面,国外、中国港台地区流行什么,中国内地也跟着流行什么,例如前几年盛极一时的卡拉OK歌厅和迪斯科舞厅就是如此。另一方面,一些项目本身也在不断自我更新、追逐潮流,例如早期的舞厅内只能跳交谊舞,后来在交谊舞曲当中穿插演奏或播放迪斯科舞曲,使交谊舞厅成为综合舞厅,以后又出现了专门的迪斯科舞厅,再后来又出现了冰上迪斯科舞厅;又如过去只有酒吧,现在又相继出现了氧吧、果吧、粥吧、陶吧、布吧等,吧台经营不断发生变化。消费客人对康乐需求的变化之快往往使许多经营者难以适应。几年前,在歌舞厅热尚未降温之时,上海、北京、深圳等地已有人搞起了专门的"迪厅",在短短的几个月中,北京的迪厅超过了10家,使年轻人对这种花几十元就能换得如痴如醉百分之百投入的娱乐方式大大地兴奋了一番。据说这些迪厅开始的经营业绩都很不错,然而,还没等这些迪厅的经营者从火爆经营的兴奋中清醒过来,迪厅的经营又明显降温,即使散发大量赠票也难以维持经营。有一个大迪厅在经营一年以后,投资者净赔2000多万元。从中可见需求变化之快。

(二)康乐经营的合理规模难以把握的风险

康乐行业的市场资源受到许多条件的影响,例如经济环境、社会环境、风俗观念、消费潮流、人均收入、消费水平、市场半径、季节变化等因素都对康乐市场产生影响。由于它的市场资源是有限的,因此要确定适度的经营规模,包括场地规模、项目数量规模等,规模太小或太大都对经营不利,而这些恰恰又是很难把握的。目前,康乐业投资和经营都存在着盲目性和重复性,缺乏科学的长期规划,导致许多企业或个人都在康乐业投资,造成康乐市场供求失衡。例如前几年出现了保龄球热,于是投资者们便一窝蜂地建保龄球馆,致使现在一些大城市保龄球馆过剩,经营困难,甚至球馆倒闭拍卖。据统计,1990年,全国保龄球道的市场存量只有几百条,到2002年,全国的保龄球道的市场存量已经达到两万二千多条,然而到2014年,全国正在经营的保龄球道又骤减到不足1000条。盲目投资建设康乐城,不适当地扩大经营规模,造成惨痛教训的也不乏其例。例如江苏某地前几年新建了一座大型康乐城,无论是规模还是其先进程度,在该地区可称首屈一指。但开业以后没有带来预期的顾客量,致使经营面临极大困难,无力偿还巨额债务,最后设备被债主们瓜分,康乐城瘫痪倒闭,几亿元人民币的投资付诸东流。相比之下,一些有潜力、有地方特色的项目却无人去开发,难以形成规模。因此,投资者在投资前一定要做好市场调研,进行充分的可行性论证,以作出适度规模的投资决策。

(三)康乐经营政策取向的风险

从马斯洛关于人类需求的理论来看,康乐需求不是人类的基本需求,而是建立在一定物质基础、社会基础上的基本需求以外的需求。这种需求很容易受到各种因素影响,尤其是受政策的影响,因此,康乐业经营风险较大。目前关于康乐项目的经营和管理,相关政策法规的制定与康乐业的发展还不完全同步,有的甚至滞后,一些经营者无法可依,而另一些经营者又投机经营,钻法律法规不健全的空子。这些现象给康乐业的正常发展带来了不良影响,也给投资和经营带来了风险。例如20世纪90年代中期歌厅的盛行,很大程度上是公款消费、"三陪"服务(陪坐、陪舞、陪饮)盛行的结果,而它的衰落在很大程度上与"反腐倡廉""扫黄打非"有关。这里再如曾经使经营者大大赢利的游戏机,受到政策的影响也很大。在1996年前后,各式各样的游戏机纷纷涌向市场,其中很多游戏机的赢利情况非常好,特别是带有博彩特点的游戏机。同时,一些带有明显赌博功能的游戏机也进入市场。不久,国家有关游戏机经营的政策陆续出台,先是有明显赌博功能的游戏机受到限制(各地区情况不太一致),从而游戏机市场开始萎缩,继而带有博彩特点的游戏机也被限制。到了2000年初,舆论界开始大规模报道游戏机带给青少年的负面影响,引起政府的关注,于是政策进一步紧缩,对游戏机经营、生产采取了更为严厉的限制措施。可见政策对康乐经营的影响是非常大的。

第二节 康乐部的协作与营销

康乐部的协作是指在康乐部的经营过程中,康乐部内部各项目间和各服务岗位之间的协调配合,以及康乐部与外部单位之间的相互配合。

康乐部的营销是指在以顾客为中心的经营思想的指导下,以康乐项目的设置、定价、销售渠道和促销策略为主要内容和手段的经营活动。

一、康乐部的协作

康乐部经营的项目各有其相对的独立性,同时也存在着关联性。在为顾客提供服务的过程中,由于顾客的需求是多方面的,康乐部提供的服务也应该是多方面的。这就带来了各项目之间的协作问题。同时,康乐部在运行中离不开其他部门和外部单位的支持与配合,还应与其他部门搞好协作。

(一)康乐部内部的协作

在康乐部内部,各项目之间、各岗位之间、各工序之间,只有很好地协作,才能为顾客提供优质服务。顾客的康乐消费是一个动态的过程,只有在每一个环节、每一个时刻都获得满足,其期望值和满意度才能达到统一。为此,在康乐服务的过程中需要内部的协作。这种康乐部内部的协作精神体现在两个方面。一方面,在某个项目提供服务过程中的协作,能使顾客体验到某项目的环境、设备和服务员的服务行为达到完美的统一。例如保龄球场,保洁员营造整洁、舒适的环境,设备维修员保障完好的设备,服务员提供周到细致的服务,只有这几方面紧密协作,才能共同为顾客提供满意的服务。另一方面,在康乐部各项目之间的协作。例如,网球陪打员不失时机地向顾客推介按摩服务,既为顾客推荐了一个解除运动后疲劳的项目,又为本部门增加营业收入作了一次宣传;戏水乐园门岗服务员有责任协助救护员做好减少溺水事故的工作,在顾客进门时就宣传游泳安全知识(这是采用了全面质量管理的方法),有利于维护康乐部门的形象;保龄球和电子游戏厅的服务员时刻提示顾客正确使用设备,以减少设备的损坏,机修人员则及时保养和维修机器设备,以便更好地为顾客服务。康乐部内部各项目之间的这种协作,应该是主动的、自觉的、默契的。

(二) 康乐部与饭店内部其他部门的协作

这种饭店内的协作关系在大型康乐企业或室外游乐场则表现为主营业务部门与其他部门的协作。饭店服务是个整体概念，它由各个部门的各个服务过程集合而成。优质产品的形成需要各部门的通力协作，只要有一个部门合作不力，那么不管其他部门的工作如何成功，终能导致整个服务产品不合格，给顾客带来不满意。有人把这种现象比作水桶效应：一个木质的水桶盛满了水，如果木桶上的任何一块木板出了问题，都会导致桶里的水全部流光，参与服务的各个方面就像构成水桶的一块块木板。也有人说在服务工作中也存在着"一百减一等于零"的规律：在整个服务过程中，只要有一个环节令顾客不满意，就可能导致整个服务产品不合格。因此，康乐部的服务会影响饭店的整体服务质量，饭店其他部门的工作也会影响康乐部的服务质量，康乐部必须搞好与其他部门的协作关系。具体地说，康乐部要注意与餐饮部、客房部、工程部、销售部等部门的协作关系。其中，与餐饮部的关系主要表现在顾客在康乐活动中往往同时需要提供饮料、酒类、水果、食品方面的服务，这就需要餐饮部的介入与配合；与客房部的协作主要表现在入住的顾客通常会向客房服务员询问本饭店的康乐部有什么项目、营业时间及价格等方面的情况，也可能会通过客房服务员预订某项康乐消费，例如预订保龄球道；与工程部的协作主要表现在康乐项目的服务员应该及时将设备使用过程中出现的损坏情况通报给工程部，当工程人员前来维修时予以积极配合；与公关销售部的协作主要表现在康乐部的工作人员应该很好地配合公关销售部的推介与促销活动。此外，康乐部还应该处理好与财务部、采购部、保安部、总务部、绿化卫生部等部门的协作关系。

(三) 康乐部与饭店外部的协作

康乐部与饭店外部的协作包括两方面：一是康乐部的业务工作需要与饭店外部发生协作关系；二是饭店或康乐企业与外部的联系，往往由康乐部来落实。在许多情况下，社会上的有关部门也常常直接与康乐部联系，而不找饭店的其他部门。康乐部对外的业务联系很多，例如舞厅营业时，一般需要乐队伴舞，而大多数饭店没有自己的乐队，需要外聘乐队；卡拉OK歌厅或咖啡厅常需要外请乐队和演员来表演节目；如果在多功能厅举办画展、书法交流活动，需要请画家、书法家现场表演。此外，康乐部与政府主管部门或社会团体的协作也十分重要，例如与公安部门的协作。合资饭店的治安工作由市公安局饭店管理处管理；非合资饭店的治安工作由区公安局管理；治安工作是多层管理，属地治安派出所、街道治安办公室也会随时来康乐部督导治安工作，检查的重点一般多为歌厅、桑拿浴室、麻将房等。卫生防疫系统也经常与康乐部发生联系，特别是市、区两级卫生防疫站，他们检查的重点是游泳池和桑拿浴室的水质。市、区两级文化局会检查音像厅、游戏厅、卡拉OK歌厅、台球厅。与市体委、区体委的协作旨在使游泳池经营中减少溺亡事故。与各种协会如保龄球协会、游戏机检测协会、世界水上游乐园协会等的协作也有一定的重要性。还有，与工商局、税务局、旅游局、消防局、街道办事处等部门也会发生联系。康乐部与上述各部门的协作是康乐部工作的一部分，而且是很重要的一部分。

二、康乐部的营销

康乐部的营销是饭店市场营销的一部分，并且占有重要的地位。在康乐企业和以康乐消费为主、住宿为辅的度假型饭店中，康乐部的营销则起着决定性的作用。关于康乐部的营销，这里主要从与康乐部营销工作联系最直接的三个方面来讨论，即康乐产品销售价格的制定方法、康乐部的营销渠道、康乐产品的促销方式。

(一) 康乐服务产品销售价格的制定方法

1. 成本加价定价法

这种方法是首先确定每一个产品的变动成本，加上平均分摊的固定成本，然后再加上一定比率的利润，以及相关税金等构成产品的价格。

价格 = 成本 + 利润 + 税金及附加 = 成本 + 利润 ÷ (1 - 税率)

其中变动成本是指随着经营业务量的变化而呈线性变化的成本，例如客用消耗品、食品和饮料的成本等。固定成本是指在较短时间内不随业务量的变化而变化的成本，例如康乐场所的场地租金、正式员工的基本工资、康乐设施设备的折旧费用等。这种定价方法简便易行，因此应用历史较长，应用面较广。以上公式中成本费包括投资总额分摊、人工费用、经常管理费、维修费及其他物料消耗费。公式中的利润是指毛利，即收入减成本的差额。税率应按税务政策规定的比率计算，一般康乐项目的营业税税率为10%～12%，个别项目和游戏厅的税率高达22%。

2. 完全成本定价法

这是以康乐项目的完全成本为基础，再加上一定的利润和税金而制定出价格的方法。

价格 = 完全成本 ÷ (1 - 利润率 - 税率)

其中利润率是指售价利润率，其公式为：

售价利润率 = 利润 ÷ 销售价格 × 100%

这种方法计算的结果与第一种方法接近，二者的区别是所用的条件不同，前者用利润作为条件之一，而后者是用利润率作为条件之一。

3. 目标收益定价法

这是根据企业总成本和估算的销售量,确定一个目标收益率来制定价格的计算方法。这种方法在新建的饭店和康乐企业中应用较多,因为新建饭店或康乐企业都有投资偿还期,所以要制定价格时保证到期能偿还贷款。

价格 = 估算的销售额 + 投资收益额 ÷ 一年内使用次数

例如:某夜总会投资 3 000 万元人民币,预计投资收益率为每年 20%,大厅内可同时接待 300 人,估计每天销售额为 5 万元,一年按营业 360 天计,请根据上述条件求出该夜总会每张门票的价格。

价格 = (50 000 × 360 + 30 000 000 × 20%) ÷ (300 × 360) ≈ 220(元)

在实际制定价格时还要根据其他条件对计算值进行修正。前面所述的几种定价方法依据的条件中比较固定的因素多,如成本、税率、投资额等,考虑活的因素较少。下面的几种定价方法则较多考虑变化的因素、心理的因素等,有利于适应不断变化的市场。

4. 区分需求定价法

同一产品因不同时间、不同地点、不同顾客、不同情况可以制定不同的价格:

(1)对不同的康乐消费者差别定价。如持有贵宾卡的顾客和普通顾客的价格不同。

(2)同一产品差别定价。如戏水乐园集体票和散客票不一样,成人与儿童不一样。

(3)不同购买时间差别定价。不同营业季节价格不同;不同日期(周末或重要节日与平日)价格不同;不同时段价格不同,如上下午价格不同;购买时间长短不同价格也不同,如保龄球包道两小时以下和两小时以上价格不同。

(4)不同场所差别定价。如室内游泳池和室外游泳池、室内网球场和室外网球场,其地点不同,价格也不同。

(5)不同付款方式的差别定价。是现金付款还是支票付款,是一次性付款还是分期付款,是预先付款还是赊账,情况不同,价格也不同。

(6)不同身份差别定价。行业内部可以协议优惠甚至免费,如保龄球协会会员享受优惠价。

5. 随行就市定价法

这种方法一般适用于"完全竞争型市场"。完全竞争型市场是指某行业存在着众多的企业,经营相同的产品,各自在商场上占有的份额都不大,每个企业的加入和退出,对市场价格没太大影响。这种情况下,产品价格由市场整个供给量与需求量来决定,每个企业的产品价格只能随行就市,跟着市场通行的价格水平走,如北京、上海、深圳等大城市的保龄球市场就是如此。

6. 垄断定价法

这种方法适用于一家企业控制了某项旅游产品的几乎全部供产量而且市场上几乎没有其他可以替代产品的情况。在这种情况下,可以通过控制供应量来定价,可以制定高价以挡住低消费人群,也可以定低价以扩大消费群体。康乐行业曾出现过这种情况,例如1995年以前的北京康乐宫戏水乐园,是中国内地唯一的一所大型室内戏水乐园,虽然门票的价格很高,但消费者仍然趋之若鹜。

7. 利用声誉定价法

这种定价法是以注重社会地位、身份的目标客人的需求特征为基础,在建筑、装修、设备、服务等方面的档次都很高,价格也定得很高,借此以显示客人的高贵,康乐企业以此来抬高自己在客人心目中的声望。在很大程度上,康乐企业的价格是反映康乐活动质量和消费者地位的一种标志。针对顾客的这种心理,一些康乐企业将价格定得高一些。这种方法在高档康乐企业中常被采用,如某些网球场、高尔夫球场、夜总会等。

8. 变动成本定价法

由于市场竞争激烈,为使企业不至于破产,个别企业采取以变动成本为基础制定价格的方法。也就是不计固定成本及折旧等费用,只以变动成本加上利润制定价格。这样做是为了应付竞争而采用的保本经营的一种策略。例如1999年北京的某个保龄球场曾将某一时段每局球的价格定为2元,就是利用变动成本定价法计算的。

关于定价方法还有一些,这里就不一一介绍了。

(二) 康乐部的营销渠道

营销渠道是指产品从生产者到达消费者所经过的途径以及相应的市场分销机构。它是通过企业认真策划而开辟和建立的,以销售人员巡访提供资料、宣传品和通过计算机网络定期联系所维持的。康乐企业是通过广告等手段形成对消费需求的刺激、通过营销渠道促成购买行为的。旅游营销渠道有很多,其中有相当一部分也都适用于康乐部的营销。现将它们介绍如下:

1. 直接销售系统

这种销售形式是一种传统的销售形式,它的特点是没有中间环节。其优点是结构简单,产销见面,便于信息交流,康乐部还能借此收集到消费者反馈的第一手资料,便于改进服务。直接销售渠道的明显缺点是不能适应社会化大生产。任何企业不可能在全世界所有目标市场设点销售,因而无法有效地组织大批量客源。不过,就康乐部而言,散客依然是主要消费者,这种销售渠道仍是主要渠道。

2. 间接销售系统

这是企业通过中间商,将产品销售给顾客的销售系统。间接销售系统能够克服直接销售系统的一些缺点。康乐产品通过经销商的组合再出售,有利于其流通和扩展功能,能够为顾客提供很大的便利,还可以为康乐企业节省销售费用。间接销售系统因中间环节的不同又分为以下几种:

(1)一阶销售系统

生产者通过一个中间环节将产品组合包装后再出售所形成的系统,称为一阶销售系统。在康乐企业的销售过程中,这种销售系统常被采用,例如北京大潮娱乐公司就曾代理销售北京康乐宫的消费券。

(2)二阶销售系统及多阶销售系统

有两个中间环节的销售渠道称为二阶销售系统,还有三阶及三阶以上的多阶销售系统。康乐企业的服务产品通过经销商再批发给零售商出售,由于批发商插手中间,这就大大地扩大了流通范围和规模。这种销售系统在康乐企业也常应用,例如北京"庆燕乐舞"夜总会门票就曾由中国国际旅行总社委托其在世界各主要旅游城市的销售网点销售,并取得了较好的效果。

(三)康乐服务产品的促销方式

康乐服务产品的促销就是把康乐企业的服务产品对消费者进行报道、宣传,以影响消费者的购买行为和消费方式,从而达到扩大销售的目的。康乐产品的促销方式大致有四种:

1. 人员推销

这是康乐企业派出推销人员或委派专职推销机构直接向目标市场的顾客推销康乐产品的促销活动。人员推销与其他促销手段相比具有不可替代的作用,是一种重要的促销方式。很多康乐企业都采用这种促销方式,特别是每到重大节假日之前,它们便派出销售人员到重点客户单位或家庭登门推销。

人员推销的优点:

(1)能面对面地谈业务。这种推销也是一种沟通过程,能够当面向客户提供信息,并在当时就能听到客户的反映,便于了解市场动态。

(2)有利于销售人员与客户建立良好的人际关系。

(3)可以当场购买,直接成交。

(4)针对性强。推销人员可选择一些可能购买本企业康乐产品的客户访问,成功的概率高。

人员推销的缺点:

(1)市场面窄,声势小。

(2)可能出现因推销人员选择不当而损坏康乐企业声誉的现象。

2. 营业推广

这是通过展示、表演、优惠销售、奖励购买等方式刺激市场,从而促进销售的方

式。营业推广的具体方式很多,下面介绍几种:

(1)折扣减免。对团体顾客给予折扣优惠;在销售淡季时,票价打折销售,如某保龄球馆晚上的价格为每道每局 20 元,而周一至周五的每天上午打三折,每道每局 6 元。

(2)免费试用。例如某游戏厅新购置了电子游戏机,为展示其优良的性能并鼓励消费,允许消费者在特定的时间免费试用。

(3)赠送小礼品。向顾客赠送有纪念意义的小礼品,以鼓励其增加消费。例如某儿童游戏厅向玩儿童保龄球的小朋友赠送铅笔、橡皮之类的礼品。

(4)抽奖促销。顾客消费后可参加抽奖活动,中奖后可能得到高于所消费价值的奖品。这是各康乐场所经常采用的促销方式。

(5)组建俱乐部。这是以设立俱乐部的形式联络感情,以稳定客源、增加销售。例如设立健身俱乐部、潜水俱乐部、网球俱乐部、高尔夫俱乐部、保龄球俱乐部等。

3. 广告推销

广告推销是指康乐企业通过支付费用给大众传播媒体,购买时间、空间或版面,以便向目标购买者及公众传递产品信息,例如介绍产品的特征以及顾客可能得到的利益,从而激起消费者的购买欲所进行的活动。各大型康乐企业都曾采用这种方式,例如沈阳夏宫、苏州乐园、香港海洋公园等。

广告的作用有以下几方面:

(1)树立、维护、改善企业的形象和声望。这样的广告也叫"企业性广告"。它能使消费者对康乐活动有需求时,自动寻找做广告的企业咨询或商洽。例如沈阳夏宫在开业前一年就在电视节目中长时间登广告,使企业树立了良好的形象。

(2)宣传产品和服务。商品广告就是向市场介绍产品和服务的用途、特点、形象和顾客利益,提示购买产品的方法、营业时间、服务内容和购买地点。例如北京的工体保龄球馆所登的广告主要介绍的是其球馆的规模和服务特点。

(3)诱导消费,刺激需求,扩大销售量。通过广告施加影响,使公众对本企业的产品和服务产生感性认识,引导顾客购买自己的产品和服务。北京康乐宫对其戏水乐园的专项广告就属于这一类。

(4)指导消费,培训顾客。通过广告使消费者了解产品,相信本企业产品和服务的质量,指导消费者选择产品,并指导消费者去哪里、怎样去、何时去等。北京康乐宫就曾专门派销售人员到首都机场去散发这类广告。

(5)丰富生活。广告可以制作成精美的艺术品,能增加人们的生活情趣,丰富人们的生活,沟通各方面的信息,提高生活档次。

4. 网络推销

电脑网络是当前最现代化的信息媒体,有条件的企业大都会利用这种媒体开展销售活动。网络上登载的销售信息也可以称之为网络广告,它能够比一般的广告刊登更多更详细的内容,而且浏览这些内容的人基本上不受时间、地点等条件的限制,因而具有很大的优越性。

第三节 康乐部竞赛活动的运作

在康乐部,举办各种康乐项目的竞赛活动是常被采用并且行之有效的促销手段。康乐部举办的竞赛活动有台球、保龄球、壁球、网球、游泳、乒乓球、卡拉 OK 演唱、跳舞机、吉他机、DJ 机等。

一、竞赛活动的策划

举办竞赛活动需要康乐部在了解市场需求的基础上,依据企业的实际情况而作出决策,然后,还要指派专人策划、组织、落实这些决策。

(一) 目标的确定

在举办竞赛活动之前,首先应该对市场和本企业的经营情况进行调查研究,收集有关信息,并加以整理分析,为决策提供依据。这些信息包括某个康乐项目的市场需求量、该项目的市场供应量、本企业在市场中的占有量、消费群体对本企业的认识情况、本企业该项目的营业情况等。根据这些信息,作出是否举办竞赛活动的决策,确定举办哪一个项目的竞赛。确定竞赛的目的主要是为了提高企业知名度还是为了直接增加销售额,确定比赛的名目,例如"海燕杯"台球赛、"丽都杯"保龄球赛等。

(二) 预算的编制

这里所说的预算是指某项竞赛活动的支出和收入计划。其支出内容包括购买奖品和发放奖品支出、宣传费用支出、人员劳务支出等。其中购买奖品应视竞赛活动规模的大小、持续时间的长短、竞赛活动对企业影响的大小和费用情况来决定。有的竞赛奖品只颁发一只奖杯,有的竞赛奖品很贵重,例如有的高尔夫球赛的奖品是一辆奔驰牌轿车,有的保龄球比赛的奖品是一辆桑塔纳牌轿车。奖金的设置也有很大差异,例如台球赛的奖金有的只有几千元,有的有几万元。宣传费用支出包括在报纸或电视上做广告的费用、印制海报或传单等宣传品的费用、制作标语条幅的费用等。人员劳务支出费用包括外请裁判员的劳务费、为组织本次活动而开展的员工培训的费用。除上述费用外,还有赠送礼品费用、聘请的顾问或邀请的嘉宾的交通费及食宿费用等。预算收入包括参赛运动员的报名费、运动员为熟悉场地而练习时支付的费用,以及企业或个人的赞助费,等等。

(三) 资金的筹措

在市场经济环境下,企业组织竞赛活动的目的主要是为了赢利。康乐企业也不例外,其所有活动都是围绕赢利这个目的展开的。要想赢利就应该先有投入,即所谓没有投入就没有产出。康乐企业举办竞赛活动的资金可以考虑从以下几方面筹集:

1. 饭店或康乐企业拨款

由于企业不同,各种拨款的出处也不同,有的企业从经营费用中列支,有的从公关费用中列支。如果企业财务记账项目中有大型活动经费项目的话,则应从该项目中列支。

2. 其他企业或事业单位赞助

有的企业为了提高自身知名度,愿意赞助一些具有一定影响力的大型活动,有的企业为了促销本企业的产品而赞助大型活动,有的企业单位或行业协会为了支持带有社会公益性质的活动而愿意提供赞助。这些赞助活动一般不要求太高的回报,往往要求冠以企业名称或产品名称,例如"剑牌杯台球邀请赛""场馆杯保龄球大赛"等。

3. 个人赞助

有的私人企业老板或许是为了出名,或许是对某个康乐项目情有独钟,愿意为倡导该项目而解囊相助。这类赞助也可作为康乐项目竞赛活动的筹资渠道。

(四)奖项的设立

设立奖项是为了鼓励成绩优异者,也为了鼓励消费者报名参赛,更为了使某项活动扩大影响。一般,奖项设立的种类可相对多一些。以保龄球比赛为例,除设立冠军、亚军、季军外,还可为前八名或前十六名设奖,也可设立单局最高分奖、嘉宾奖,等等。在奖项设立之后,还要设定奖品贵贱和奖金额度。奖品贵贱和奖金额度应根据举办竞赛活动资金情况而定,如果资金充足,则奖品和奖金的费用可多一些,竞赛活动的轰动效应和吸引力也会大一些。

(五)宣传的开展

举办以促销为目的竞赛活动,宣传工作很重要,特别是竞赛举办前的宣传更为重要。

1. 宣传的目的

通过宣传竞赛活动,塑造企业形象,提高企业知名度,扩大企业影响,吸引消费者参赛,增加企业销售额。

2. 宣传的方式

宣传康乐项目竞赛活动时,可以采用多渠道、多角度的宣传方法,如贴海报、发宣传资料、在报纸上做广告、在电视台或广播电台播放广告、在电脑网络上刊登广告。也可采用由公关销售人员或服务员向顾客面对面宣传动员的方式。

二、竞赛活动的实施

竞赛活动的实施是指从设立竞赛组织委员会到竞赛结束的具体操作过程。

(一) 设立竞赛组织委员会

竞赛组织委员会设立主任一名,副主任若干名。主任、副主任一般由康乐企业的行政领导担任,其中常务副主任必须是组织竞赛活动的内行人士。组委会下设竞赛办公室、裁判委员会、仲裁委员会。竞赛办公室负责竞赛活动的事务性工作;裁判委员会设委员若干名,负责比赛的裁判工作;仲裁委员会设委员若干名,负责处理在比赛期间运动员或教练员与裁判员之间发生的争议的仲裁。

(二) 聘请竞赛活动顾问

聘请顾问的目的:一是为了请专家来出主意,使竞赛活动实施得更为圆满;二是为竞赛壮大声势。所以,聘请的顾问应是各界的名人和专家,如高层领导、行业协会代表、著名运动员等。

(三) 确定竞赛具体日程

竞赛日程包括参赛者报名日期和报名地点、竞赛的时间和地点。

(四) 制定竞赛规则,规定注意事项

竞赛规则是有关竞赛的规定或章程。竞赛注意事项是指与竞赛有关的事务的解释性文告,如报到注意事项、交通和食宿安排、着装要求、运动器械的准备及要求等。

(五) 决定抽签办法和抽签时间

一般情况下,竞赛的顺序都是用抽签的办法来确定的。竞赛组织委员会决定抽签的形式、抽签的时间和地点,并通知各参赛队和参赛运动员按时抽签,抽签后公布抽签分组的情况。

(六) 安排竞赛全过程的裁判及服务工作

裁判工作由裁判委员会具体负责,裁判长应根据竞赛分组的要求安排好各竞赛场地的裁判员。在竞赛过程中,裁判员应认真做好裁判工作,并将裁判情况做好记录,在竞赛后由运动员签名确认后存档备查。在竞赛过程中,康乐部服务员应做好服务工作,如协助参赛人员报到、检录,安排参赛人员休息和等候竞赛的地点,提供饮品,传递和记录竞赛信息,维持竞赛场地秩序等。

第四节 会员制俱乐部的经营

会员制俱乐部是为经济背景以及兴趣爱好相似的事业成功人士提供的一种社交、休闲、娱乐、聚会的活动场所。

推行会员制是很多康乐企业采用的经营方式。在康乐项目的经营活动中,经营者根据市场的需求,并且借鉴国外的经营模式,摸索出一种新的经营方式,这就是会员制。这种经营方式在国内出现于 20 世纪 80 年代。为了满足一小部分高消费顾客的特殊需求,也为了维持这部分顾客的稳定,部分较高档次的康乐企业推出了多种形式的会员制的经营方式,如一些高尔夫球场、保龄球馆、户外运动俱乐部等。

有很多康乐场所和高档饭店的康乐部是采用半封闭的会员制,会员在这些场所中消费,能够享受到很多优惠价格。还有些著名的高尔夫球场采用较为封闭的会员制,它的会员证是限量发售的,顾客购买以后还可以有偿转让,甚至能作为一种稀缺资源像股票一样炒卖。

通过成功地推行会员制,康乐企业可以拥有一定数量的较为稳定的客源数量,有利于提高经营管理的可预见性和计划性。下面简要介绍关于会员制经营当中的一些较为具体的内容。

一、会员制的作用

(一)便于掌握营业收入

一般情况下,加入较高档次的会员制康乐场所,是需要交纳一定的入会费的。如某网球俱乐部的会员入会费为每年 1 万元,如果拥有 50 名会员的话,则每年的会员费为 50 万元。这 50 万元可以作为该俱乐部的流动资金用于经营。

(二)提高俱乐部的档次与知名度

会员作为俱乐部的特殊顾客,在消费时会享有某些特权和得到较全面的综合服务。这会对顾客的消费心理产生刺激,会员能感受到自己得到贵族一样的接待和服务,提高他们的身份和地位;非会员则会产生成为会员的愿望和冲动,有利于稳定已有的客源和增加新的客源。

(三)有利于会员之间的沟通和交流

会员制对会员资格、会员义务、会员权利等方面都有相应的规定,会员大多是对某项康乐活动感兴趣并且有身份、有地位或有经济实力的人士,其中甚至不乏政界要人、商界精英。因此,会员俱乐部也具有社交场所的功能。例如 1999 年前后,北京奥力吾网球俱乐部的会员就有国家的部级干部和北京市级的干部,还有著名的国家运动队的总教练。在这些重量级人物的影响下,实业界人士也趋之若鹜,纷纷慷慨解囊购买该俱乐部的会员身份。其中不乏有人加入俱乐部的主要目的就是为了在俱乐部结识那些重量级人物。

二、会员制的基本形式及内容

会员制的形式往往因各个康乐场所或饭店的经营内容及经营理念不同而有所

区别,有单一项目的会员制,也有综合项目的会员制。如某康乐宫曾经分别推出网球、保龄球、健身房、台球厅、戏水乐园等单个项目的会员制;某大型饭店康乐中心推出综合会员制,会员能够在该中心的游泳池、健身房、网球场、壁球馆、台球室、乒乓球室、棋牌室、桑拿浴室、美容室、电影厅、夜总会、卡拉OK厅、游戏机室、多功能会议厅享受优惠价格和完善的综合服务;还有的饭店经营者推出更大范围的会员制服务,他们将饭店所有营业项目都纳入会员制的经营范围,即康乐部、客房部、餐饮部、商品部都对会员提供优惠服务。这几种会员制的形式各有利弊,应该根据各个企业不同的市场环境和不同的经营策略,遵循在实践中检验真理的认识规律,摸索、选择适合本企业特点的经营方式。

下面就将某康乐企业实行会员制经营的有关内容加以介绍:

(一)饭店康乐部会员的基本条件

1. 入会会员须登记个人的相关资料

包括姓名、年龄、单位、职务、联系地址、联系电话、电子邮箱、健康状况等。登记这些资料的目的是为了更好地向会员提供服务。企业保证对这些资料保密,未经会员本人同意,不向第三方提供这些资料。

2. 缴纳一定的费用

大部分会员制俱乐部是要收取一定的会员费,有的收费非常高。例如某网球俱乐部的会费标准是每年5万元人民币。也有的俱乐部是不收会费的,例如北京某户外运动俱乐部就是如此,该俱乐部把凡是在俱乐部附设的户外用品商店购买商品的顾客都列为会员服务对象。

3. 会员应该遵守俱乐部的各项规章制度和各项目的游戏规则

(二)会员卡的基本形式

通常情况下,会员俱乐部可以设团体会员卡和个人会员卡,其中个人会员卡又可分为多个级别,例如钻石卡、金卡、银卡等。

(三)会员能够享受的待遇

1. 会员可以优惠享用康乐俱乐部的设施、设备与服务,具体优惠措施详见各项目会员待遇表(图表从略)。

2. 会员比非会员在同等条件下具有优先享用设施、设备的权利。

3. 会员有资格参加俱乐部举办的联谊活动。

4. 金卡会员可以携带一位亲朋好友共同享受会员待遇。

5. 钻石卡会员可以同时携带四位亲朋好友共同享受会员待遇。

6. 钻石卡会员可先付一定数量的保证金,然后凭记账单按月结算。

7. 团体会员卡可同时携带20人享受会员待遇。

需要注意的是,会员在享受以上待遇的同时,康乐俱乐部保留在适当时间修订会员规则而无须事先通知会员的权利。

（四）会员规则

1. 会员应遵守俱乐部的有关规定。
2. 会员在俱乐部消费时须验证会员卡，并在会员登记簿上登记。
3. 会员证如有遗失，应立即通知俱乐部挂失，申领新卡须缴纳一定的工本费。
4. 会员要求终止会员资格时，必须提前30个工作日通知俱乐部，将会员卡交回，俱乐部按下一个月第一天起结算，将剩余的会费退回。

案例分析1

某网球馆的营销策略

网球项目开发比较早，但一些星级饭店设置网球场，在很大程度上是为了通过星级评定，没有指望它带来多大的营业收入。不过也有一些网球馆的经济效益比较好，这与其营销手段和策略有直接关系。

某网球馆的经营者在充分调查研究的基础上对网球康乐市场进行了分析，认为以前经营不好的主要原因是：服务不到位和营销不对路，没有固定的客户群。针对上述原因，经营者首先聘请了知名的退役运动员担当球场的教练员，并开办网球培训学校。网球馆有了学校和知名的教练，就吸引了一些学员，这是一批固定客户，他们每周都要来接受培训。接着，经营者又设法请一些政坛上的要人和著名企业家经常来打网球，这使得该网球馆名声大振。然后网球馆又成立了网球会员俱乐部，并通过各种途径鼓动一些中小企业家参加会员俱乐部。那些中小企业家也许是为了锻炼身体，也许是为了结识政坛要人和著名企业家，也许是二者兼而有之，于是纷纷参加网球会员俱乐部。会员俱乐部的入会费和管理费用很高，这使该网球馆的营业收入有了大幅度的提高。至此，该网球馆的营业额已经今非昔比，比以前翻了好几倍。

请大家思考一下，上述例子能给我们什么启发？如果照搬这种营销手段和策略，我们也能成功吗？为什么？

案例分析2

借壳推销

股市中有句术语叫"借壳上市"，这里不妨把它的方法移植过来用于经营。这是个借举办台球比赛之名，行推销康乐产品之实的案例。某大型饭店新开张不久，营业额尚未达到预计的水平，大家都在为促销想办法。一天，康乐部经理看到报纸上有一则消息,报导台球协会即将筹办"全国台球精英赛"。他凭借职业的敏感性认为这是个促销的机会。于是他马上与销售部经理起向总经理提交了一份《关于协办全国台球精英赛的请示报告》,报告受到总经理的重视并很快得到同意运作。

于是销售部选派主力工作人员,为把这次比赛拉到本饭店展开了全方位的公关。他们主动联系保龄球协会、市体育局、台球器材生产厂商等部门,获得了协办机会,把比赛的场地拉到本饭店的台球厅。饭店也为这次比赛提供了十分优惠的条件,如免费为工作人员和运动员提供餐饮和住宿,并指定由康乐部负责协调比赛事宜的具体安排。又举办了记者招待会,通过新闻媒体展开宣传攻势,一时间台球赛成为热门话题。由于加大了宣传力度,一些生产厂商也愿意为这次比赛提供赞助,使举办比赛的成本大大降低。

在圆满完成这次比赛活动之后,销售部又趁势策划了"保龄球精英赛"等公关销售活动,饭店康乐部随之提高了知名度。良好的社会效益也带来了不错的经济效益,使饭店的经营很快达到了较高的水平。

饭店的管理者应该随时关注时代变化、社会热点,随时把握机遇、寻找商机,为饭店的营销出谋划策。在这当中,康乐部往往成为策划活动的热点部门。

该饭店借举办比赛活动之名,行推销经营之实的做法,值得同行们借鉴。

本章小结

在大型饭店或大型康乐企业,康乐部的营销都由专职的销售部门主管。在小型康乐企业,企业本身就相当于一个康乐部,它的营销工作自然由它自己开展。即便是在大型饭店和康乐企业,营销工作的运作也不可能离开康乐部。另外,现在有很多企业倡导全员销售,康乐部责无旁贷地应该开展营销工作。因此,营销是康乐部的一项重要工作。

本章中关于康乐部竞赛活动的运作以及俱乐部会员制的经营等内容都是康乐部自身的工作,是康乐部管理人员必须面对的工作。

 思考与练习

一、名词解释

1.康乐部的营销　2.会员制俱乐部

二、简答题

1.康乐部的经营特点有哪些?

2. 从哪几方面理解康乐部的协作？与康乐部发生协作关系的包括哪些人员或部门？

3. 康乐产品的促销方式有哪些？

三、论述题

1. 康乐部举办竞赛活动的目标是怎样确定的？

2. 请举例说明康乐行业经营开发的风险性。

3. 请您草拟一份"×饭店杯台球锦标赛"的运作计划。

第十章 康乐部的投诉处理

课前导读

　　康乐部的工作目标是通过提供服务使每一位来消费的顾客得到满足,从而使企业获得相应的利润。让每一位顾客得到满足,这是一种理想状况。在实际工作中,理想和现实总有一定的差距。无论哪一个档次的康乐企业,无论管理者在服务质量方面下多大工夫,总会有某些顾客,在某个时段,对某个项目或者某个细节不够满意,当这些不满积累到一定程度时,就会引发投诉。因此,投诉是服务行业特别是康乐行业经营管理中难以避免的问题。处理投诉是个微妙的问题,如果处理得好,就会各得其所,皆大欢喜;如果处理得不好,就会都不高兴,甚至会使矛盾升级,给企业和个人带来麻烦。处理投诉又是个棘手的问题,来投诉的顾客大都带有不满和怨气,有个别的甚至以"上帝"自居,颐指气使,无理取闹。这样的"上帝"早已不是仁慈的救世主,只是难以伺候的主顾。

　　鉴于处理投诉的难度比较大,尤其是处理特殊投诉的难度更大,并且缺少系统的规律和成熟的经验可循,因此很多关于康乐管理的书籍都较少涉及这方面,或者只是对此从原则上泛泛而谈。本书正视这个问题,对它进行探讨,并希望以此抛砖引玉,使读者关注这方面规律的总结。本章针对处理投诉展开论述,其中包括投诉的原因,处理一般投诉的方法和处理特殊投诉的艺术。

学习目标

- 认识处理投诉的重要性
- 了解引起处理投诉的原因
- 掌握处理投诉的原则
- 提高处理投诉的能力

第一节 投诉的原因

在分析投诉的原因之前,先要弄清楚什么是投诉。广义的投诉是泛指向有关部门或者有关人员诉说或者控告。康乐部的投诉是指顾客因为对康乐部所提供的设施设备或者劳务的质量不满意而向有关人员提出意见和要求。

引起各种投诉的主要原因是顾客对所得到的服务满意度小于期望值。当顾客得到的服务满意度小于期望值时,就认为服务是劣质的。此时顾客虽不一定都会投诉,但一定会产生抱怨情绪,当这种抱怨情绪在某一方面超过临界值时,便会引发投诉。

具体的投诉原因大致有以下一些方面。

一、因设施设备出现故障而引起投诉

顾客在消费过程中,如果设备忽然出现故障,则很容易引起抱怨,特别是当顾客兴致正浓时。如果故障连续出现或者短时间不能被排除,就可能引起投诉。例如:

1. 保龄球机器的扫瓶板突然落下,使顾客酝酿半天打出的球失效;
2. 戏水乐园的更衣柜门忽然锁不上或打不开,此时顾客随身携带的物品都要放在柜子里,锁出现问题当然会投诉;
3. 桑拿炉出现故障,升温太慢,无法满足顾客要求;
4. 夏天空调出现故障,大堂温度高于28℃;
5. 电子游戏机的外壳漏电;
6. 台球厅球台的呢面破损。

还有更为严重的,有些大型康乐设备,例如游乐场的设备,一旦出现严重故障,就极有可能给顾客造成身体伤害、精神伤害,甚至生命伤害。由此引发投诉是不可避免的。这类投诉在很多大型康乐场所都曾发生过。包括当今最发达国家的康乐场所。在康乐项目经营过程中,因设施设备出现故障而引起的投诉所占的比例最大,约占50%。

二、因服务员礼貌礼节不周而引起投诉

这是由于尊重需求得不到满足而引起的投诉。这类投诉在我国也比较多见,不过近几年来,随着企业经营观念的改变和服务员素质的提高,这类投诉的比例已有所减少,但仍时常发生。一般有如下几种情况:

1. 服务员服务中不使用礼貌语言,有个别服务员看见顾客无意中违反规定,便

大声训斥,使本来用礼貌语言能解决的问题得不到解决,有时甚至使矛盾激化而引起投诉;

2. 服务动作很随意,如向顾客递送保龄球鞋时很随便地扔在柜台上;

3. 服务员的站姿或坐姿很懒散,如游泳池的救护员跷着二郎腿半躺半坐靠在椅子上;

4. 服务员与顾客开玩笑不看场合,使顾客在朋友、妻子、上司、父母面前丢面子或造成误解。如某公司经理带着家人到保龄球馆打球,一个服务员开玩笑说:"上次与您一块来的×小姐今天怎么没来呀?"这样的玩笑很可能是不经意的,但顾客的妻子听后可能会产生丈夫有外遇的感觉。这种情况可能当时平安无事,但可能引起顾客下次来"找碴"。

三、因工作效率低而引起投诉

工作效率低会浪费顾客的时间,虽然不一定会引起顾客的投诉,但会使顾客急躁和抱怨。这种情绪积累多了,也会引起投诉,如果再发生别的问题,则会产生合并投诉。例如:

1. 戏水乐园进门处服务员收票、发钥匙的速度太慢;
2. 电子游戏机投币器出现故障,服务员没能及时排除;
3. 台球厅服务员开写单据慢慢腾腾;
4. 打保龄球的顾客需要饮料,服务员未及时提供;
5. 顾客已经进入桑拿房,可是桑拿炉还没加温。

四、因服务态度不认真而引起投诉

服务态度不认真是对顾客不尊重的表现,很容易引起投诉。这类投诉也较常见,据不完全统计,约占投诉总数的20%。各个项目都可能发生这类投诉,例如:

1. 桑拿浴室为顾客提供的毛巾有破损(多为洗衣机清洗时出现故障所致),服务员嫌麻烦不愿意换新的;
2. 为顾客送饮料,饮料溅出杯子,弄脏了顾客的衣服,服务员未能及时道歉并主动提出解决问题的办法;
3. 为顾客讲解游戏规则不认真,对顾客提出的问题未及时回答;
4. 卡拉OK歌厅服务员在传递歌单时搞错了前后顺序,又不接受顾客的批评;
5. 游泳池救护员在救护时态度和动作都很粗鲁随意;
6. 顾客丢失物品,服务员未能主动认真地帮助寻找;

7. 顾客生病或遇到其他困难时服务员态度冷漠；

8. 按摩员在为顾客做按摩时心不在焉、敷衍了事。

五、因卫生状况不好而引起投诉

消费者对康乐场所的卫生状况要求越来越高，如果做得不好，会让顾客很反感，由此引起投诉是难免的。例如：

1. 游泳池水质浑浊，地面有青苔，池壁有污迹；

2. 游泳池或桑拿浴室的更衣室内发现蟑螂或老鼠；

3. 桑拿浴室的休息室沙发上的垫布太脏，按摩床上的垫布不能做到一客一换；

4. 厕所地面太脏甚至有污物；

5. 保龄球道的发球区有油迹；

6. 公用保龄鞋发出脚臭味；

7. 电子游戏机手柄有油污；

8. 麻将室的麻将牌上有油泥污迹；

9. 高尔夫球杆有汗迹。

六、因索要小费而引起投诉

小费是消费者对服务员所提供的服务的额外奖励，是对服务质量的一种认可和评价。顾客支付的小费的数额与他的满意程度一般成正比例关系。付小费是西方国家服务行业很普遍的约定俗成的现象。改革开放前，中国的服务行业是不收小费的。改革开放以后，这种在西方约定俗成的奖励方式对中国的消费市场产生了很大影响，一些项目的消费者往往采用付小费的方式鼓励服务员。但这种方式未完全被服务员所理解，因此个别服务员向顾客暗示或直接索要小费，甚至对不付小费的顾客进行挖苦，引起顾客反感而投诉。游泳池更衣室、保龄球馆、游戏厅等是顾客容易遗忘或丢失物品的地方，个别服务员拾到失物还给顾客时，索要小费，因此常常引起投诉。

七、因语言沟通障碍而引起投诉

这方面的投诉发生的概率不高，并且在处理投诉时也不太困难，但这类投诉在不少康乐场所都曾发生过，因此不应当轻视。可以通过有针对性的培训来减少或避免这类投诉。以下几种情况能够引起这类投诉：

1. 地方口音

地方口音太重，容易造成误解。现在很多企业为了管理方便或降低劳动工资成本,从边远地区或经济不发达地区招聘服务员,未经普通话培训就上岗,往往造成在服务中出现误会。

2. 外语水平

在外宾出现时,服务员因不会外语而无法与顾客沟通。这时如果再发生一点需要尽快沟通的事情或矛盾,就可能引起投诉。

3. 解释不清

语言表达不够清楚也容易造成投诉。例如有的游泳池规定顾客必须戴泳帽进入,顾客可能不知道这是为了避免脱落的头发堵塞池水过滤系统的管道,而认为是想靠多卖泳帽赚钱,这也可能引起投诉。

4. 理解误区

沟通时未注意到地域习俗的不同而引起误解。例如在广州地区年轻女士不愿接受"小姐"称呼,她们不认为这是尊称,而更愿意接受"靓女""靓姐"称呼。

5. 称呼不当

一般人很难区分朝鲜人和韩国人,有的服务员往往随口称其为朝鲜人,这可能引起一些韩国人的反感。

6. 微笑不当

微笑是一种无声的美好语言,但使用不当也可能产生误解。例如当顾客因某种原因出现很难堪的场面时,某个服务员正对他献出不合时宜的笑容,很容易让顾客认为这是一种嘲笑而恼羞成怒,进而可能引起投诉。

八、因服务经验不足而引起投诉

个别服务员由于服务经验不足,导致处理问题不当而引起投诉,例如:

1. 设备出现故障时不知如何处理;

2. 遇到比较挑剔的顾客提出一些刁钻古怪的问题时,没有经验的服务员不知如何应对;

3. 在服务过程中发生突发事件,如断电、天花板突然漏水、某位顾客突然休克、顾客与顾客之间发生斗殴等,服务员没有经验,导致事态扩大而引发投诉;

4. 顾客为微不足道的小事为难服务员,没有经验的服务员因处理不当而使矛盾扩大。

九、因各部门之间协调欠佳而引起投诉

康乐部与其他部门之间应当经常协调沟通,以便更好地为顾客服务,但有时因某种原因未能及时协调或协调不顺畅,就可能给顾客带来不便而引起投诉。

1. 在炎热的夏天,空调突然出现故障,室温很快升至30℃以上,而当班的服务

员未能及时通报工程部来修理,又未能及时向顾客解释清楚并表示歉意;

2. 顾客通过客房服务员预订保龄球道或网球场地,而当顾客到了现场,却被告知未接到预订通知;

3. 桑拿顾客通过服务员向吧台购买鲜榨果汁,过了较长时间吧台服务员才过来解释说那种果汁已经无货了;

4. 游泳池水温过低,而服务员没有及时通知工程部加温;

5. 客用更衣柜锁出现故障或钥匙丢失,服务员没有及时找到维修人员来解决问题;

6. 康乐部同意向某团体顾客提前开放游戏厅,但却忘记通知财务部销售游戏币人员提前到岗,致使顾客未能按约定时间消费。

十、因服务员技能欠佳而引起投诉

这里所说的服务技能主要指纯技术方面的能力。各个康乐项目都要求服务员具备相应的服务技能,否则,就不可能提供令顾客满意的服务,并可能引起投诉。例如:

1. 游泳池救护员技能差,在救护中使顾客受到伤害;

2. 台球、高尔夫球服务员既不懂运动规则,又没有示范能力,无法满足顾客对这两个服务项目的需求;

3. 游戏机服务员因不会操作而无法指导顾客使用游戏机;

4. 按摩服务员技能差,技法不正确,顾客的按摩保健目的无法达到,甚至可能受到伤害;

5. 网球场服务员的算账能力差,甚至算错金额。

十一、因发生意外,顾客完全归咎于康乐部而引起投诉

意外事故在现实生活中在所难免,而由此引发的投诉也在所难免。在康乐部,这类投诉数量不多,但处理的难度往往较大,特别是有的顾客将全部责任归咎于康乐部,欲从康乐部得到赔偿。甚至不排除个别顾客借投诉进行经济讹诈。例如:

1. 戏水乐园的更衣柜被撬,顾客报称损失了巨额财产,却不能提供有效的证据;

2. 游泳顾客淋浴时自己无意间碰到热水开关而烫伤了皮肤;

3. 顾客在坐水滑梯时与其他顾客碰撞受伤而索要巨额赔偿;

4. 打保龄球的顾客由于动作不正确而滑倒摔伤,借机索要经济赔偿;

5. 游泳顾客突发疾病而引起溺水事故;

6. 激光枪战城的顾客在跑动中相撞受伤。

这些事故一旦出现,绝大部分顾客都试图从康乐企业获得赔偿,因而投诉几乎是必然的。

第二节 投诉的分析和认识

一、投诉的来源和渠道

(一)投诉的群体

1. 顾客

这是提出投诉的主体。康乐部所接到的投诉绝大部分都是来自于这部分人,因为他们是直接消费者和服务的直接体验者,他们对所提供的服务感受最明显和深刻。当他们在接受服务时的期望值和满意度的差距超过了所能接受的程度时,投诉将是他们最先想到和最容易采用的办法。

2. 媒体

媒体负有舆论监督和舆论导向作用,对于公众热衷的康乐项目,媒体也往往热衷于关注和报道。这些报道常常是带有某种倾向性的,有的报道还能代表管理部门的态度。如果某则有倾向性的报道是针对某个具体康乐企业或饭店康乐部的,将会对相关的企业带来很大的影响。这类报道也应该视为是一种投诉。

3. 政府管理部门或相关的民间机构

政府相关的管理部门负有监督、检查,管理的职责;相关的民间机构(例如饭店管理协会)也负有监督、检查和指导的职责。它们对康乐部的工作也经常会提出投诉。

4. 公众

公众经常会通过某些渠道对康乐部门或康乐行业的经营提出投诉。例如有的康乐经营部门受利益驱使热衷于经营带有赌博色彩的电子游戏机,在公众强烈不满呼声中,政府的相关部门采取了严厉的取缔措施,阻止了这种风气的蔓延。

(二)投诉的渠道

1. 直接渠道

这是指直接向康乐经营部门提出投诉的途径,也是最主要的途径。采用这个途径的主要是直接参与消费的顾客。有的政府监管部门和行业协会在现场督导检查时也采用这种投诉途径。

2. 间接渠道

这是指顾客或公众将投诉反应给监管部门(如公安局、卫生局)、行业协会(如消费者协会)、法律机关等,再由这些部门向康乐经营部门提出投诉。对康乐企业来说,这样做的顾客或公众所采用的渠道就属于间接渠道。

二、投诉的心理分析

1. 帮助或促进康乐部门改善服务、促进经营

一些投诉是建议性的,如顾客发现前台大厅的地面有积水而到前台投诉,投诉者担心别的顾客踩上滑倒,其目的是建议康乐部马上采取措施,以防发生意外伤害事故。

2. 获得尊重

有的顾客在接受服务时由于服务员的态度恶劣而没有得到应有的尊重而投诉。这类投诉者就是希望得到应有的尊重。

3. 宣泄情绪

有的投诉者因为某种原因产生怨气而投诉,例如与服务员发生口角、排队等候时间太长等原因。他们投诉的目的是为了发泄抱怨情绪。

4. 寻求补偿

有些顾客因某种原因受到伤害或财物损失而投诉,例如在游泳池滑倒摔伤、存放在更衣柜的财物被盗。他们投诉的主要目的是获得一定额度的补偿,包括经济方面的和精神方面的。

5. 争取公平

追求公平是人类心里活动的共性。只要有人群共同活动的地方,人们大都希望得到公平的待遇,区别只是不同的人群所持有的公平的标准不同罢了。顾客在消费过程中如果遇到不公平的现象就极容易引起投诉。例如在戏水乐园排队准备入场时,有个别工作人员带领没有排队的人优先进入,就会使按正常秩序排队的顾客感到不公平而投诉。

三、投诉的作用

(一)顾客释放情绪、表明态度的有效渠道

从心理学的角度出发,人们产生了某种情绪,总是希望有个机会释放出来。尤其是当顾客在消费过程中因某种原因产生不良情绪时,更需要有个释放情绪、表明态度的渠道。这时候投诉就能起到这种作用。

(二)企业发现问题、加强管理的重要途径

对企业类来说,接受和处理投诉能够帮助企业发现一些光靠自我检查和自我完善的途径难以察觉的问题。例如,在戏水乐园玩水滑梯的顾客很多,有的时候顾客的泳装可能会被磨破,这种现象很难在自我检查时发现,常常是因被投诉才能发

现和解决问题。

（三）企业内部协调、引起重视的良好契机

有一些问题在企业内部协调解决起来可能会遇到某种阻力，需要借助外力才能尽快地引起重视。例如，某戏水乐园因水质不良被媒体曝光，引起高管层的重视，于是责令工程部限期整改。工程部立刻加强监测并加量投放水质消毒药。但由此引起水中氯含量过高（水质消毒药常常是氯制剂）并引起顾客和服务员感到不适。主管戏水乐园的康乐部曾要求工程部予以解决，被工程部以如果减少投药量，水质不过关谁来负责的理由委婉拒绝。后来有的顾客因游泳时因氯气过重引起眼病，引发要求赔偿医药费而投诉，再次引起高管层重视并责令工程部整改，这才解决了问题。

（四）企业留住顾客、改善业绩的营销机会

在接受处理投诉的过程中，康乐部如果处理得好，将会使顾客的期望值得到满足，使顾客对康乐部的印象由不满转化为满意。这将促使顾客成为回头客，这个过程也可以视为是一次营销机会。

第三节　投诉的处理

一、处理投诉的原则

（一）尊重事实

在处理投诉时，首先要实事求是。企业要在尊重事实的基础上，摆事实、讲道理，对企业在经营过程中做得不对的、不完善的，一定要承认事实，尽快改正；对给顾客造成损失的，应当尽可能地给予赔偿并赔礼道歉；对于因顾客理解不准确而投诉，一定要态度和蔼地委婉解释，且不可据理力争，更不可让顾客难堪；对于酗酒或故意闹事的顾客，要根据情况设法先使顾客冷静，然后再进一步处理或请安保部门介入解决。

（二）尽量满足顾客的合理需求

企业在经营中应该满足顾客的需求，只有这样，顾客的期望值和满意度才能得到统一，企业也才能在经营中获得相应的利益。处理投诉是企业经营工作的一部分，企业也同样应该尽量满足顾客的需求。同时，顾客的需求也应该是合理合法的，并且是企业能够承担的。

（三）不扩大事态

顾客投诉的动机绝大部分是善意的：一方面是为了促使企业改进工作，另一方面是为了得到某种形式的补偿；只有极少数顾客投诉是不怀好意。投诉的形式各

不相同,有委婉的,有平和的,也有言辞激烈的,甚至有威胁谩骂的,但是不管什么样的投诉,一个重要的处理原则是不扩大事态,不激化矛盾,尽量大事化小,小事化了。

(四)依照国家的有关法规和本企业的有关规定

处理投诉必须以事实为依据,以国家有关法律、法规为准绳,同时还要根据本企业的具体规定,有理、有利、有节地进行。这样即使矛盾激化或诉诸法律,企业在法律面前不会处于被动的境地。在实际经营中,顾客与企业通过法律程序解决矛盾的案例曾有发生。另外,顾客还可能通过管理机关或其他有效途径投诉企业,例如公安局、文化局、消费者协会等。因此,在处理投诉时必须注意政策。

(五)兼顾顾客、企业、服务员三方面的利益

这三方面的利益存在着对立统一的关系。其统一的方面表现在:企业的经营宗旨是为顾客提供优质的服务产品,并在平等交易的过程中得到相应的经济利益,企业是服务产品的销售方;顾客则是用金钱购买服务产品的消费者;服务员是受企业委派而直接提供服务的操作者。三者围绕服务产品发生关系。其对立的方面表现在:如果过分强调某一方面的利益,就会伤害另一方面或另两方面的利益。例如,在处理顾客要求合理合法的经济赔偿的投诉(假定投诉的问题是由于企业、服务员个人、顾客都有责任引起的)时,如果坚决不赔,就可能损害顾客的利益;如果完全由企业赔偿,就可能损害企业的利益;如果完全以扣罚服务员来赔偿顾客,就可能损害服务员的利益。因此,在具体处理投诉时,应该了解事实,依据有关规定,合法合理地处理,要兼顾企业、顾客、服务员三方面的利益。

二、一般投诉的处理

(一)明确角色,摆正关系

顾客到康乐部门购买服务产品,应该得到舒适、愉快的享受和尊重,因此,康乐部门应当尽量满足他们的需求,否则就会引起抱怨。他们为了解决问题,就可能投诉。从一般情况看,顾客对康乐部门提出投诉都是有缘故的,或是对硬件设备不满意,或是对软件即服务态度、服务能力不满意。因此,康乐部门应当把处理顾客投诉当成改进工作的契机,管理者和服务员都应当摆正与顾客之间的服务与被服务的关系,自觉地站在顾客的角度,设身处地换位思考,要宽容大度,能忍受暂时的委屈,对能够改进的工作要立即改进,对暂时改进不了的,也应当委婉地向顾客解释清楚。

(二)态度诚恳,热情接待

在一般情况下,面对顾客的投诉,首先应该以诚恳的态度热情接待,对于给顾客造成损失的,还应该道歉和赔偿。这样做能在一定程度上纠正康乐部工作上的

偏差,堵塞漏洞。要尽量本着大事化小、小事化了的原则来处理投诉。如果碰到情绪激烈的顾客,则应先设法稳定其情绪,可以先请他离开事发现场,到咖啡厅或办公室再作进一步处理,以免事态扩大。切不可态度冷漠,更不可在枝节问题上针锋相对、争长论短,使顾客难堪。而且,在处理投诉过程中,不能由于顾客的投诉与自己无直接关系,或不在自己的服务范围内,而采取事不关己、高高挂起的态度,把问题推给上司或旁人。例如,当顾客向某位服务员投诉空调问题时,服务员回答说:"这是工程部的问题,我解决不了。"这样的回答是缺乏主人翁精神的表现。我们提倡首问负责制,第一个受理投诉的服务员应负责给顾客一个有效的答复。而且,不管顾客投诉是否有道理,受理者都应当耐心地听取投诉,并对顾客表示理解和歉意,对于有误解的顾客,应该委婉解释,切忌据理力争,更不能反唇相讥,否则容易给顾客的情绪火上浇油,激化矛盾,使投诉升级。

(三) 不同情况,区别对待

对于具体的投诉意见,应在了解事实的基础上具体分析,然后采取有针对性的措施,这是处理投诉的有效方法。下面就几种有代表性的投诉意见分别加以探讨:

1. 对于建设性意见的处理

如有的饭店游泳池上午不开放,一些有晨练习惯的顾客建议游泳池从早晨就开放;有的康乐场所的戏水乐园分场次开放,一部分顾客建议连续开放,计时收费;有的顾客建议增加服务项目。对于这类意见,应先向顾客表示感谢,并对给顾客带来的不便表示歉意,然后把他们的意见如实反映给管理者。对于能够马上改进的,要尽快答复顾客并及时改正。

2. 对于希望得到尊重的投诉处理

这类投诉的顾客大多自尊心比较强,当他们感到自己的面子受到伤害时,就会发生投诉,有时还情绪激动、言辞激烈。在这种情况下,应该先向顾客道歉。如果是经理处理问题,应由经理代表企业向顾客致歉,以提高顾客身价,让顾客得到心理满足。如果遇到顾客与服务员发生争吵而且顾客又不全在理时(按规定不允许服务员与顾客争吵,但这种争吵在客观上很难完全避免),也应由服务员或管理人员向顾客致歉,要掌握把"对"让给顾客的艺术,给错了的顾客一个台阶,给吵闹的顾客一点面子,给并无恶意的顾客一些体谅,给道歉的顾客一份安慰。在向顾客道歉时也要根据具体情况妥善处理,如果当事的服务员是个很理智的员工,可要求该服务员当面道歉,过后再对其安慰;如果当事的服务员不够理智,正在火头上,这时要求其向客人道歉可能会达不到解决问题的目的,应由其他服务员或管理人员道歉,而事后应当对当事服务员批评处理。

3. 对于要求得到补偿的投诉处理

有些顾客投诉除了要求在精神方面得到安慰外,还要求得到物质补偿。这可

能是顾客由于某种事故遭受了直接的经济损失,例如:

(1)在坐水滑梯下滑过程中由于摩擦生热损坏泳装;

(2)在淋浴时被热水烫伤;

(3)在打保龄球或做其他运动时滑倒摔伤;

(4)游泳时存放在更衣柜内的物品被盗或被损坏。

也有可能是由于处理事故的时间较长,耽误了顾客的时间,顾客要求得到补偿。在处理这类投诉时,可根据实际情况和责任大小对顾客给予适当的经济补偿,如赠游泳票、赠游戏币、赠保龄球局数、赠适当数额的内部消费单、报销医药费和出租车费等。如果情况严重,则应逐级向上报告,由企业领导出面处理。这里还要说明,给予顾客经济补偿的处理权限在管理层,普通服务员无权作出决定。因此,最先接待重大投诉的服务员应该在安慰顾客的同时尽快向上级报告。

4. 对于极不理智或恶意违反规定的顾客的投诉处理

对于康乐企业制定的有关规定,顾客中的个别人往往不愿遵守,甚至无理取闹。如酗酒者无票闯入游泳池;接受普通按摩时一丝不挂,赤身裸体;在游戏厅无理索要礼品,不给便骂;故意将燃着的烟头扔在地毯上;在软质球道上打保龄球故意将球高高抛起,造成球道损伤等。当服务员制止顾客的违规行为时,有的顾客借口投诉,要把事情闹大。小不如意,张口便骂,甚至动手打人。这类投诉所占比例虽然很小,但处理起来却很棘手,要十分谨慎。对极不理智的顾客的投诉或怀有恶意的投诉,在处理时要依据法律法规和有关规定,通过摆事实、讲道理的方式,有理、有利、有节地解决问题。必要时,可以请安保部门介入,并可根据实际情况,适时报告公安部门,取得公安部门的支持,以维护企业的正常营业秩序。

三、特殊投诉的处理

对特殊投诉的处理往往是比较棘手的。如果处理得不恰当,会给企业或个人带来麻烦。同时,特殊投诉在中国的大型康乐企业又是难以避免的。有时候在处理特殊投诉过程中甚至令人不知所措,下面来具体探讨一下。

(一)特殊投诉的特征

1. 投诉者的身份特殊

有些具有特殊身份的顾客的投诉往往会对企业的经营造成较大的影响,如极少数直接或间接制约饭店或康乐企业的政府主管部门的官员,某些能为企业带来较多顾客的团体领队,某些新闻媒体的记者。

2. 投诉的形式特殊

有些顾客投诉不通过常规渠道,不采用通常的方式,而采用极端的方式。如有的顾客在投诉时对服务员污辱谩骂,甚至动手殴打;有的借口投诉损坏经营设备;有的动辄便找总经理,或者在新闻媒体上鼓噪生事。

3. 投诉的内容特殊

有些投诉的要求超出了常规范围,难以用常规的方法处理。例如,某外籍顾客在游泳池中对中国女顾客有非礼行为,其男友向泳池负责人投诉,要求为他出气;又如,某顾客报称存放在桑拿更衣柜中的巨额现金丢失,要求康乐企业赔偿;再如,某管理机关的工作人员或某上级领导的身边人员不遵守企业的规定,提出让服务员难以满足的要求。

(二)处理特殊投诉的艺术

处理特殊投诉有时难以采用一般的方法,这时可以采用特殊的方法。由于每个投诉都各有特色,这些处理方法往往很难用通常的标准去衡量,有的已超出了一般规律,具有管理艺术的特质。这里暂且称为处理特殊投诉的艺术。

处理特殊投诉的艺术,是处理投诉的管理者凭借丰富的知识、深厚的阅历和成熟的经验,能够因人制宜、因时制宜、因地制宜地综合选用别具一格的、恰到好处的独特方法,驾轻就熟、机智巧妙地对投诉进行观察和处理(这里未提及分析和判断,分析和判断属于管理科学的内容,不属于管理艺术)。

特殊投诉因其特殊性,所以较难用常规的方法处理,因此可以采用一些特殊的方法。这符合"对具体问题进行具体分析"认识论的原理。

如何处理投诉是个复杂的问题、微妙的问题,要特别注意灵活处理。

知识链接

领导的艺术

领导者在工作中由于受到人力、物力、才力、精力、时间、环境等条件的限制,在短时间内不可能或没必要弄清事物的全部影响因素,以及这些因素之间全部联系。在这种的情况下,如何正确处理好投诉体现出领导的艺术。

下面介绍几个在康乐经营中发生过的真实案例,案例中有的领导的处理方法尚待进一步推敲和论证,仅供读者参考。

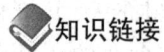 案例分析1

罚款赔偿的艺术

某康乐城的值班经理接到一位顾客打来的投诉电话,顾客在电话中怒气冲冲地说:"你们台球厅的服务员怎么回事?乱扣顾客的钱。如果你们不给我好好解决这个问题,我要上法庭告你们去!"

"您好!我是值班经理。请您息怒,有什么问题我一定帮您解决。请问先生贵姓?"值班经理心平气和地答道。

"我姓王。我今天在你们台球厅打球,结账时服务员说缺了一个红色的球,扣了我20元钱。可是我根本没拿你们的球,凭什么要我赔偿!"

"王先生,你别着急,我马上就去了解情况。请您留下电话号码,过半小时我给您答复,您看可以吗?"征得顾客同意后,值班经理放下了电话。

经过询问有关服务员并及时地查找,发现确实是丢了一个台球,丢失的时间是这位王先生开始打球到结账这段时间,台球厅服务员按照《赔偿规定》收取赔偿金是符合规定的。半小时后,值班经理拨通了王先生的电话。"您好,王先生。我们到台球厅去了解了情况,并且又寻找了一遍,可还是没找到丢失的那个台球。按照我们公司规定,损坏或丢失康乐器材是应该承担赔偿责任的,希望您能理解和支持我们。"

"可是我确实没有拿走台球,再说我要一个台球也没有用呀!"顾客分辩道。

"我们也相信您没拿。那么,打球时您带来几个人?会不会是他们无意当中错拿了呢?"

"有好几位朋友,还有他们的小孩。嗯……"

"不管怎样,我们要感谢您。我们会在今后的工作中多加注意。另外,考虑到您也受了损失,所以下次您邀朋友来消费时,我们给您一定的优惠作为补偿,您看可以吗?"

大概顾客考虑到,朋友的小孩是否拿走了那个台球一时无法断定,再就此争辩下去也没多大意义,就顺水推舟地接受了值班经理的建议。

丢失台球的事情是极少发生,但要求顾客赔偿时却比较麻烦。值班经理的处理方法委婉又不失原则,值得借鉴。

案例分析2

无声的语言

有的时候,用行为语言处理投诉可能会收到很好的效果。

1993年的一天,一位重要国际会议的考察官员到某饭店桑拿浴室去洗桑拿时投诉洗浴用具没消毒。

服务员说:"我们每天都对桑拿用具消毒处理,您可以放心使用。"该官员称:"可是我没看见你们的消毒过程,我怎么能相信呢?你们应该当着我的面再消毒一遍,否则我就不敢在你们这里洗桑拿。"服务员回答道:"我们确实已经按照规定的消毒制度消过毒了,您如果不信,可以检查一下哪里不合格,我们再消毒一遍。"那位官员见服务员这样说,便逐项检查起来。他走到厕所旁的洗手池前问道:"这个洗手池消毒了吗?"服务员没有说话,而是在洗手池里放了半池水,然后用一次性口杯舀出半杯水,当着那位顾客的面喝下肚去。那位顾客见此情景,便不再说话,也不再继续查看,而是带着满意的表情去办理了洗桑拿的手续。

服务员用自己的行为圆满地解答了顾客的问题。

案例分析3

"君子"优先

康乐场所客流量比较大,小偷也经常光顾。据统计,在康乐场所发生失窃案件的概率与客流量成正比。

小偷是奸诈的,如果服务员说话或处理问题的方式稍不注意,小偷就可能耍赖,甚至会投诉受到诬陷。小偷又是狡猾的,他们往往在人多的时候才出现,以便趁乱作案。古时候有人把小偷称作"梁上君子",遇到这类有偷窃嫌疑的人,可以采用"君子"优先的处理方法。

在某康乐宫戏水乐园更衣室就出现过上述现象。在营业旺季,更衣室内顾客财物被盗的案件时有发生,服务员发现有个别顾客总是在开场不久就回到更衣室,嘴里念叨着要从自己的更衣柜中取钱买饮料,手里却拿着钥匙一会试开这个柜锁,一会试开那个柜锁。负责更衣室的是个年纪较大而且有经验的服务员,他一见到这个情况,便放下手中其他的活,走到可疑顾客面前问道:"先生,您要开几号更衣柜?"

顾客说:"我的衣服就放在这个柜子里,可是我不知道为什么这把钥匙打不开这个柜子的锁。"

服务员热情地说:"我帮您开锁吧!"当服务员接过顾客递过来的钥匙一看,这位顾客试过的几个更衣柜号与他的钥匙号码不一致,都不是他的更衣柜号。服务员按着钥匙牌上的号码打开了这位顾客的更衣柜,并笑着说:"您用您的钥匙去开别人的更衣柜当然打不开了。"

这位可疑顾客的脸色显得有些尴尬,连忙说:"我没记住自己的更衣柜号。"然后赶紧离开了更衣室。当然,从法制观念出发,不能明确判断这位顾客是小偷嫌疑人,但用钥匙随便试开别人的更衣柜,这种行为无疑应该引起密切注意。

服务员机警、委婉地处理问题,避免了可能发生的投诉。

 **友情提示**

非常有经验的服务员(也包括公共汽车售票员、火车上的列车员),能够容易地辨别出混在普通顾客中的小偷,这是经验和直觉,是在长期实践中磨炼出来的敏锐的观察力和判断力。

案例分享4

不知者不怪

有些投诉虽然事情不大,但处理起来却很棘手,往往让接待处理的人左右为难,有时候采取佯装不知搪塞过去也是一种方法。请看发生在某大城市一个室内康乐场所的案例。

一天,该市的一位显要人物在随行人员的陪同下大摇大摆地打算从康乐场所的员工通道进入(按规定,顾客是不应该穿过员工通道的)。负责员工通道入口的警卫人员根据规定拦住了他们。

随行人员大概从未遇到过这种现象,便没好气地说:"这是咱们市的××长,你怎么能拦他呢!"那位警卫人员素以认真和不惧上闻名。听到随行人员这种以势压人的口气,他便回敬了一句:"市长来了也得遵守制度。再说他也没出示证件,我不管他是谁,违反规定我就不让进!"那位随行人员窝了一肚子火,但又不好发作。这时,他看到一位部门经理走过来,便向其投诉警卫人员态度生硬,不让领导进门。这位经理感到没有理由批评那位警卫人员,因为他认真执行了有关规定;但又不能拒绝投诉,因为投诉的人非等闲之辈。于是这位经理只能委婉地解释说:"真对不起,那位警卫人员不认识××长。如果他认识的话绝不会这样做的。下次您陪领导来视察时请务必先与我们联系一下,我们将到门口去迎接。"那位随行人员仍觉得失了面子,便问道:"你认识×××吗?能帮我把他找来吗?"这位部门经理又遇到了一个难题,原来投诉者提到的×××是这个康乐企业的董事长,怎么会不认识呢!但如果说认识并把他找来,那是很不适宜的。因为那样的话一是会耽误投诉者的时间;二是因自己的工作做得不周全而打扰到董事长,会给董事长留下不好的印象;三是那位警卫人员可能会受到责难,甚至会因此而失去工作。于是这位部门经理回答道:"太对不起了,我是新近才来这里工作的,还不认识×××。我看这样吧,我带您和××长到贵宾厅休息一下,然后要玩什么项目我去安排。"这时那位随行人员已经消了一些火气,便顺水推舟地说:"好吧,不过你们得教育那位警卫人员注意工作态度和工作方式,再设法给我们安排一下,××长要打网球。"这位部门经理马上去做了相应的安排。

善意的谎言是不得已而为之的办法,但有时候也能收到较好的效果。

案例分享5

特殊的暗示

康乐场所的客流量较大,客源结构也较复杂,不同年龄、不同层次、不同风俗习惯、不同文化背景的人都到这里来消费。这些顾客中,绝大多数是循规蹈矩、安分守己的。但是人多了,难免鱼龙混杂,难免有一些不安分的人办出一些不安分的事,由此而引发的问题和投诉也五花八门。

在某康乐宫的戏水乐园,一位年轻漂亮的女顾客在其男友的陪伴下找到经理投诉。这位投诉者哭哭啼啼地说,有个男人游泳时在水中乱摸她的下身,对她进行性骚扰。她的男友则气愤地要求经理惩罚那个骚扰者。

经理与投诉者一起找到那个骚扰者了解情况,他回答时说的是外语,听不懂他说些什么;用英语问他,他也表示听不懂(弄不清他是真不懂还是假不懂),从他使用的语言判断,他是个亚洲外国人。在与他对话中闻到他满嘴酒味,说明他是个酗酒者。经理打算让这个酗酒者停止消费,离开游泳池。然而那个被骚扰的女士和她的男友却不依不饶,坚持要求惩罚他。

这时经理告诉这两位投诉者:"我们处理这类问题的规定是,报告市公安局外事处,由他们出面处理。不过根据我的经验,这样的事情在处理时也就是批评警告。我们康乐场所的保安人员和公安局的人都不会体罚他的。如果你们打他的话,我们看见了也要劝阻和制止。"

那位被骚扰者的男友似乎明白了什么,在这位经理转身看别的方向时,他跑过去照着那位酗酒外国人的鼻子猛击一拳,鲜血便顺着他的鼻子流了下来。酗酒外国人大概也自知理亏,没有反抗,也没出声。这时经理马上转过身来劝开了打人者,这位打人者大概觉得已经出了气,也不再说什么,拉着女友走了。

经理便带那个外国人去医务室简单包扎一下,让他换上衣服离开了戏水乐园。

对于顾客之间的矛盾,康乐企业的管理和服务人员不便采取强硬措施,而应巧妙地排解。这种处理投诉的方法属于极特殊情况下的特殊处理。

案例分析6

照相引起的投诉

这是发生在北京九龙山游乐园的真实案例。

2007年11月,有位约60岁的游客到北京新开放的九龙山游乐园去考察。这个游乐园的游乐项目很多,这位顾客除了游览、体验这些项目外,还想寻找画面大一些的图片留作纪念,但是该园免费赠送的导游图上的单个项目的图片规格都很小,只有 2~3 平方厘米。

进门后,他询问游乐园门口负责收票的服务员:"哪里能够找到像普通照片大小的图片?"

服务员回答:"我们手里没有这样的图片,您到游客服务部去问一下吧。"

游客服务部设在园门外侧,这位游客只好反身出了游乐园的大门,来到客服中心。他说明来意后,一位工作人员回答说:"我们解决不了您的问题,您可以到销售部门去问一下。"

这位游客又去了销售部,以为这里会有一些介绍游乐项目的大一些的图片。但是,销售部也没有。

游客又回到客服部,因为那里的墙上挂着很多彩色宣传照片,或许把一些照片翻拍下来也能有参考价值。他向服务员询问:"我可以在这里拍照吗?"一位女服务员犹豫了一下回答说:"一般情况下这里不允许拍照。"

游客看到这里挂的都是该游乐园为扩大影响而对外公开宣传的照片。便马上反问道:"你说这里不允许拍照,那么你这里有告示牌吗?"

服务员说:"虽然没有写着不许拍照,但我做不了主,我可以为您请示一下。"

于是她给不知哪位领导打了个电话,放下电话后告诉游客:"领导说这里不允许拍照。"

游客感到这种回答不近情理,便说:"既然你们的领导说这里不允许拍照,那么就请他出来给我解释清楚为什么这公开宣传的照片不许拍照!"

那位服务员又打了个电话,然后说:"我们领导正在吃饭,现在来不了。如果您愿意的话,可以在这里等候!"

游客认为这是服务员的一种拖延策略,拖到投诉的顾客等得不耐烦的时候会自行离开。

于是便明确地告诉那个服务员:"你们挂在墙上的照片是公开对外宣传的,我拍下来也是对你们企业的宣传,你大可不必把事情看得如此严重;今天我必须等你们的领导出来给我解释清楚,否则对你们企业和对你个人来讲都是不利的!"

这时另一位男服务员坐在靠背椅上不客气地对投诉的游客说:"我们的'游园须知'上有告示,你应该遵照执行!"

游客果真到"游园须知"牌前去寻找相关的语句,上面根本没有关于不许拍照的提示语。当顾客把这个情况告诉那个男服务员时,他自知理亏,便找个借口溜走了。

游客对那个女服务员说:"你们这位男服务员说话太不负责了,你们这个全国闻名的游乐园就是这样服务的?真是名不副实!"

那位女服务员解释说:"您到我们这里来玩,就应该以我们的解释为中心。"

游客说:"现在提倡的是以人为本、以顾客为本,也就是应该以顾客为中心。"

服务员马上改口说:"对不起,我说错了。"接着又说,"刚才那个男服务员是个孩子,您别跟他一般见识。"

游客说:"他坐在这里,他就不是个孩子,他代表你们游乐园的形象。"

那个服务员不以为然,以教训的口吻说道:"您别像个孩子似的老较真儿呀!"

游客马上反问道:"你说谁是孩子?"

她自知理亏,就改口说:"我是孩子。"

游客严肃地说:"那你就少说话!"

至此,双方已唇枪舌剑争论得很不愉快。后来,那位服务员再次给她的领导打电话请示。游客则要求与她的领导通话。在征得那位领导的同意后,服务员把电话递给了游客。那位领导在电话中又表示可以拍照。游客拍了三张照片后离去。

一位游客为了能够在游乐园公开宣传的场所拍摄几张照片,从游乐园的园内到园外,从客服部到销售部,再从销售部到客服部,浪费了40分钟的时间,再加上很多不必要的唇舌,这个过程给游客留下了很不好的印象。这位游客很可能会把他的这次不愉快的经历告诉他周围的人,也许会通过其他途径进行宣传,这将会给该游乐园造成很不好的影响。

从这个案例中反映出该游乐园的管理和服务都存在不少问题:

(1)销售部应该备有较全面的图片和文字宣传资料,然而却没有。

(2)销售部的电脑中应该能够调出顾客所要的图片,可以打印出来有偿转让给顾客,不能只是把顾客推出门了事。

(3)客服部的员工完全有理由同意顾客拍照,却自找麻烦地向领导请示,反映出把顾客当成别有用心的人加以防备的心理活动,其实对外宣传资料越多人拍照对企业越有利。

(4)客服部的员工不应该与顾客争论、斗嘴,其服务态度有待培训和提高。

(5)在电话中接待投诉的领导(可能是经理),没有理由拒绝顾客拍照,这反映出店大欺客的心理活动。

(6)客服部的领导不应该借正在吃饭为由拒绝处理投诉。即使确实正在用餐,也应该承诺五分钟或十分钟内来处理投诉。

这个案例从反面告诉我们,处理投诉不应该敷衍了事,更不应该有店大欺客的错误念头。

第十章 康乐部的投诉处理

案例分析 7

签错的支票

这起投诉发生在某冲浪浴场。

一位外籍顾客冲浪结束后,在填写旅行支票时,不慎将名字签错了位置。面对签错的支票,总台的外币兑换员对顾客说:"这张支票签名的地方不对,请换一张。"顾客不同意,说:"我以前就是这样签的,为什么这次就行不通呢!"兑换员仍然坚持不予兑换,双方发生了争执。顾客怒气冲冲地找到大堂经理去投诉。

值班的大堂经理看到气冲冲走过来的顾客,便迎上前去客气地问道:"请问有什么事需要我帮助吗?"

顾客讲述了事情的经过,并且认为是兑换员在故意刁难他,要求大堂经理解决问题。大堂经理听罢,感到事情有些棘手。兑换员说不行,恐怕难以改变,有没有变通或补救的办法,自己一时还拿不定主意。但是顾客还没有付款,又拒绝重新签发一张支票,应该先稳定住顾客的情绪再作进一步处理。于是他安慰顾客说:"先生,您别着急,事情总是可以解决的。请您先喝杯咖啡,我帮您想想办法。"说着,把顾客让到咖啡厅稍事休息。用旅行支票兑换外币的业务,有关部门有比较严格的规定,是一项专业性比较强的业务。大堂经理对这项业务并不熟悉,他也无权要求兑换员受理这张支票。但责任感促使他去了解这方面的情况。

他拨通了储蓄所的电话,诚恳地向他们请教:"你好!我是×××冲浪浴场,我们这里有一位外籍顾客在兑换外币时签错了支票,把签名的位置搞错了,请问有什么补救的办法吗?"

对方告诉他,可以打电话到分行咨询一下。于是他又拨通了分行办公室的电话,办公室的人说应该咨询分行国际货币兑换台。他又拨通了国际兑换台,兑换台告诉他,补救的办法是在正确的地方再补个签名就行了。

大堂经理回到咖啡厅,请顾客在支票的签名处重新签名,并陪同顾客来到外币兑换台。他向兑换员讲明了情况,使顾客顺利地兑换了外币。顾客很高兴,十分感谢大堂经理的帮助。外币兑换员也很感谢大堂经理的帮助。

这是一件看上去很棘手的投诉,如果处理得不好,冲浪浴场的应收账款就可能流失,并且会使顾客不满意。但是经验丰富的大堂经理没有费多大周折就圆满地解决了问题,使得各方都比较满意。这位大堂经理处理投诉的思路和方法值得我们借鉴。

本章小结

对康乐企业来说,遭到投诉不是好事情,它会给企业带来麻烦,甚至会影响企业的声誉和经济效益。但又不完全是坏事,它也有其积极的意义,表现在以下几个方面:第一,它能帮助发现管理与服务中存在的问题。引起投诉的问题往往是让顾客特别不满意的现象,也是服务的薄弱环节或者管理容易疏忽的地方。有些问题是管理人员自身很难发现和感受到的,需要借助外部力量来发现问题。第二,通过顾客投诉可以使管理人员了解顾客的需求和愿望,找出本企业或者本部门的不足之处,有利于进一步改善服务质量和提高管理水平。第三,它能成为康乐企业改善与顾客关系的契机。客观地处理投诉,圆满地解决投诉者提出的问题,能够使"不满意"的顾客转变为"满意"的顾客。国外的一项统计很能说明这一点的重要性:使1位顾客满意,就可能招揽8位顾客上门;如果得罪1位顾客,就可能导致25位顾客不再登门。处理投诉是难度比较大的工作,尤其是对特殊投诉的处理难度更大,但同时也是很重要并且不可回避的工作,康乐部经理必须认真对待并且努力提高这方面的能力。

思考与练习

一、名词解释

1. 投诉　2. 康乐部的投诉

二、简答题

1. 在康乐部引起投诉的原因有哪些?
2. 怎样理解处理投诉的原则?
3. 处理投诉的方法有哪些?

三、论述题

1. 请说明什么样的投诉属于特殊投诉?什么是处理特殊投诉的艺术?
2. 有几位顾客投诉说在游泳池游泳后出现皮肤过敏和眼睛疼痛的现象,认为这是游泳池水中的消毒剂导致的。如果你是康乐部经理,你打算怎样处理这起投诉?

参考文献

[1]斯蒂芬·P.罗宾斯.管理学.北京:中国人民大学出版社,1997.

[2]国家旅游局人教司.现代旅游饭店管理.北京:中国旅游出版社,1993.

[3]郎志正.服务工作全面质量管理.北京:中国标准出版社,1991.

[4]袁富山.饭店设备管理.天津:南开大学出版社,2001.

[5]万光玲,曲壮杰.康乐经营与管理.沈阳:辽宁科学技术出版社,1996.

[6]蔡万坤.中国旅游饭店业备管理实用经典全书.北京:中国经济出版社,1998.

[7]刘易斯·小福雷特斯.餐旅业人员培训.北京:旅游教育出版社,1990.

[8]吴克祥.现代娱乐业经营管理实务.北京:中国旅游出版社,1998.

[9]卢象乾.饭店督导原理与技巧.北京:中国旅游出版社,1995.

[10]龙德环,孙贤理.公共场所卫生培训教材.北京:北京科学技术出版社,1992.

[11](美)凯茜·艾弗森.饭店业人力资源管理.张文,等,译.北京:旅游教育出版社,2002.

责任编辑:张 萍

图书在版编目(CIP)数据

康乐服务与管理/刘哲编著.—北京:旅游教育出版社,2012.9(2019.7)
高等职业教育饭店服务与管理专业教学用书
ISBN 978 - 7 - 5637 - 2466 - 6

Ⅰ.①康… Ⅱ.①刘… Ⅲ.①休闲娱乐—商业服务—高等职业教育—教材
②休闲娱乐—商业管理—高等职业教育—教材 Ⅳ.①F719.5

中国版本图书馆 CIP 数据核字(2012)第 187629 号

教育部职业教育与成人教育司推荐教材
国家旅游局人事劳动教育司推荐教材
高等职业教育饭店服务与管理专业教学用书

康乐服务与管理
(第2版)

刘 哲 编 著

出版单位	旅游教育出版社
地　　址	北京市朝阳区定福庄南里1号
邮　　编	100024
发行电话	(010)65778403 65728372 65767462(传真)
本社网址	www.tepcb.com
E - mail	tepfx@163.com
印刷单位	北京柏力行彩印有限公司
经销单位	新华书店
开　　本	787 毫米×960 毫米 1/16
印　　张	18
字　　数	283 千字
版　　次	2014 年 9 月第 2 版
印　　次	2019 年 7 月第 4 次印刷
定　　价	35.00 元

(图书如有装订差错请与发行部联系)